至圣先师孔子

张大可　陈　曦　编著

商务印书馆
The Commercial Press
2018年·北京

图书在版编目（CIP）数据

至圣先师孔子/张大可，陈曦编著．—北京：商务印书馆，2018（2018.6重印）

ISBN 978-7-100-15338-6

Ⅰ.①至… Ⅱ.①张…②陈… Ⅲ.①孔丘（前551—前479)-人物研究 Ⅳ.①B222.25

中国版本图书馆 CIP 数据核字（2017）第 225514 号

权利保留，侵权必究。

至圣先师孔子

张大可 陈曦 编著

商 务 印 书 馆 出 版
（北京王府井大街36号 邮政编码100710）
商 务 印 书 馆 发 行
北京洲际印刷有限责任公司印刷
ISBN 978-7-100-15338-6

| 2018年1月第1版 | 开本 640×960 1/16 |
| 2018年6月第2次印刷 | 印张 20 1/4 |

定价：88.00元

前　言

《史记》人物系列丛书第一辑1—10册，是大型古籍整理学术工程《史记疏证》一组抽印本丛书，由商务印书馆于2018年集中推出，向广大读者征求意见。《史记疏证》工程是一种全新的古籍整理形式，"熔古今研究成果于一编，聚海内志同时贤于一堂"，为广大爱好者提供一种雅俗共赏的读本，也可当作一种工具书使用。《史记疏证》的总体结构及其内容，详见《史记疏证·凡例》，兹从略。《史记疏证》工程尚未完成，已进入最后通校、定稿、排版的冲刺阶段，面见读者，大约还有两年时间。为了验证这一新成果，特别选出了十五个篇目，汇辑成十册书目推出，倾听社会反响，以期在疏证工程的冲刺阶段弥补其不足，力求完美。

十五篇选目为：《五帝本纪》、《秦始皇本纪》、《高祖本纪》、《孝文本纪》、《孝景本纪》、《赵世家》、《孔子世家》、《孙子吴起列传》、《仲尼弟子列传》、《白起王翦列传》、《张释之冯唐列传》、《西南夷列传》、《司马相如列传》、《大宛列传》、《太史公自序》，包括本纪、世家、列传三体，突显纪传体以人物为中心的特点。每册单行本内容分为两个部分，第一部分为原典"史记疏证"，给读者提供阅读《史记》的原始资料，以及作者的解读；第二部分是作者研究成果，大多为研究论文，也有对篇目的深入讲析，书题从第二部分研究内容中提出。十册单行本顺序原则上按《史记》原书五体顺序，即本纪、世家、列传顺序排列，在同一体中的人物排序基本原则是以时代为序,通史序列本当如此。但世家、列传个别篇目以类相从打破了时间序列,例如世家中《孔子世家》在《赵世家》之后;列传中记载张骞活动的《大宛列传》在《司马相如列传》之后。本辑丛书,同一体则按历史人物活动的年代先后为序。所以十册书目如次:

1. 人文始祖黄帝
2. 千古一帝秦始皇
3. 平乱诛暴汉高祖
4. 西汉盛世文帝景帝
5. 至圣先师孔子
6. 胡服骑射赵武灵王
7. 兵家之祖孙武子
8. 西域使者张骞
9. 一代辞宗司马相如
10. 千秋史圣司马迁

众所周知,《史记》是一部文史名著,鲁迅评价其为"史家之绝唱,无韵之《离骚》",这仅仅是《史记》的艺术价值。《史记》的思想价值更为崇高,司马迁定位《史记》是一部人伦道德教科书。《史记·十二诸侯年表序》称:孔子"西观周室,论史记旧闻,兴于鲁而次《春秋》,上记隐,下至哀之获麟,约其辞文,去其烦重,以制义法,王道备,人事浃"。所谓"王道备,人事浃"就是为后王立法,为人伦立则。《太史公自序》说得更直白:"夫《春秋》,上明三王之道,下辨人事之纪。"《史记》效《春秋》,全书从内容到形式都在实践为后王立法、为人伦立则的理想。《史记》的形制五体结构像一座宝塔,形象地反映了礼制国家的等级秩序。《史记》内容贯通历史三千年,是古代中华文化的浓缩。《史记》创立纪传体,以人为中心述史,描写人生百态,惩恶扬善,每个人都能从《史记》中找到对照自己的榜样。本辑《史记》人物系列十本书目,涉及十七个历史人物(未计七十子),包括政治家、军事家、外交家、文化伟人与英杰,而突显的就是为后王立法、为人伦立则这一主题。司马迁十分自信地宣称,全社会的人,君臣父子都要读《春秋》,如果不读《春秋》,君不像君,臣不像臣,父不像父,子不像子。"君臣父子",是司马迁对全社会人际关系的浓缩,也就是"君臣父子",指代全社会各阶层的人士，上至帝王，下至黎民。《史记》是全中国人人必读的一部国学根柢书。根是树木之本。柢指树之直根。俗话说"根深叶茂"，只有根深扎于土壤之中，才能使树木稳固并茁壮生长。根柢两字叠用，加强树之本的意义。中华文化有五千年历史，将其比作一棵参天大树的话，《史记》就是这棵大树之根之柢，即中华文化之本之源。全社会的人读了《史记》，提高自己的修养，社会就和谐了。所以《史记》生命之树常青，并日益走向普及。可以说《史记》是一部古籍畅销书。《史记》蕴含的百科知识，文学、史学的艺术价值，其中各色历史人物所起的榜样借鉴作用，决定了《史记》是一部开卷有益的书。《史记疏证》单行本把解读《史记》与研究《史记》结合起来，雅俗共赏，是包括研究者与爱好者在内的广大读者群体阅读和欣赏的读物，是学术研究走向普及大众的一种尝试，具有开创意义。

本书《至圣先师孔子》，解读了孔子的传记《孔子世家》和他的七十子高足弟子的传记《仲尼弟子列传》两篇内容。"世家"与"列传"是两个类型，在《史记》中，《孔子世家》卷四十七，《仲尼弟子列传》卷六十七，相隔二十篇的距离，而内容却是姊妹篇，合成一本书，就是师生的合传。《孔子世家》不仅是孔子个人比较完整的传记，而且还是儒家学说思想汇编，是《史记》中的一篇大传。作者通过对孔子生平事迹的具体记载，生动传神地反映出孔子所处的时代以及他的思想性格和精神风范，是研究孔子政治、哲学、教育思想的重要历史文献。《仲尼弟子列传》主旨是讲儒学承传，以及教育的巨大功能，孔子培养了众多的人才。全传记载孔子弟子七十七人。举其成数，称七十人，又称七十子。解读、评介这两篇传记，有利于了解先秦儒家学派的产生、发展，以及创始人孔子的活动、七十子的承传，对于提高个人修养有着重要的意义。

孔子是先秦儒家学派的创始人，中国古代历史上一位大思想家、政治活动家、教育家和史学家。司马迁认为孔子对文化教育有着重大的贡献，他的学术思想传世久远，为后儒所宗，所以把孔子的传记列入世家，以示推崇。司马迁在《孔子世家》中写出了孔子一生的活动经历，尤其记述了孔子在历史文献方面的贡献，以及孔子在教育上的成就，最后落脚到著《春秋》以当一王之法，对社会产生深远的历史影响。司马迁在"太史公曰"中回顾自己曾到孔子故里考察，他为那里的士民按时演礼的纯厚风俗所感动，他记录下自己的感动和体会，引《诗》赞颂孔子的道德学问，像高山一样使人瞻仰，像大路一样导人遵行。司马迁表达了古代人民崇敬孔子一往情深的思想感情，所以能够融汇孔子一生的活动、人格、思想、言论构成一篇恢宏大传。我们读《孔子世家》也应当学习司马迁，要一往情深，带着崇敬仰望的心情，那样你就能登堂入室。希望本书引领你登堂入室，带给你感悟知识与智慧的愉悦。

本书由张大可、陈曦合作编著。张大可，《史记疏证》学术工程主持人。中央社会主义学院教授，北京师范大学历史学院特聘教授，中国史记研究会会长。负责本书策划、定稿，以及《仲尼弟子列传》疏证撰写。陈曦，中国人民解放军国防大学军事文化学院教授、中国史记研究会常务秘书长。负责本书《孔子世家》疏证长编，以及评述孔子的两篇论文撰稿。

《史记疏证》凡例

《史记疏证》宗旨:"熔古今研究成果于一编,聚海内志同时贤于一堂。"打破传统古注以字、词为单元的微观解读模式,代之以语释字面意义和立目讲疏的宏观通解,创造一种雅俗共赏的新注新疏体例。《史记疏证》内容体例分为:题评、集注、立目讲疏、语译、集说五项。题评、语译、集说三项由项目主持人一体完成。疏证参编作者完成集注、立目讲疏两项长编,在行文中合称集注,由主持人逐篇修订完成,以保证全书风格一致。

1. 题评。置于篇前,分为"题解"与"评说"两项内容,宏观阐释全篇内容。"题解"取自张大可《史记全本新注》之"题解",行文称"张大可曰";"评说"取自韩兆琦《史记题评》,行文称"韩兆琦曰"。

2. 集注条目。行文以金陵书局本为底本,参考通行本施以新式标点,以自然段为单元。每一单元的条目原则以句为单位,用阿拉伯数字与集注文连接。三家注文列于条目行文之下,在集注文之前。三家注佚文,主要是从《史记会注考证》辑录的《正义佚文》,参阅张衍田考证本《史记正义佚文辑校》,补入本书,用方框号 正义佚文 字样标示,直接并入三家注中。

3. 集注。本书注文要求用白话解读原文的字面意义,称之为"集注",以当代注家为主,采录的主要有五家:(1)张大可《史记全本新注》(包括《史记通解》本),省称"《新注》曰";(2)王利器主编,四十余位作者协作的《史记注译》，省称"《注译》曰"；（3）吴树平主编，三十余位作者协作的《史记全注全译》，省称"《全注》曰"；（4）韩兆琦《史记笺证》，省称"《笺证》曰"；（5）杨燕起《史记全译》，省称"《全译》曰"。近人注家着重采录四家：（1）泷川资言《史记会注考证》，省称"《考证》曰"或"泷川曰"；（2）施之勉《史记会注考证订补》，省称"《订补》曰"；（3）王叔岷《史记斠证》，省称"《斠证》曰"；（4）陈直《史记新证》，省称"《新证》曰"。以上省称只限于"集注"中，在"立目讲疏"中视行文环境可称为"某某曰"，引文后括注书名。四字书名不简称，超出四字的简称为四字或三字。如李人鉴《太史公书校读记》简称为《校读记》；泷川氏《史记会注考证》简称为《考证》；张照等人的清武英殿本《考证》，简称殿本《考证》，加"殿本"二字以资区别。省称为的是节省篇幅。偶引其他时贤注家以及他书，作者姓名与书名并列，如"袁珂《中国古代神话》曰"。引用论文资料直标某某曰，并在引文后括注篇名，如："陈桐生曰云云……"（《简论五帝本纪》）。若在第一篇中多次引用同一作者，其书名、篇名只在第一次出现时括注，第二次以下引用只注某某曰，省去书名括注。引用泷川资言《史记会注考证》中资料简称为"《考证》引某某曰"，引用泷川资言的按语称"泷川曰"或"泷川《考证》曰"。引用凌稚隆《史记评林》，凡凌氏按语称"凌稚隆曰"，非凌氏按语总称"《史记评林》引"，或直称某某曰。引用前人的专题论著，径称某某曰，如梁玉绳《史记志疑》称"梁玉绳曰"，崔适《史记探源》称"崔适曰"，余类推。著名版本，如"宋黄善夫本"简称"黄本"，"元彭寅翁本"简称"彭本"，一般版本简称某某本，如"张杆本"、"蔡梦弼本"，等等。

4. 立目讲疏。凡注文不能包含的内容，尤其是历代以来宏观研究的问题，均在注文后分类别起标出，可因事立目，用【集校】【存异】【存疑】【考辨】【实证】【研讨】【资料摘录】等事类以别之。凡须辨析、考证、研讨、考古新成果、文献新发现、史事补述等，尽可能提炼出条目，融汇古今人的研究成果于一编，以飨读者。

5. 语译。全篇注文后为"语译"，整篇贯通使读者有完整的轮廓概念。语译行文的大段落加段意提示，启迪读者思维。

6. 集说。全篇"语译"之后，加分类"集说"，各篇"集说"视内容分类条列，切合实际，不强求一律。《五帝本纪》的"集说"分为"论宗旨"、"论断限"、"论实证"、"论书法"、"论司马迁历史观"等类目，从各个方面进行宏观疏解。

7. 史记总论。《史记疏证》分为上编、下编两大部分。上编为《史记》全本一百三十篇分篇疏证，共分二十分册出版；下编为通解《史记》的专题论著，题名为"史记总论"。总论分卷出版，共分为十二个专题，具体书目如下：

第一卷　司马迁评传
第二卷　史记学论纲
第三卷　史记精言妙语
第四卷　史记文献与编纂学
第五卷　史记疑案研究
第六卷　史记史学研究
第七卷　史记文学研究
第八卷　司马迁思想研究
第九卷　史记研究史与史记研究家
第十卷　史记地图集
第十一卷　史记地名索引汇释（分上、中、下三卷）
第十二卷　史记论著提要与论文索引

目 录

史记疏证　孔子世家 1

史记疏证　仲尼弟子列传 175

至圣先师孔子 287
 《孔子世家》讲析 289
 孔子神韵的独特演绎
  ——《史记·孔子世家》探微 296
 《史记·孔子世家》再探微 304

史记疏证
孔子世家

补 白

咏怀诗　（晋）阮籍

朝阳不再盛,白日忽西幽。
去此若俯仰,如何似九秋。
人生若尘露,天道邈悠悠。
齐景升丘山,涕泗纷交流。
孔圣临长川,惜逝忽若浮。
去者余不及,来者吾不留。
愿登太华山,上与松子游。
渔父知世患,乘流泛轻舟。

经邹鲁祭孔子而叹之　（唐）李隆基

夫子何为者?栖栖一代中。
地犹鄹氏邑,宅即鲁王宫。
叹凤嗟身否,伤麟怨道穷。
今看两楹奠,当与梦时同。

题 评

【题解】

张大可曰：孔子（公元前551—前479年），名丘，字仲尼，春秋时鲁人。孔子是我国先秦儒家学派的创始人，中国古代著名的教育家、历史家和思想家。司马迁认为孔子对文化教育做出了重大的历史贡献，他的品格和思想，传世久远，为后儒所宗，受到一代又一代人的敬仰，所以特立世家以示推尊。由于《孔子世家》纂录了孔子大量的语录，所以本篇既是孔子的传记，同时又是儒家学术思想的汇编，是研究孔子及其思想的重要历史文献。

【评说】

韩兆琦曰：《孔子世家》记述了孔子一生所从事的种种活动，介绍并高度评价了他的思想学说，对其坎坷周游、困顿不遇的一生，寄予了极大的惋惜和同情。这篇作品的主要思想有以下几方面：

其一，司马迁对孔子顽强刻苦、虚心好学的精神和渊博的知识学问，以及他为研究整理古代文献所付出的巨大努力和他所取得的丰富成果，表现了极大的敬仰和赞佩之情。孔子在齐国学乐，在卫国跟师襄子学琴，都废寝忘食，锲而不舍；他晚年学《易》竟学得"韦编三绝"。他走到哪里便学到哪里，他说过"三人行，必有我师"，这些都是很感人的。也正因此，他几乎达到了无所不知的程度，甚至其他国家遇到了稀奇古怪的问题都得前来向他求教。他整理了《书传》、《礼记》，整理了《诗》、《乐》，使"《雅》、《颂》各得其所"。他写了最足以使他感到欣慰和自豪的《春秋》，并相信通过这部书一定可以扬名于后世。正是由于孔子有这一系列的业绩，司马迁认为他是我国古代足以称为"周公第二"的大学者、大思想家，并以他为楷模，立志做"孔子第二"。

其二，孔子广招门徒，循循善诱，是一位有理论、有实践的师表。他有弟子三千，"身通六艺者七十有二人"；他以"文、行、忠、信"四者教育学生；他能做到"毋意"、"毋必"、"毋固"、"毋我"，提出"不愤不启，不悱不发"，以及因材施教等超前的教学思想与教学手段。孔子是我国古代第一位伟大的教育家，司马迁对此由衷地敬服。

其三，孔子有他宏伟的政治理想，并有将这种理想付诸实行的政治才干。他任中都宰一年，就能使得"四方皆则之"；他以大司寇代理宰相，陪同鲁定公与齐景公会于夹谷，他既有文备，又有武备，他有理有力，针锋相对地坚持立场，捍卫了国家的尊严，其精神气概活像战国时代的蔺相如。他杀了"鲁大夫乱政者少正卯"，治理鲁国三个月后，"粥羔豚者弗饰价，男女行者别于涂，涂不拾遗，四方之客至乎邑者不求有司，皆予之以归"。由于孔子的这种作为，竟使得偌大一个齐国也为之惶恐不安，说什么"孔子为政必霸，霸则吾地近焉，我之为先并矣，盍致地焉？"司马迁对于孔子的这种政治作用显然是大大地夸张了，我们只能体会他的意思，不能完全相信。

其四，司马迁对孔子的坎坷遭遇、悲惨结局，表现了无比的悲愤和同情。当孔子正在鲁国大有作为的时候，齐国施行反间计，挑动鲁国的君臣把孔子排挤走了；当孔子在卫国刚刚要被卫灵公任用时，有人"谮"孔子于卫灵公，"卫灵公使公孙余假一出一入"，硬是把孔子吓跑了；齐景公想任用孔子，被宰相晏婴所阻拦；楚昭王想封孔子，被令尹子西所破坏。孔子一生被人逼得四处奔走不暇，其悲惨遭遇完全像是战国时代的悲剧英雄吴起。至于孔子在路上所蒙受的种种折磨与侮辱，就更加令人伤心了。他在匡邑，无辜地被匡人当作大坏蛋阳虎，围困了五天；他在宋国的一棵树下演习礼仪，宋国司马桓魋竟拔了他的树，并要杀死他；他在郑国，奔走流离，从人失散，被当地人看作"丧家狗"；最惨的是被包围在陈蔡之间，七天没有吃到东西，师徒们饥火烧肠，躺在地上站不起来。他七十三岁时，大病缠身，颜回、子路都已死去，他无限悲哀地唱道："太山坏乎！梁柱摧乎！哲人萎乎！"孔子是司马迁在《史记》中满含着最沉痛的心情所刻意描写的悲剧人物之一。司马迁在描写孔子的同时，毫无疑问地也将自己的身世之感写了进去。

其五，司马迁对孔子的那种百折不挠、锲而不舍、"宁知其不可为而为之"的奋斗精神，和他那种不改变信念、不降低目标、决不与恶势力同流合污的殉道精神，都是极其敬佩，并将其视为楷模的。孔子的名言是"君子固穷"，换成孟子的话就是："天下有道，以道殉身；天下无道，以身殉道。"当孔子四处碰壁，后来竟然绝粮于陈蔡，几乎饿死的时候，他"讲诵弦歌不衰"。颜回准确地描述他这时的心理说："夫子之道至大，故天下莫能容，虽然，夫子推而行之，不容何痛？不容然后见君子！夫道之不修也，是吾丑也；夫道既已大修而不用，是有国者之丑也。不容何病，不容然后见君子！"司马迁一生中正是从孔子的这种殉道精神，这种处逆境而百折不回的奋斗精神中汲取了巨大的精神力量。"文王拘而演《周易》，仲尼厄而作《春秋》"，司马迁在写作《太史公自序》和《报任安书》的时候，都一直对此念念不忘。

其六，司马迁对孔子的学说是欣赏的，对孔子的人格是非常钦敬的，这在作品最后"太史公曰"的那种悠游唱叹中表现得更为充分。他说他像"仰高山，慕景行"一样地向往孔子；他说："天下君王至于贤人众矣，当时则荣，没则已焉。"唯有孔子以一个"布衣"之身，竟"传十余世，学者宗之，自天子王侯，中国言'六艺'者折中于孔子"。甚至他破天荒地第一个称孔子为"至圣"，这是使后代的儒家弟子们欣喜若狂的。但是我们必须看到，第一，司马迁的崇敬孔子与汉武帝及其御用儒生们的"尊孔"，绝不是一回事。司马迁是把孔子作为先秦的一个杰出思想家，一个古代文化的集大成者，一个伟大的悲剧英雄来敬仰的，其中绝没有什么"宗教迷信"的色彩。第二，司马迁写《史记》是为了成"一家之言"，司马迁的社会理想、道德理想中显然有许多东西是来自孔子，来自先秦儒家的，但这也必须和被汉武帝所尊的那种"儒学"区分开来。汉代被尊起来的乃是一种叛变了孔子思想，叛变了孔子人格的最无耻、最能为统治者服务的御用"儒学"，是用先秦儒学词语所装点起来的商鞅、李斯与韩非。司马迁与以董仲舒、公孙弘为代表的汉代儒学格格不入，这一点我们只要读一读《儒林列传》、《平津侯主父列传》就可以明白。第三，司马迁的思想大部来自孔子，同时也吸收了道家、法家、墨家等各家学派的东西，就以这篇《孔子世家》而论，诸如其中所写的孔子见老子一节，晏婴论孔子的学问特点一节，就绝对不是汉代儒家的说法，而是反映了司马迁的广泛采集、兼收并蓄。

《孔子世家》是司马迁根据《论语》、《左传》、《国语》、《孟子》、《礼记》等书中的有关材料，加以排比、谱列而成的。其原始材料虽然绝大多数是旧有的，但其谱列的工作则在很大的意义上是出于司马迁的独创，因为迄今为止，我们还没有发现或听说先秦的古籍中有过孔子的传记或年谱一类东西。因此,《孔子世家》就成了远从汉代以来研究孔子思想、生平的最重要的依据之一,在我国古代学术史上有着极其重要的地位。

集 注

[索隐]教化之主,吾之师也。为帝王之仪表,示人伦之准的。自子思以下,代有哲人。继世家象贤,诚可仰同列国,前史既定,吾无间然。又,孔子非有诸侯之位,而亦称系家(1)者,以是圣人为教化之主,又代有贤哲,故称系家焉。[正义]孔子无侯伯之位,而称世家者,太史公以孔子布衣传十余世,学者宗之,自天子王侯,中国言"六艺"(2)者宗于夫子,可谓至圣,故为世家。

(1) 系家:即世家,《史记》"五体"(本纪、表、书、世家、列传)之一。
(2) 六艺:指《诗》、《书》、《易》、《礼》、《乐》、《春秋》六种儒家经典。

孔子生鲁昌平乡陬邑①。其先宋人也,曰孔防叔②。防叔生伯夏,伯夏生叔梁纥③。纥与颜氏女野合而生孔子,祷于尼丘得孔子④。鲁襄公二十二年而孔子生⑤。生而首上圩顶,故因名曰丘云⑥。字仲尼⑦,姓孔氏⑧。

①孔子生鲁昌平乡陬邑〔一〕

〔一〕[集解]徐广曰:"陬音驺。孔安国曰'陬,孔子父叔梁纥所治邑'。"[索隐]陬是邑名,昌平,乡号。孔子居鲁之邹邑昌平乡之阙里也。[正义]《括地志》云:"故邹城在兖州泗水县东南六十里。昌平山在泗水县南六十里。孔子生昌平乡,盖乡取山为名。故阙里在泗水县南五十里。《舆地志》云邹城西界阙里有尼丘山。"按:今尼丘山在兖州邹城,阙里即此也。《括地志》云:"兖州曲阜县鲁城西南三里有阙里,中有孔子宅,宅中有庙。伍缉之《从征记》云阙里背邾面泗,即此也。"按:夫子生在邹,长徙曲阜,仍号阙里。

《新注》曰："昌平：古乡名，在今山东曲阜东南。陬（zōu）邑：昌平乡中邑名，即今曲阜东南之邹城。"

②孔防叔〔一〕

〔一〕 索隐《家语》："孔子，宋微子之后。宋襄公生弗父何，以让弟厉公。弗父何生宋父周，周生世子胜，胜生正考父，考父生孔父嘉，五世亲尽，别为公族，姓孔氏。孔父生子木金父，金父生睪夷。睪夷生防叔，畏华氏之逼而奔鲁。"故孔氏为鲁人也。

《新注》曰："孔防叔：宋襄公八世孙，畏大夫华督之逼而奔鲁。"

【考辨】

孔子先世何时奔鲁

梁玉绳曰："叙孔子先世当始孔父嘉，不得始防叔。其所以始防叔者，岂缘防叔始奔鲁之故与？而孔氏之奔鲁实非防叔始。《潜夫论·志氏姓》云：'防叔为华氏所逼，出奔鲁，为防大夫。'夫孔父嘉为华督所杀，则孔氏应即避难，奚待三世而后适鲁？杜注昭七年《传》云：'孔父嘉为华督所杀，其子奔鲁。'最为明确。是始奔鲁者乃孔子五代祖木金父，防叔之祖也。"（《史记志疑》）按：据《左传·昭公七年》，孔子的第六代祖先孔父嘉在宋国的一场宫廷政变中，与宋殇公一同被华督所杀。从情理推测，孔父嘉之子木金父应难以在宋国生存，故避难逃至鲁国。若以始奔鲁者作为孔子先世叙述的首位，则应为木金父而不是始防叔。

③伯夏生叔梁纥〔一〕

〔一〕 正义《括地志》云："叔梁纥庙亦名尼丘山祠，在兖州泗水县五十里尼丘山东趾。《地理志》云鲁县有尼丘山，有叔梁纥庙。"

《笺证》曰："叔梁纥（hé）：《左传》作'陬叔纥'，亦称'陬人纥'，鲁国的勇士，襄公时人。"

【研讨】

叔梁纥其人

匡亚明曰："叔梁纥是孔子的父亲，是孔父嘉的五代孙，亦即从宋国避难到鲁国后的第五代了。前四代默默无闻，到了叔梁纥，算是有点小名气了，主要是立了两次战功，一在偪（同"逼"）阳之战。鲁襄公十年（公元前 563 年）以晋国为首的几个诸侯国攻打一个叫偪阳（今山东枣庄南面）的小国，叔梁纥作为鲁国贵族孟献子属下武士，也参加作战。当他们攻入偪阳城时，守城的人突然把城门上吊起的悬门放下，意欲把入城队伍拦腰截断，然后分别消灭他们。正在此时，叔梁纥赶到，用手托起悬门，使先入城的队伍能够赶紧退出，避免了损失。二在夜突齐围臧纥之战。偪阳战役七年之后，鲁襄公十七年（公元前 556 年）齐国侵入鲁国的北部，齐军高厚带领的部队围困了防邑，那时被围困在防邑里的有鲁大夫臧纥及其弟臧畴、臧贾和叔梁纥，鲁军前去救臧纥，从阳关（约在今山东泰安东）进击，接引臧纥，因慑于齐军强大，到了近防邑的旅松这个地方就停下不敢前进了。叔梁纥带着臧畴、臧贾和甲兵三百人保护臧纥夜间突围而出。将臧纥送到旅松鲁军驻地，然后又冲进防邑而固守之。齐军攻打不下，只好撤退。由于叔梁纥在这两次作战中所表现出来的勇气和膂力，所以曾一时'以勇力闻于诸侯'。他虽有两次战功，并没有加官进爵，得到提升。终其身只不过是一个'武士'身份（贵族中最低级的身份），和一个陬邑大夫（一说陬邑宰，管辖区相当于一个镇、乡或区）的低级官职而已。"（《孔子评传》）按：匡氏所述见于《左传》鲁襄公十年和十七年的记载。

④纥与颜氏女野合而生孔子〔一〕，祷于尼丘得孔子

〔一〕 索隐《家语》云：梁纥娶鲁之施氏，生九女。其妾生孟皮，孟皮病足，乃求婚于颜氏，徵在从父命为婚。其文甚明。今此云"野合"者，盖谓梁纥老而徵在少，非当壮室初笄之礼，故云野合，谓不合礼仪。故《论语》云"野哉由也"，又"先进于礼乐，野人也"，皆言野者是不合礼耳。正义男八月生齿，八岁毁齿，二八十六阳道通，八八六十四阳道绝。女七月生齿，七岁毁齿，二七十四阴道通，七七四十九阴道绝。婚姻过此者，皆为野合。故《家语》云："梁纥娶鲁施氏女，生九女，乃求婚于颜氏，颜氏有三女，小女徵在。"据此，婚过六十四矣。

《新注》曰："野合：违礼结合曰'野合'。《史记正义》据《孔子家语》以为叔梁纥娶颜氏女徵在时，年逾六十四，不合礼法，故称'野

合'。"《笺证》曰:"祷:谓祭祀祈祷以求子。尼丘:即曲阜东南的尼山。野合:未经婚嫁而交合。按:《索隐》、《正义》皆欲为'圣人'之父粉饰而有所谓'梁纥老而徵在少,非当壮室初笄之礼',谓叔梁纥'婚过六十四'云云,皆违背史文原意而强为之辞。"

【考辨一】

野合

梁玉绳曰:"古婚礼颇重,一礼未备,即谓之奔,谓之野合,故自行媒、纳采、纳征、问名、卜吉、请期而后告庙。颜氏从父命为婚,岂有六礼不备者。《檀弓》疏及《索隐》、《正义》以婚姻过期为野合,亦无所据。盖因纥偕颜祷于尼山而为之说耳。野合二字,殊不雅驯。"(《史记志疑》)

钱穆曰:"《史记》称叔梁纥与颜氏女祷于尼丘,野合而生孔子。故因古人谓圣人皆感天而生,犹商代先祖契,周代先祖后稷,皆有感天而生之神话。又如汉高祖母刘媪,尝息大泽之陂,梦与神遇,遂产高祖。所云野合,亦犹如此。欲神其事,乃污其父母以非礼,不足信。至为叔梁纥老而徵在少,非婚配常礼,故曰野合,则是曲解。又前人疑孔子出妻,实乃叔梁纥妻施氏因无子被出。孟皮乃妾出,颜氏女为续妻,孔子当正式为后。语详江永《乡党图考》。"(《孔子传》)

李衡眉认为:"野合就是一种较为自由的婚姻缔结形式,至今在一些民族中还以不同形式的风俗存在着。"李衡眉又考察婚姻发展史,认为"野合不过是杂乱婚制在习俗中的残存,这可以从古代民族中有'节日杂交'的习惯为例证"。因之,他推断道:"叔梁纥与颜徵在的'野合'不会像上述各民族那样浪漫,他们的所谓'野合',很可能是指的没有经过'父母之命,媒妁之言'的婚姻,即非明媒正娶,而是自由结合的。"(《孔子的出生与婚俗》,《孔子研究》1988 年第 4 期)

邵耀成曰:"事实上,野合(不通过婚姻关系而发生男女关系)是周时期社会所允许的婚前习俗,周时期的统治者,出于关心民生以及繁衍人口(以扩兵源和发展农业)的需要,对婚姻也是较为重视的。《周礼》记载:大司徒地官掌管土地与人口,春官大宗伯掌邦礼,地官遂人掌邦之野,而'媒氏'即地官职。据《周礼·地官司徒·媒氏》载:'中春之月,令会男女,于是时也,奔者不禁。'即是说媒氏会在仲春之月，按照习俗组织适婚男女自由集会、随意择偶，为他们创造野合成婚的机会。春秋时期，各诸侯国都有提供男女婚前相会淫奔的场所。《墨子·明鬼》载：'燕之有祖，当齐之［有］社稷，宋之有桑林，楚之有云梦也，此男女之所属（意）而观（会）也。'……孔父作为有贵族血统，社会地位远高于女方的大夫或宰阶级人士，与平民百姓的颜氏有露水关系，那是很平常的事。"（《孔子这个人与他所面对的问题》）

按：梁氏之论虽有迂腐之嫌，但毕竟充分显示了他对孔子的崇敬之情。钱穆将"野合"理解成"欲神其事"，亦属不为尊者讳的推测。倒是李衡眉、邵耀成的说法较为符合孔子生活与时代的实际，也符合司马迁叙述的原意。

【考辨二】
祷于尼丘

匡亚明曰："颜徵在有妊时，夫妇因望儿心切，按当时迷信习惯，于襄公二十八年夏历八月二十七日同去曲阜城东南的尼山（亦名尼丘山，在叔梁纥家乡陬邑境内）'祈祷山神'。'祈祷'后即到附近一个山洞中休息。不料即在洞中分娩，产下一子即孔子。后人为了纪念颜徵在母子，名此洞为'坤灵洞'，又名'夫子洞'，此洞至今还在。大概司马迁说的'祷于尼丘得孔子'，即根据这个传说。或者此传说是根据司马迁说的那句话衍生出来，都未可知。特将当地调查所得录供参考。"（《孔子评传》）

⑤鲁襄公二十二年而孔子生〔一〕

〔一〕 索隐《公羊传》："襄公二十一年十有一月庚子，孔子生。"今以为二十二年，盖以周正十一月属明年，故误也。后序孔子卒，云七十二岁，每少一岁也。

《新注》曰："鲁襄公二十二年，当周灵王二十一年，即公元前551年。"

【考辨】
孔子生年

钱穆曰："孔子生年，聚讼二千年矣。《春秋》的《公羊传》、《穀梁传》二传，皆谓鲁襄公二十一年孔子生，司马迁《史记》，谓襄公二十二年孔子生。依前说者，贾逵、服虔、边韶、何休、杨士勋、王钦若、刘恕、胡安国、洪兴祖、黄震、马端临、宋濂、胡广、王圻、崔述、钱曾、江永、李锴、孔继汾、钱大昕、李惇、孙志祖、蔡孔炘、狄子奇诸人。依后说者，杜预、陆德明、苏辙、刘安世、袁枢、孔传、郑樵、朱熹、吕祖谦、叶大庆、罗泌、孔元措、金履祥、薛应旂、邓元锡、彭大翼、夏洪基、吕元善、黄宗羲、万斯大、马骕、阎若璩、齐召南、梁玉绳、陈宏谋、郑环、成蓉镜、孔广牧诸人。……余兹姑取后说。"（《先秦诸子系年考辨》）

《笺证》曰："关于孔子的生年诸说不一，今人通常多取鲁襄公二十二年说。而《公羊传》又详载'十有一月庚子'之月日，前人考证以为'十一月'误，应作'十月庚子'。'十月'为周历，相当于夏历之八月。周历的'十月庚子'即夏历的八月二十七。崔适怀疑此乃《公羊传》、《穀梁传》经师所附会，但四十年代我国教育部明令确定八月二十七日为孔子诞辰，且规定这一天为我国之教师节，盖以平民讲学始于孔子故。"

匡亚明曰："孔子生死的年月，二千年来经生学子一向争论不休。今孔子生年从《史记·孔子世家》'鲁襄公二十二年孔子生'，月日从《穀梁传》'冬十月庚子，孔子生'。周时历法比夏历早两个月，故十月庚子后世推算为鲁襄公二十二年八月二十七日（即公元前551年9月22日）。"（《孔子评传》）

⑥生而首上圩顶〔一〕，故因名曰丘云

〔一〕索隐圩音乌。顶音鼎。圩顶言顶上窊也，故孔子顶如反宇。反宇者，若屋宇之反，中低而四傍高也。正义《括地志》云："女陵山在曲阜县南二十八里。干宝《三日纪》云：'徵在生孔子空桑之地，今名空窦，在鲁南山之空窦中。无水，当祭时酒扫以告，辄有清泉自石门出，足以周用，祭讫泉枯。今俗名女陵山。'"

《新注》曰："圩顶：头顶呈凹形，四边高隆如丘。"《笺证》曰："圩（wéi）：水田周围的土埂。按：《白虎通·姓名》：'孔子首类尼丘山，盖中低而四旁高，如屋宇之反。'泷川曰：'云：未必之辞。史公未必信之，姑记所闻耳。'"

⑦字仲尼

《笺证》曰："古人的名和字之间往往有一定联系，名曰'丘'，字

'仲尼'，皆取于孔子故乡的'尼丘'，而相互补充，'仲'是排行。"

⑧姓孔氏

《笺证》曰："姓氏：姓与氏原本不同，姓，表示同一血统的家族；氏，表示该家族中某一分支。至司马迁时姓、氏混淆，故常以姓、氏连称。"

丘生而叔梁纥死，葬于防山①。防山在鲁东，由是孔子疑其父墓处，母讳之也②。孔子为儿嬉戏，常陈俎豆，设礼容③。孔子母死，乃殡五父之衢，盖其慎也④。陬人挽父之母诲孔子父墓，然后往合葬于防焉⑤。

①丘生而叔梁纥死〔一〕，葬于防山〔二〕

〔一〕索隐《家语》云："生三岁而梁纥死。"

〔二〕正义《括地志》云："防山在兖州曲阜县东二十五里。《礼记》云孔子母合葬于防也。"

《全注》曰："防山：在今山东曲阜东，亦称'笔架山'。"

②孔子疑其父墓处，母讳之也〔一〕

〔一〕索隐谓孔子少孤，不的知父坟处，非谓不知其茔地。徵在笄年适于梁纥，无几而老死，是少寡，盖以为嫌，不从送葬，故不知坟处，遂不告耳，非讳之也。正义佚文梁纥葬时，徵在既少，不能教往忠其处。

《笺证》曰："《索隐》之说牵强，唯《礼记·檀弓》郑玄注所谓'孔子之父陬叔梁纥与颜氏之女徵在野合而生孔子，徵在耻焉不告'，合乎情理。"

【研讨】

颜徵在不告孔子其父墓地之推测

李衡眉曰："叔梁纥死后，必与嫡妻、长妾合葬一处，其子孙也是要定期去墓上祭扫的。如果颜徵在告诉了孔子其父墓处所在，孔子亦必前去祭扫，这就难免与叔梁纥的其他子女相见，容易受辱而引起纠纷。徵在素有贤母之称，为了避免在孔子幼小的心灵上投下阴影，以便让孩子在和谐的气氛中健康成长，所以忍辱负重，不愿将以往不愉快的事以及孔父之墓所在告诉孔子便是理所当然了。孔子或曾向母亲问过父墓所在，见母不愿回答——'讳之也'，素有孝道的孔子'为尊者讳'，不再追问此事，以免使母亲伤心，亦是情理中事。准此，则孔子'疑其父葬处'当系事实，其'母讳之也'亦有道理。司马迁所记当是实录所闻。"（《孔子的出生与古代婚俗》，《孔子研究》1988年第4期）按：李衡眉此论从徵在母子生活情状出发加以揣测，颇能说明徵在不告墓地的良苦用心。

③常陈俎豆〔一〕，设礼容

〔一〕 正义 俎豆以木为之，受四升，高尺二寸。大夫以上赤云气，诸侯加象饰足，天子玉饰也。

《新注》曰："俎豆：祭器。俎，长方形的盛牲之器。豆，圆形高足的盘。设礼容：模仿祭祀仪式。这里是说孔子少时就对礼仪极有兴味。"

④孔子母死，乃殡五父之衢〔一〕，盖其慎也〔二〕

〔一〕 正义 《括地志》云："五父衢在兖州曲阜县西南二里，鲁城内衢道也。"

〔二〕 集解 徐广曰："鲁县有阙里，孔子所居也。又有五父之衢也。"
索隐 谓孔子不知父墓，乃且殡其母于五父之衢，是其谨慎也。
正义 慎谓以绋引棺(1)就殡所也。

(1) 以绋（fú）引棺：用绳索拉着棺材。绋：指引棺的绳索。

《新注》曰："殡：人殓未葬。"《笺证》曰："五父之衢：当时曲阜城里的街道名。由于孔子不知其父的葬地，无法将其母与其父正式合葬，故只好临时将其母殡于五父衢，以待他日找到父墓再正式安葬，这是出于慎重的考虑。"

⑤郰人〔一〕挽父之母诲孔子父墓，然后往合葬于防焉

〔一〕 正义 上音邹。

《全注》曰："挽父：《礼记·檀弓》作'曼父'，人名。诲：告诉。"
《笺证》曰："以上孔子将其母与其父合葬事，见《礼记·檀弓》。"

孔子要绖①，季氏飨士，孔子与往②。阳虎绌曰："季氏飨士，非敢飨子也。"③孔子由是退。

①孔子要绖〔一〕

〔一〕 索隐 《家语》："孔子之母丧，既练而见，不非之也。"今此谓

孔子实要绖与飨，为阳虎所绌，亦近诬矣。一作"要经"。"要经"犹带经也，故刘氏云嗜学之意是也。

《新注》曰：要绖，腰上还系着麻绳。"要"同"腰"。绖，丧服上的麻带。

②季氏飨士，孔子与往〔一〕

〔一〕正义 "与"音"预"。季氏为馔饮鲁文学之士，孔子与迎而往，阳虎以孔子少，故折之也。

《新注》曰："飨士，宴请士人。"《笺证》曰："季氏，即季孙氏，世代执掌鲁国政权的大贵族。此时的当政者为季孙宿，史称季武子。与往，与他人一同前往。"

③阳虎绌曰："季氏飨士，非敢飨子也。"

《全注》曰："阳虎，名虎，字货，亦称'阳货'。季孙氏家臣。后挟持季桓子，占据阳关（今山东泰安南），一度把持国政。公元前502年，他因想清除三桓势力而被击败，出奔阳关。次年奔宋。后经宋国到晋国，为赵鞅家臣。绌：通'黜'，贬斥，斥退。"

匡亚明曰："孔母死后不久，鲁国贵族季孙氏请士一级的贵族（贵族最低级的是士）宴会。那时孔子丧母不久，孝服未除，以为自己是已故叔梁纥武士之子，大概也有资格参加，于是就跟别人走了进去。哪知季孙氏的家臣叫阳虎的，以傲慢的态度呵斥孔丘说：'季家宴请的是士，谁宴请你呢！'于是孔丘只好退了出来。这是十七八岁的孔丘想进入贵族社会时所遭遇到的当头一棒。这样的侮慢和打击，孔丘只好默默地忍受下来。此事没有使他灰心，反而激励他奋发学习的信心和决心。"（《孔子评传》）

孔子年十七，鲁大夫孟釐子病且死①，诫其嗣懿子②曰："孔丘，圣人之后，灭于宋③。其祖弗父何始有宋而嗣让厉公④。及正考父佐戴、武、宣公⑤，三命兹益恭，故鼎铭云⑥：'一命而偻，再命而伛，三命而俯⑦，循墙而走⑧，亦莫敢余侮⑨。饘于是，鬻于是，以糊余口⑩。'其恭如是。吾闻圣人之后，虽不当世，必有达者⑪。今孔丘年少好礼，其达者欤？吾即没，若必师之⑫。"及釐子卒，懿子与鲁人南宫敬叔⑬往学礼焉。是岁，季武子卒，平子代立⑭。

①孔子年十七，鲁大夫孟釐子病且死〔一〕

〔一〕索隐昭公七年《左传》云"孟僖子病不能相礼，乃讲学之，及其将死，召大夫"云云。按：谓病者，不能礼为病，非疾困之谓也。至二十四年僖子卒，贾逵云："仲尼时年三十五(1)矣。"是此文误也。

(1) 仲尼时年三十五：三十五当为三十四。

按：孔子十七岁，时当鲁昭公七年（公元前535年）。

【考辨】
鲁大夫孟釐子病死之年，孔子已三十五岁，此误记

《笺证》曰："孔子年十七：时当鲁昭公七年，公元前535年。孟釐子：名仲孙貜（jué），鲁国贵族，即所谓'孟孙氏'。与季孙氏、叔孙氏三家同出于鲁桓公，故史称此三家曰'三桓'。釐：通'僖'，是仲孙貜的谥。梁玉绳曰：鲁昭七年孔子年十七，至昭二十四年孟僖子卒，孔子时年三十四，《左传》载僖子将死之言于昭七年，终言之亚，而此即叙于孔子年十七时，是史公疏处，《索隐》、《古史》并纠其误。"

②诫其嗣懿子

《全注》曰：诫：告诫，嘱咐。"嗣"，后嗣，嫡嗣，继承人。懿子：名何忌，亦称"孟懿子"、"仲孙何忌"、"仲孙忌"、"孟孙"，鲁国大夫，生于公元前531年，死于公元前481年。

③孔丘，圣人之后〔一〕，灭于宋〔二〕

〔一〕集解服虔曰："圣人谓商汤。"

〔二〕集解杜预曰："孔子六世祖孔父嘉为宋华督所杀，其子奔鲁也。"

《新注》曰："圣人：此指孔子六世始祖，宋公室始祖商汤王。死于宋，指孔子祖宗孔父嘉，在宋为华督所杀。"

【存异】
《新注》曰："此指孔子先世始祖，即宋公室始祖商汤王。"泷川曰："陆粲曰：'僖子所谓圣人，乃正考父，非汤也。'傅逊曰：'以圣人为殷汤，则宋皆其后也，何云灭于宋乎？'中井积德曰：'古人称圣字不甚重，勿以孔孟以后语疑之。'"（《考证》）按：或谓微子启、弗父何、正考父等，存异供参考。

④其祖弗父何始有宋而嗣让厉公〔一〕

〔一〕集解杜预曰："弗父何，孔父嘉之高祖，宋愍公之长子，厉公之兄也。何嫡嗣，当立，以让厉公也。"

《全注》曰："'弗父何'，亦作'弗甫何'、'弗父何'，宋湣公太子，依礼法为嫡嗣，应当继承君位。据《潜夫论·志氏姓》、《孔子家语·本姓》，自弗父何以下至孔子的世系为：弗父何——宋父周——世父胜——正考父——孔父嘉——木金父——皋夷（祁父）——防叔——伯夏——叔梁纥——孔子。但《诗·商颂谱疏》所引《世本》无'世父胜'一代。本注从前者。厉公：即宋厉公，名鲋祀（或作'鲍祀'、'方祀'），宋湣公庶子，弗父何之弟。"

⑤及正考父佐戴、武、宣公〔一〕

〔一〕集解服虔曰："正考父，弗父何之曾孙。"

《全注》曰："正考父：弗父何曾孙，孔子七世祖。佐：辅佐。戴、武、宣公：宋戴公，公元前799年至公元前766年在位；宋武公，名司空，宋戴公之子，公元前765年至公元前748年在位；宋宣公，名力，宋武公之子，公元前748年至公元前729年在位。"

⑥三命兹益恭，故鼎铭云〔一〕

〔一〕集解杜预曰："三命，上卿也。考父庙之鼎。"

《笺证》曰："意即职位越提升，本人的表现就越是谦恭谨慎。三命：一命为士，再命为大夫，三命为卿。兹益：犹言'越发'。兹，通'滋'，更加。《全注》曰：'鼎铭'，鼎上的铭文。此指正考父庙之鼎铭文。"

⑦一命而偻，再命而伛，三命而俯〔一〕

〔一〕集解服虔曰："偻，伛，俯，皆恭敬之貌也。"

《全注》曰："偻（lǚ）：曲背，表示恭敬。伛（yǔ）：曲背，其弯度比偻大，表示更恭敬。'俯'，曲身，其弯度比伛大，表示最恭敬。"

⑧循墙而走〔一〕

〔一〕集解杜预曰："言不敢安行。"

《全注》曰:"沿着墙根小跑,表示对人的极度恭敬。"

⑨亦莫敢余侮〔一〕

〔一〕集解杜预曰:"其恭如是,人亦不敢侮慢。"

《全注》曰:"'莫敢余侮',即'莫敢侮余',没有人敢侮辱我。"

⑩饘于是,粥于是,以糊余口〔一〕

〔一〕集解杜预曰:"于是鼎中为饘粥。饘粥,糊属。言至俭也。"

《笺证》曰:"大意为,我就是用这个鼎来煮粥吃的。饘(zhān):稠粥,这里用如动词,意即煮稠粥。糊口:即指吃。"

⑪吾闻圣人之后,虽不当世,必有达者〔一〕

〔一〕集解王肃曰:"谓若弗父何,殷汤之后,而不继世为宋君也。"
　　　杜预曰:"圣人之后,有明德而不当大位,谓正考父。"

《笺证》曰:"当世:当政,治国。"《新注》曰:"达者:显达于世的人。"

⑫师之

《全注》曰:"以他为师。"

⑬鲁人南宫敬叔〔一〕

〔一〕索隐《左传》及《系本》,敬叔与懿子皆孟僖子之子,不应更言"鲁人",亦太史公之疏耳。

泷川《考证》曰:"'鲁大夫孟釐子'以下,本昭公七年《左传》。"

《全注》曰:"南宫敬叔:氏南宫,谥敬(或作'顷'),叔排行,名说(或作'阅'),故亦称'南宫说'。为仲孙氏之后,又称'仲孙阅'。孟釐子之子,孟懿子之弟,鲁国大夫,生于公元前531年。"

⑭季武子卒,平子代立

《全注》曰:"季武子:名宿,谥武,亦称'季孙宿'、'季孙'。季文子之子,鲁大夫,自公元前561年至公元前535年执掌国政。平子:季平子,名意如,谥平,亦称'季孙意如'、季孙。季武子之孙,季悼子纥之子。因其父早死,故季武子死后,他继位为季氏宗主。鲁国卿大夫,公元前519年至前505年执掌国政。代立:继位。此指继承季武子的官爵。"

孔子贫且贱①。及长,尝为季氏史,料量平;尝为司职吏而畜蕃息②。由是为司空③。（已而去鲁，斥乎齐，逐乎宋、卫，困于陈蔡之间，于是反鲁）。孔子长九尺有六寸，人皆谓之"长人"而异之④。（鲁复善待，由是反鲁⑤。）

①孔子贫且贱

《新注》曰：贱：社会地位低下。《论语·子罕》：孔子曰："吾少也贱，故多能鄙事。"

②及长，尝为季氏史〔一〕，料量平；尝为司职吏而畜蕃息

〔一〕索隐有本作"委吏"。按：赵岐曰："委吏，主委积仓库之吏。"

《全注》曰："史：掌管文书的官吏。季氏史：季氏手下的官吏，不是指季氏的家臣。"《新注》曰："料量平：粮物出入公平。畜蕃息：牲畜壮，繁殖快。"《笺证》曰："司职吏：管理牲畜的小官。"按："季氏史"误，当作"委吏"。孔子曾做过"委吏"之事，出自《孟子·万章下》："孔子尝为委吏矣，曰：'会计当而已矣。'尝为乘田矣，曰：'牛羊茁壮长而已矣。'"

③由是为司空

《笺证》曰："司空：主管建筑的官，与古'三公'之所谓'司徒'、'司马'、'司空'者异，故梁玉绳称之为'小司空'。"

④孔子长九尺有六寸，人皆谓之"长人"而异之

《新注》曰："周制有十寸一尺，据出土文物实测，周尺合公制为19.91厘米和23.10厘米两种。九尺六寸，为190厘米或221厘米。以八寸为一尺计算，为七尺八寸，当时一尺合23厘米，七尺八寸为179厘米。按：长人：高个子。"

⑤鲁复善待，由是反鲁

【集校】

"已而去鲁"至"于是反鲁"，以及"鲁复善待，由是反鲁"，当系错简。

崔适曰："'已而去鲁'至'于是反鲁'二十一字，及下文'鲁复善待，由是反鲁'八字，皆定公十三年去鲁后至反鲁之总结，重衍于此也。"（《史记探源》）按：崔适之说可从，但非重衍，而是错简，正文用括号以别之，此二十九字当系于后文"孔子之去鲁凡十四岁而反乎鲁"，

合并应为:"孔子之去鲁,斥乎齐,逐乎宋、卫,困于陈、蔡之间,凡十四岁。鲁复善待,由是反乎鲁。"

鲁南宫敬叔言鲁君①,曰:"请与孔子适周②。"鲁君与之一乘车,两马,一竖子俱③,适周问礼,盖见老子云④。辞去,而老子送之曰:"吾闻富贵者送人以财⑤,仁人者送人以言。吾不能富贵,窃仁人之号⑥,送子以言⑦,曰:'聪明深察而近于死者,好议人者也⑧。博辩广大危其身者,发人之恶者也⑨。为人子者毋以有己,为人臣者毋以有己⑩。'"孔子自周反于鲁,弟子稍益进焉⑪。

①鲁南宫敬叔言鲁君

《全注》曰:"鲁君:按司马迁的系年编排,当指鲁昭公。"

②请与孔子适周〔一〕

〔一〕 索隐《庄子》云:"孔子年五十一,南见老聃。"盖《系家》亦依此为说而不究其旨,遂俱误也。何者?孔子适周,岂访礼之时即在十七耶?且孔子见老聃,云"甚矣道之难行也",此非十七之人语也,乃既仕之后言耳。

《注译》曰:"与:同跟。适:往,到。"

③鲁君与之一乘车,两马,一竖子俱

《全注》曰:"乘:音 shèng,古人称一车司马为一乘。竖子:小子,童仆。俱:同行。"

④适周问礼,盖见老子云

《笺证》曰:"适周:出使周国。当时的周国都于雒邑。关于孔子适周的时间自古说法不一,司马迁将其系于孔子十七岁之后,三十岁之前。钱穆曰:'孔子适周问礼于老聃,其事不见于《论语》、《孟子》,《史记》所载盖袭自《庄子》。而《庄子》寓言十九,固不可信。'泷川曰:'孔子问礼之有无且不可知,又何定其年之前后,阙疑可也。'泷川又曰:'曰盖曰云,未决之辞。孔子见老子,史公又载于《老子传》,而自疑其有无,故用盖字云字。'"《全注》曰:"老子:春秋时思想家,被奉为道家学派的创始人。关于他的姓名、身世,传说不一,难以确定。据本书《老子韩非列传》,则有三说。一说氏李,名耳,字聃,楚国苦县（今河南鹿邑东）人，当过周王室管理藏书的史官，孔子曾向他问礼，后隐居，著《道德经》五千余言。或谓楚人老莱子。或谓即周太史聃。'盖见老子云'，本书《老子韩非列传》亦载孔子见老子问礼，《孔子家语·观周》所载较详，可参看。"

⑤吾闻富贵者送人以财〔一〕

〔一〕索隐 《庄周》"财"作"轩"。

⑥窃仁人之号〔一〕

〔一〕集解 王肃曰："谦言窃仁者之名。"

《新注》曰："窃：冒用，谦词，谓虚有仁人的称号。"

⑦送子以言

泷川曰："《荀子·大略篇》云：'曾子行，晏子从于郊曰："婴闻之：君子赠人以言，庶子赠人以财。婴贫无财，请假于君子，赠君以言。"'《晏子春秋·内篇杂上》亦载此事，但'财'作'轩'，与老子言全同。"（《考证》）

⑧聪明深察而近于死者，好议人者也

《笺证》曰："聪明深察：耳目好使且又爱盘根究底。近于死：犹言'更容易死'，'更招来死'。议人：议论别人的是非。按：聪明深察的人易遭杀身之祸，因为他好评论人。"

⑨博辩广大危其身者，发人之恶者也

《笺证》曰："博辩广大：学问多、见识广。发人之恶：揭发别人的短处。按：句意谓博学善辩的人易危害自身，因为他好揭发别人的短处。"

⑩为人子者毋以有己〔一〕，为人臣者毋以有己〔二〕

〔一〕集解 王肃曰："身，父母之有。"索隐 《家语》作"无以有己为人子者"。

〔二〕索隐 《家语》作"无以恶己为人臣者"。王肃云："言听则仕，不用则去，保身全行，臣之节也。"

《新注》曰："为人子、为人臣的人，不要有聪明深察、博辩广大这些事而存身以尽孝尽忠。毋以有己：不要只顾自己，坚持个人意见。"

【研讨】

毋以有己

《笺证》曰："毋以有己：意即不能有任何私心、任何保留，要能够把一切都贡献出去。泷川曰：'言致身于君父也。'史珥曰：'此必黄老之徒窜入。'按：前诫孔子勿'好议人'、勿'发人之恶'乃老氏思想；后曰为人臣子者'毋以有己'则乃儒家之义，即《论语》所谓'事君能致其身'，前后思想矛盾。史珥曰：此（指以上老子的话）必黄老之徒窜入。"按：司马迁的思想相当驳杂，史珥显然无视于此，以为《孔子世家》中的老子言论，系黄老之徒窜入，并非出自司马迁的手笔，此论误。司马迁生活在先秦各家思想走向综合的西汉前期，他笔下的孔子难免打上黄老道家思想的痕迹。

⑪弟子稍益进焉
《笺证》曰："学生渐渐地多起来。"

是时也，晋平公淫①，六卿擅权②，东伐诸侯③；楚灵王兵强，陵轹中国④；齐大而近于鲁。鲁小弱，附于楚则晋怒；附于晋则楚来伐；不备于齐，齐师侵鲁。

①晋平公淫
《全注》曰："晋平公：名彪，晋悼公之子，公元前557年至前532年在位。详见《史记·晋世家》。淫：淫逸，纵欲放荡。"按：《晋世家》晋平公十九年云："叔向曰：'晋，季氏也。公厚赋为台池而不恤政，政在私门，其可久乎！'"《左传·昭公三年》亦谓平公"无度"。即此所谓"平公淫"。

②六卿擅权
《全注》曰："六卿：指执掌晋国国政的魏氏、赵氏、韩氏、范氏、中行氏、知氏六家世卿。擅权：专擅权柄，把持国政。擅：专擅，把持。"

③东伐诸侯
《全注》曰："据《晋世家》，晋平公元年、十年，晋军两次东进攻伐齐国。"

④楚灵王兵强，陵轹中国
《全注》曰："楚灵王：名围（或作'回'），后改名虔，楚共王之子，公元前540至公元前529年在位。按本书《楚世家》载，灵王三年在申盟会诸侯，攻伐吴国；八年攻灭陈国、蔡国；十一年伐徐，军事实力强大。详见本书《楚世家》。"

鲁昭公之二十年①，而孔子盖年三十矣。齐景公与晏婴来适鲁，景公问孔子曰②："昔秦穆公国小处辟③，其霸何也？"对曰："秦，国虽小，其志大；处虽辟，行中正。身举五羖④，爵之大夫，起累绁之中⑤，与语三日，授之以政。以此取之，虽王可也，其霸小矣⑥。"景公说。

①鲁昭公之二十年

《笺证》曰："鲁昭公二十年，当为公元前522年。鲁昭公：名稠，春秋后期的鲁国国君，公元前541—公元前510年在位。"

②齐景公与晏婴来适鲁，景公问孔子曰

《笺证》曰："齐景公：名杵臼，春秋后期的齐国国君，公元前547—公元前490年在位。晏婴：字平仲，齐景公时代的著名政治家，事迹见《左传》、《晏子春秋》与《史记·管晏列传》。"

【考辨】
齐景公同孔子问答

梁玉绳曰："齐、鲁两家亦载此事，《孔子世家》并载景公与孔子问答语，而《左传》无之，疑出六国时人伪造，史公妄取入史。而所以为此说者，因是年齐侯田于沛也。"（《史记志疑》）泷川曰："《齐世家》'景公二十六年猎鲁郊，因入鲁，与晏婴俱问鲁礼'；《鲁世家》'昭公二十年，齐景公与晏子狩境，因入鲁问礼'，或此时事。"（《考证》）钱穆曰："《世家》载孔子秦穆之对，以王霸分说，诚为战国时人语，春秋时无言'王天下'者。殆以孔子奔齐，臆想其预与景公、晏子相识，遂误会于田沛之事而为此说耳。"史珥曰："夫子答景公问秦穆语，全不似尼山口吻。"（《四史剿说》）按：此事当出自战国后期人的编造，司马迁记述之，当属失察。《十二诸侯年表》特详载齐景公问礼孔子之事。鲁表云：鲁昭公二十年，"齐景公与晏子狩竟，入鲁问礼"。齐表云：齐景公二十六年，"猎鲁界，因入鲁"。齐、鲁、孔子三世又特书之，由此可见，此孔子人生中一特大事件，史公当有所据，不得以《左传》未载而非之。孔子回答之语"处虽僻，行中正"云云切合孔子思想，史珥所谓"全不似尼山口吻"似不着边际。"虽王可也，其霸小矣"，史公口吻，言带夸张，不得以此谓为战国时纵横家言也。要之，泷川氏之言得其实。

③昔秦穆公国小处辟

《笺证》曰:"秦穆公:名任好,春秋前期的秦国国君,公元前659—公元前621年在位。秦国在穆公以前,都于雍(今陕西宝鸡东南),不与东方相往来;秦穆公时,势力强大,曾几次打败晋国,并称霸于西戎。事见《左传》与《秦本纪》。辟:同'僻',边远荒僻。"

④身举五羖〔一〕

〔一〕 正义 百里奚也。

《笺证》曰:"五羖(gǔ):指百里奚,春秋前期虞国人。晋献公欲伐虢,向虞借道,虞君应之。百里奚谏,虞君不用,后来虞虢皆为晋国所灭,百里奚被虏。晋君欲以百里奚为出嫁秦国的女子作陪嫁(媵),百里奚逃走,被楚人捕获。秦穆公闻其贤,以五张黑羊皮(羖)将其换入秦国,授以国政,人称'五羖大夫'。事见《左传》与《秦本纪》。"

⑤起累绁之中〔一〕

〔一〕 索隐 《家语》无此一句。孟子以为"不然"之言也。

《新注》曰:"累(léi)绁(xiè):拘系犯人的绳索,引申为囚禁,这里指百里奚之受困。"

⑥虽王可也,其霸小矣

《笺证》曰:"王:谓以仁政统一天下。霸:指以武力称雄一方。"

孔子年三十五,而季平子与郈昭伯以斗鸡故得罪鲁昭公①,昭公率师击平子,平子与孟氏、叔孙氏三家共攻昭公②,昭公师败,奔于齐,齐处昭公乾侯③。其后顷之④,鲁乱。孔子适齐,为高昭子家臣,欲以通乎景公⑤。与齐太师语乐,闻《韶》音⑥,学之,三月不知肉味⑦,齐人称之。

①而季平子与郈昭伯以斗鸡故〔一〕得罪鲁昭公

〔一〕 正义 郈音后。《括地志》云:"斗鸡台二所,相去十五步,在兖州曲阜县东南三里鲁城中。《左传》昭二十五年,季氏与郈昭伯斗鸡,季氏芥鸡翼,郈氏为金距之处。"

《全注》曰:"郈(hòu):亦作'后','厚'。郈昭伯:亦作'郈昭伯','后氏',名恶,亦称'郈孙',鲁国大夫。当年(即公元前517

年）死于内乱。"

【考辨】
季平子得罪鲁昭公

梁玉绳曰："昭伯怨平子，故劝昭公伐季氏，昭伯何曾得罪昭公？此误说。"（《史记志疑》）《全注》曰："按《左传》昭公二十五年云：'季、郈之鸡斗，季氏介其鸡，郈氏为之金距。平子怒，益宫于郈氏，且让之。故郈昭伯亦怨平子。'"《吕氏春秋·察微》云："鲁季氏与郈氏斗鸡，郈氏介其鸡，季氏为之金距，季氏之鸡不胜。季平子怒，因归郈氏之宫而益其宅。郈昭伯怒，不审，乃使郈昭伯将师徒以攻季氏。"则其事为季平子与郈昭伯斗鸡而结怨构恶，季平子得罪鲁昭公，郈昭伯鼓动昭公进攻季氏。按：《全注》以《左传》、《吕氏春秋》的记述为据，解说是也。梁玉绳说误读《史记》，无端生出郈昭伯得罪鲁昭公，谬甚。

②平子与孟氏、叔孙氏三家共攻昭公

《全注》曰："孟氏：即孟孙氏，亦称仲孙氏，是鲁桓公之子仲庆父的后裔，鲁国贵族世家之一。叔孙氏：是鲁桓公之子叔牙的后裔，鲁国贵族世家之一。按：孟孙氏、叔孙氏系鲁桓公三个儿子的后裔，故又称之为'三桓'，其中以季孙氏势力最大。"《笺证》曰："昭公之所以攻季氏，乃以其权势太大，欲借此机会消灭之；而与此无涉之孟氏、叔孙氏所以助季氏攻昭公，是因为他们与季氏同病相怜，深恐一损俱损，故不惜助季氏以逐其君。"

③齐处昭公乾侯[一]

[一] 正义 相州成安县东南三十里斥丘故城，本春秋时乾侯之邑。

《全注》曰："处：处置，安置。乾侯：晋国邑名，在今河北成安东南。"《笺证》曰："据《左传》与《鲁世家》，昭公初逃时居于郓，郓本鲁邑，齐取之，以处昭公；三年后昭公如晋，晋乃处昭公于乾侯。"按：《笺证》考证甚详。将鲁昭公置于乾侯的应是晋人。

④其后顷之

李笠曰："'其后'下用'顷之'二字，骈累不可为训。"按：李氏之说非也。"其后顷之"，谓其后不久。史公惯用累赘书法以加倍形容，此强调其时间之短暂。

⑤孔子适齐，为高昭子家臣，欲以通乎景公

《全注》曰："高昭子：氏高，名张，谥昭，亦称高张，高武子偃之子，齐国公室后裔，齐卿，执掌国政。家臣：春秋时代卿大夫的私家臣僚。"

【研讨】

孔子适齐，为高昭子家臣

梁玉绳引景吏部曰："欲通齐景，不耻家臣，孔子而如是乎？且据《史》所说，孔子三十岁时景公与晏婴适鲁，既有秦穆之对，而景公悦矣。至此又何必自辱为家臣以求通也。故《困学纪闻》十一引《皇天大纪》曰，迁载孔子言行，不得其真者尤多。"（《史记志疑》）钱穆曰："孔子弟子为家臣者多矣，孔子不之禁，则孔子不耻为家臣也。且委吏乘田，独非家臣乎？……不得辄以'孔子而如是乎'之说为定。"（《孔子传》）按：钱氏之说是也。商鞅、范雎入秦，因景监、王稽之荐才得以睹秦孝公、秦昭王之天颜。蔡泽入秦晋见范雎，李斯入秦为吕不韦舍人，孔子不耻见南子，欲听公山不狃之召，入齐为高昭子家臣奚疑焉。无大臣推荐无以自重。梁玉绳之说甚迂，有诬史公实录，不可从。

⑥与齐太师语乐，闻《韶》音

《全注》曰："太师：官名，乐官之长。语：谈论。《韶》：虞舜乐名。孔子曾称赞《韶》为尽善尽美（见《论语·八佾》）。"《笺证》曰："孔子在齐学乐事，见《论语·八佾》。今淄博市齐故城大城东南有'韶院村'，村内有清末所立之石碑，书曰'孔子闻韶处'。"按：《临淄县志》云："相传清嘉庆时于城东枣园村掘地得古碑，上书'孔子闻韶处'，后又于地中得石磬数枚，遂易村名为'韶院'。至宣统时古碑已无下落，村民恐古迹淹没无传，故另立石碑，仍刻'孔子闻韶处'。"

⑦学之，三月不知肉味〔一〕

〔一〕集解周氏曰："孔子在齐，闻习《韶》乐之盛美，故忘于肉味也。"索隐按《论语》"子语鲁太师乐"，非齐太师也。又"子在齐闻《韶》，三月不知肉味"，无"学之"文。今此合《论语》齐、鲁两文而为此言，恐失事实。

钱穆曰："《史记》三月上有'学之'二字，盖谓孔子闻《韶》乐而学之，凡三月。在孔子三月学《韶》之期，心一于是，更不他及，遂并肉味而不知。孔子爱好音乐心情之深挚与其向学之沉潜有如此。若谓孔子一闻《韶》音，乃至三月不知肉味，则若其心有滞，亦不见孔子遇事好学之殷。故知《论语》此章文简，必加《史记》释之为允。按：孔子学习《韶》乐花了三个月的时间，期间如痴如醉，心无旁骛，不知肉味。非谓其一闻《韶》乐，便忘掉肉味长达三月。"（《孔子传》）

景公问政孔子，孔子曰："君君，臣臣，父父，子子①。"景公曰："善哉！信如君不君，臣不臣，父不父，子不子，虽有粟，吾岂得而食诸②！"他日又复问政于孔子，孔子曰："政在节财③。"景公说，将欲以尼溪田封孔子④。晏婴进曰："夫儒者滑稽而不可轨法⑤；倨傲自顺，不可以为下⑥；崇丧遂哀，破产厚葬，不可以为俗⑦；游说乞贷，不可以为国⑧。自大贤之息，周室既衰，礼乐缺有间⑨。今孔子盛容饰，繁登降之礼，趋详之节⑩，累世不能殚其学，当年不能究其礼⑪。君欲用之以移齐俗，非所以先细民也⑫。"后，景公敬见孔子，不问其礼。异日，景公止孔子曰："奉子以季氏，吾不能⑬。以季孟之间待之⑭。"齐大夫欲害孔子，孔子闻之。景公曰："吾老矣，弗能用也。"孔子遂行⑮，反乎鲁⑯。

①君君，臣臣，父父，子子〔一〕

〔一〕集解孔安国曰："当此之时，陈恒制齐，君不君，臣不臣，故以此对也。"

《全注》曰："'君君'，第一个'君'，为名词，指国君；第二个'君'为动词，意为像国君的样子。'君君'意即国君像国君的样子。以下'臣臣'、'父父'、'子子'句式结构同。"

②吾岂得而食诸〔一〕

〔一〕集解孔安国曰："言将危也。陈氏果灭齐。"

《笺证》曰："食诸：同'食之乎'。'景公问政'一节见《论语·颜渊篇》。按：'陈氏灭齐'一事，详见《齐世家》。"

③政在节财

泷川曰："本《韩非子·难三》。"（《考证》）

④景公说，将欲以尼溪田封孔子〔一〕

〔一〕索隐此说出《晏子》及《墨子》，其文微异。

泷川曰："尼溪，《墨子》同。《晏子春秋》作'尔稽'，声皆相近。孙诒让曰：'尼溪地无考。'《吕氏春秋·高义》又作'景公治廪丘以为养'。"（《考证》）

⑤夫儒者滑稽而不可轨法

《新注》曰："儒这种人巧于言论，不遵守法律。儒，春秋时为贵族相礼的知识分子。多从巫、史、卜、祝中分化出来，后来成为知识分子的通称。滑稽，古代的滤酒器，喻巧言。"《笺证》曰：滑稽："言其辞令无穷，变化多端，能颠倒黑白，混淆是非。按：此词又见于《樗里子甘茂列传》、《滑稽列传》，可参看。不可轨法：不可视为法则遵行之。"

⑥倨傲自顺，不可以为下

《笺证》曰："倨傲自顺：狂妄自大，自以为是。不可以为下：不能让这种人来做自己的臣下。"

⑦崇丧遂哀，破产厚葬，不可以为俗

《笺证》曰："崇丧：重视办丧事，讲究丧礼的繁文缛节。遂哀：不节制悲哀。遂：任意，放纵。不可以为俗：不能让这种现象成为风俗。"

⑧游说乞贷，不可以为国

《笺证》曰："游说：周游各国，专以词令动人，而自己从中渔利。乞贷：乞求、借贷，谓自己不事生产，专靠求告他人为生。不可以为国：不能容许这号人在社会上招摇撞骗。"

⑨自大贤之息，周室既衰，礼乐缺有间〔一〕

〔一〕索隐息者，生也。言上古大贤生则有礼乐，至周室微而始缺有间也。正义佚文大贤，文王、周公等也。

《全注》曰："大贤，大贤大德的人，此指周文王、周公等。息：通'熄'，灭。有间：有一段时间，此指很长时间。"《新注》曰："礼乐缺有间：谓礼乐残缺由来已久。礼乐，包括法令制度。"

⑩今孔子盛容饰，繁登降之礼，趋详之节

《全注》曰："盛容：盛装，盛服。饰：修饰，装饰。登降：尊卑，上下。趋：小步快走，表示尊敬。详：通'翔'，行走时两臂张开。节：节奏，节度。"《新注》曰："句意谓孔子给各种聚会定出了升堂、下阶、叩头的繁琐礼节。"

⑪累世不能殚其学，当年不能究其礼

《笺证》曰："意谓他们的那种繁琐礼制叫人几辈子也学不完。累世：几辈子。殚：尽，完。当年：犹言'当世'，一生。究：搞清楚。按：《太史公自序》载《六家要旨》论儒家之短云：'《六艺》经传以千万数，累世不能通其学，当年不能究其礼，故曰"博而寡要，劳而少功"。'与此相同。"

⑫非所以先细民也

《笺证》曰："这不是用来引导教育人民的东西。先：引导，带动。细民：平民百姓。"《新注》曰："按：以上晏婴评孔子之学行见《墨子·非儒》与《晏子春秋·外篇》，司马谈《六家要旨》论儒家之短盖有取于此。"

【考辨】
晏婴评孔子之语

崔述曰："晏子之所言，事事皆与孔子相反，天下有如是潜人者乎？不但所言皆与孔子平生之事相反，即与晏子平生所见于《左传》、《孟子》者亦无一不相反。且春秋之世固无有所谓'滑稽倨傲，游说乞贷'者，亦无有以是讥人者；自战国淳于髡、慎到、庄周、颜斶、张仪、苏秦之徒并起，然后有以'滑稽倨傲，游说乞贷'者；'破产厚葬'之讥亦自墨氏教行之后始有之，此文乃战国以后墨氏之徒之伪撰以攻吾儒者，以晏子之俭，故托之。"（《洙泗考信录》）梁玉绳曰："婴，贤者也，与孔子友善，沮封尼溪，必无之事。孔鲋《诘墨》已言之，先儒已力辩其诬。后夹谷之会，《史》言晏子与有谋焉，亦妄。"（《史记志疑》）"《晏子春秋》之所载必后人之羼入。"金履祥稍持异说曰："晏婴，贤者也，夫子亦每贤之。今景公将封孔子，而晏子不可，其必有意，《史记》载其沮止之语；后夹谷之会，《史记》亦谓晏子与有谋焉。或疑晏子心虽正，而其学墨，固自有不相为谋者。"（《孔子传》引）《笺证》曰："按：晏子此语之可靠性究竟如何，可姑弗论，至其纠摘儒家学说之迂腐处，可谓淋漓尽致。史公尊崇孔子，然于儒说的此等弊病亦自有识，故载晏子之说如此。"

⑬异日，景公止[一]孔子曰："奉子以季氏[二]，吾不能"

[一] 正义佚文 《尔雅》："止，待也。"

〔二〕索隐刘氏奉音扶用反,非也。今奉音如字,谓奉待孔子如鲁季氏之职,故下文云"以季孟之间待之"也。

《全注》曰:"异日:他日,指过了些日子。止:留,留住。"

⑭以季孟之间待之〔一〕

〔一〕集解孔安国曰:"鲁三卿,季氏为上卿,最贵;孟氏为下卿,不用事。言待之以二者之间也。"

《全注》曰:"'季孟之间',季孙氏、孟孙氏之间。季孙氏在鲁国三卿中地位最贵,孟孙氏居第三位,则所谓'季孟之间',实相当于叔孙氏。按:即低于季孙氏,高于孟孙氏,相当于叔孙氏。"

⑮孔子遂行

《全注》曰:"按自'景公止孔子曰'至此,见《论语·微子》。"

⑯反乎鲁

《笺证》曰:"按:景公之'奉子以季氏吾不能'云云,见《论语·微子》。"

【存疑】

孔子居齐年数

钱穆曰:"孔子居齐年数,《世家》不详,后人或谓七年,或谓一年。七年之说,《历聘纪年》主之;一年之说,江永《乡党图考》主之。孔子之去齐,并不以定公立而欲归鲁也;亦不见去齐后有暂栖他国之事,今既他无可考,姑依江氏说。"(《孔子传》)

孔子年四十二①,鲁昭公卒于乾侯②,定公立③。定公立五年④,夏,季平子卒,桓子嗣立⑤。

季桓子穿井得土缶,中若羊,问仲尼,云"得狗"⑥。仲尼曰:"以丘所闻,羊也。丘闻之,木石之怪夔、罔阆⑦,水之怪龙、罔象⑧,土之怪坟羊⑨。"

①孔子年四十二

《笺证》曰:"当鲁昭公三十二年,公元前510年。"

②鲁昭公卒于乾侯

《笺证》曰:"昭公奔齐后,齐居昭公于郓;后昭公赴晋,欲借晋兵以图返国。季氏贿赂晋之六卿,事遂不成。晋居昭公于乾侯,至此死,已流亡居外七年。"

③定公立

《全注》曰:"定公,即鲁定公,名宋,鲁襄公之子,鲁昭公之弟,公元前509至公元前495年在位。"

④定公立五年

郭嵩焘曰:"'立'为衍文。"

⑤桓子嗣立

《全注》曰:"桓子,即季桓子,名斯,亦称季孙斯,鲁国卿大夫,公元前501年至前492年执掌国政,卒于公元前492年。'嗣立',指季桓子继承季平子在季孙氏的宗主地位以及官爵。"

⑥季桓子穿井得土缶,中若羊〔一〕,问仲尼,云"得狗"〔二〕

〔一〕集解 韦昭曰:"羊,生羊也,故谓之怪也。" 索隐 《家语》云"桓子穿井于费,得物如土缶,其中有羊焉"是也。

〔二〕集解 韦昭曰:"获羊而言狗者,以孔子博物,测之。"

《新注》曰:"土缶(fǒu):盛酒瓦器,小口大腹。季桓子在费打井得土缶,形制像一只羊。"《笺证》曰:"盖季氏不识齐物,误以为狗,故惊问孔子谓已得狗也。"按:中若羊,谓形制真像一只羊。中,亚也,引申为逼真。小口大腹之盛酒器,怎能盛一只羊或狗呢?"其中有羊",乃望文生义的误解。泷川曰:"《鲁语》作'获如土缶,其中有羊焉'。"(《考证》)

⑦木石之怪夔、罔阆〔一〕

〔一〕集解 韦昭曰:"木石谓山也。或云夔一足,越人谓之山缫也。或言独足。魍魉,山精,好学人声而迷惑人也。" 索隐 夔音逵。阆音两。《家语》作"魍魉"。缫音骚。然山缫独一足,是山神名,故谓之夔。夔,一足兽,状如人也。

《全注》曰:"木石:树木石头,此指山林。"《新注》曰:"'夔',古代传说的一足兽。'罔阆'(wǎngliǎng):又作方良、罔两、魍魉,传说中的山精鬼怪。"

⑧水之怪龙、罔象〔一〕

〔一〕集解 韦昭曰:"龙,神兽也,非常见,故曰怪。或云'罔象食人，一名沐肿'。"索隐沐肿音木踵。

《新注》曰："罔象，水怪。"按：此句意谓古人祭祀水之怪，用作祭品的器皿上画的是"龙"、"罔象"的图案。

⑨土之怪坟羊〔一〕

〔一〕集解唐固曰："坟羊，雌雄未成者也。"

《全注》曰："传说中的土怪名。"《新注》曰："坟羊：土精。"

【考辨】

土之怪坟羊

崔述曰："《论语》曰：'子不语怪、力、乱、神。'果有此事，答以'不知'可也。乃获一'土怪'，而并木石、水之怪而详告之，是孔子好语怪也，不与《论语》之言相剌谬乎？桓子鲁之上卿，获羊而诡言狗以试圣人，何异小儿之戏，此亦非桓子之所宜为也。且土果有羊怪，则当不止一见，如水之有龙然。苟以前未有此事，则古人何由识之；既数有之，又何以此后二千余年更不复有穿井而得羊者？岂怪至春秋时而遂绝乎？是可笑也！"（《洙泗考信录》）

按：所谓"子不语怪、力、乱、神"，是孔子的某位弟子对其平时讲授内容的概括。"不语"，正如钱穆先生的解释，是"先生平常不讲"的意思。孔子对"穿井得土缶，中若羊"的解读，对象是季桓子，而非其弟子。注家在解释"中若羊"三字时，往往理解成"缶"里装有一只羊。然而"缶"不同于"缸"，它的形状口小腹大，是盛酒浆、水的器皿，怎能盛一只羊或狗呢？孔子依据其古代文化领域的广博知识，推测出从地下挖出的"缶"，当为古人祭祀土怪的祭品。缶的形制像一只羊。季平子不识，或有意考验孔子的学识，故意说成是狗。孔子未被迷惑，不但认定是羊，还依据自己对古人风俗、信仰的深入了解，对何以是羊，做出了清晰透彻的解释。孔子的一番解释只能说明他学识渊博，对关于土怪、水怪之类的古人信仰有着精深的研究，并不能证明他具有鬼神信仰，因而这与其"不语怪、力、乱、神"的态度并不矛盾。

吴伐越，堕会稽①，得骨节专车②。吴使使问仲尼："骨何者最大？"仲尼曰："禹致群神于会稽山③，防风氏后至，禹杀而戮之④，其节专车，此为大矣。"吴客⑤曰："谁为神⑥?"仲尼曰:"山川之神足以纲纪天下,其守为神⑦,社稷为公侯⑧,皆属于王者。"客曰:"防风何守?"仲尼曰:"汪罔氏之君守封、禺之山⑨,为釐姓⑩。在虞、夏、商为汪罔,于周为长翟,今谓之大人⑪。"客曰:"人长几何?"仲尼曰:"僬侥氏三尺,短之至也⑫。长者不过十之,数之极也⑬。"于是吴客曰:"善哉圣人⑭!"

①吴伐越,堕会稽〔一〕

〔一〕集解王肃曰:"堕,毁也。"索隐隳会稽。会稽,山名,越之所都。隳,毁也。吴伐越在鲁哀元年(1)。

(1) 吴伐越在鲁哀元年:据《吴世家》阖庐五年,有"伐越,败之"之语,乃败越王允常也。时当鲁昭公三十二年(公元前510年),正好孔子四十二岁。《索隐》以此语称吴王夫差败越王勾践事,系之于鲁哀公元年,公元前494年,与史公系之于定公八年前之原意不合,《索隐》误。

《笺证》曰:"吴:姬姓诸侯国名,始建之君为吴太伯,都于吴(今江苏省苏州市)。至春秋末期阖庐、夫差两代时,曾成为很强的国家。越:古国名,姒姓,都于会稽(今浙江绍兴)。至春秋末期勾践当政时,曾一度成为强国。堕:通'毁'。《新注》曰:"堕会稽,拆除越都会稽的城墙。"

②得骨节专车〔一〕

〔一〕集解韦昭曰:"骨一节,其长专车。专,擅也。"

按:韦注有误。"骨节专车"是说一具相对完整的骨架,需用一辆车运载。

③禹致群神于会稽山〔一〕

〔一〕集解韦昭曰:"群神,谓主山川之君为群神之主,故谓之神也。"

《新注》曰:"群神:各地部落酋长,他们在祭神时都主祭,所以称神。"《全注》曰:"'神',神灵。"《笺证》曰:"关于禹会诸侯于会稽及禹死葬会稽的传说,参见《夏本纪》。"按:韦注与《新注》对"神"的解释可依,《全注》误。下文写吴国使者不明白为何将各地的诸侯称为神,孔子解释道:"山川之神足以纲纪天下,其守为神。"意谓古人认为山川的神灵可以主宰天下,因而把那些主管祭祀山川的诸侯也叫作

"神"。这与韦注的说法是一致的。

④防风氏后至，禹杀而戮之〔一〕

〔一〕集解韦昭曰："防风氏违命后至，故禹杀之，陈尸为戮。"

《全注》曰："'防风氏'，古部落名，此指防风氏部族首领。"

⑤吴客

《新注》曰："吴国使臣。"

⑥谁为神

《笺证》曰："即何者谓之'神'，盖承上文孔子之'禹致群神于会稽山'而发问。"

⑦其守为神〔一〕

〔一〕集解王肃曰："守山川之祀者为神，谓诸侯也。"韦昭曰："足以纲纪天下，谓名山大川能兴云致雨以利天下也。"

《全注》曰："守：守候，侍奉，此指祭祀。"《新注》曰："主持祭山川的诸侯就是神。"

⑧社稷为公侯〔一〕

〔一〕集解王肃曰："但守社稷无山川之祀者，直为公侯而已。"

《新注》曰："只主持祭祀土神、谷神的人就是公侯。"《全注》曰："社：土地神。稷：谷神。'社稷为公侯'，祭祀社稷的是公侯。按此句《国语·鲁语下》、《孔子家语·辨物》均作'社稷之守者为公侯'。又此句之下，《说苑·辨物》、《孔子家语·辨物》有'山川之祀为诸侯'。"

⑨汪罔氏之君守封、禺之山〔一〕

〔一〕集解韦昭曰："封，封山；禺，禺山，在吴郡永安县。"骃案：晋太康元年改永安为武康县，今属吴兴郡。

《新注》曰："防风氏是汪罔氏部落的君主，主持封山、禺山的祭祀。"《笺证》曰："'汪罔氏'，古代部族名，也叫'长翟（狄）'。《国语》韦昭注：'汪芒，长狄之国也。'封、禺，二山名，在今浙江省德清西南，两山相距二里。"

⑩为釐姓〔一〕

〔一〕索隐釐音僖。《家语》云姓漆，盖误。《系本》无漆姓。

梁玉绳曰："《国语》作'漆姓'，《说苑》、《家语》、杜注十一年

《传》同。"

⑪今谓之大人〔一〕

〔一〕集解王肃曰："周之初及当孔子之时，其名异也。"

《新注》曰："现今称为大人。"

⑫僬侥氏三尺，短之至也〔一〕

〔一〕集解韦昭曰："僬侥，西南蛮之别名也。"正义按：《括地志》："在大秦国（北）〔南〕也。"

《全注》曰："僬侥（jiāoyáo），亦作'焦侥'。僬侥氏，传说中的矮人部落。"《笺证》曰："三尺：略当于今之七十厘米。短之至：矮小到了顶点。"

⑬长者不过十之，数之极也〔一〕

〔一〕集解王肃曰："十之，谓三丈也，数极于此也。"

按：王注有误。十之，即十尺，约等于现在的二点三米。十，指十尺，即一丈，与前文三尺相对应，非谓十倍，十倍则三丈矣。

⑭善哉圣人

《全注》曰："按本节所记，又见《国语·鲁语下》、《说苑·辨物》、《孔子家语·辨物》。"

按：从"吴伐越"至此的这段文字，主要存有以下三点误读：其一，将"禹致群神于会稽山"的"神"，解释成"神灵"；其二，"骨节专车"之"骨节"指一具人的骨架，误解为"一节骨头"；其三，"长者不过十之"的"十"，指十尺高，误解为长翟人"十倍于"三尺高的僬侥氏最矮者，遂成荒诞。吴客正确理解了孔子的解说，曰："善哉，圣人！"当是对孔子学识的由衷钦佩与高度赞赏。

桓子嬖臣曰仲梁怀①，与阳虎有隙②。阳虎欲逐怀，公山不狃止之③。其秋，怀益骄，阳虎执怀。桓子怒，阳虎因囚桓子，与盟而醳之④。阳虎由此益轻季氏。季氏亦僭于公室⑤，陪臣执国政⑥，是以鲁自大夫以下皆僭离于正道⑦。故孔子不仕，退而修《诗》、《书》、《礼》、《乐》⑧，弟子弥众，至自远方，莫不受业焉⑨。

①桓子嬖臣曰仲梁怀

《全注》曰："嬖（bì）：宠幸，宠爱。仲梁怀：氏仲梁，名怀，季氏家臣。"

②有隙

《全注》曰："隙（xì）：裂痕，怨恨。"

③公山不狃〔一〕

〔一〕集解孔安国曰："不狃为季氏宰。"索隐狃音女久反。邹氏云一作"蹂"。《论语》作"弗扰"。

《全注》曰："公山不狃：氏公山，名'不狃'，亦作'不扰'、'弗扰'，字不泄，鲁国大夫，季氏宰，并任费邑宰。"

④与盟而醳之〔一〕

〔一〕正义醳音释。

《笺证》曰："逼迫主子与之签订盟约后才将其主子释放。"《全注》曰："醳：音shì，通'释'，释放。"按：自"桓子嬖臣"至此，见《左传》定公五年。

⑤季氏亦僭于公室

《笺证》曰："季氏家中的一切活动都和鲁国的国君一样排场，如'旅于泰山'、'八佾舞于廷'，等等。僭：越分。公室：指诸侯。"

⑥陪臣执国政

《新注》曰："陪臣，臣之臣。诸侯大夫对周天子自称陪臣。阳虎为季氏家臣，是鲁公室的陪臣而执鲁政。"《笺证》曰："'陪臣执国政'是春秋后期的普遍现象，如鲁之'三桓'、晋之'六卿'、齐之'田氏'等。"

⑦僭离于正道

《笺证》曰："指违背了'君君、臣臣、父父、子子'等一系列西周以来的传统秩序。"

⑧故孔子不仕，退而修《诗》、《书》、《礼》、《乐》

《新注》曰："退，归隐不仕。"

⑨弟子弥众，至自远方，莫不受业焉

钱穆曰："孔子自齐返鲁，下至其出仕，尚历十三四年。若以三十后始授徒设教计之，前后共近二十年。此为孔子第一期之教育生涯。其前期弟子中著名者，有颜无繇、仲由、曾点、冉伯牛、闵损、冉求、仲弓、宰我、颜回、高柴、公西赤诸人。"（《孔子传》）《新注》曰："弥众：更加众多。"《笺证》曰："受业，接受教育，即求学。"

定公八年①，公山不狃不得意于季氏②，因阳虎为乱，欲废三桓之適③，更立其庶孽阳虎素所善者④，遂执季桓子⑤。桓子诈之，得脱⑥。定公九年，阳虎不胜，奔于齐⑦。是时孔子年五十⑧。

①定公八年

《笺证》曰："公元前502年，是年孔子五十岁。"

②得意

《全注》曰："得意：得志，欲望得到满足。"

③適〔一〕

〔一〕 正义 適音嫡。

《全注》曰："適（dí）：通'嫡'，嫡子，正妻所生的长子，为宗法制度下的合法继承人。"

④更立其庶孽阳虎素所善者

《全注》曰："更：更改。庶孽：庶子，妾所生的儿子。此泛指庶出旁支的子弟。"《笺证》曰："庶孽：非正妻所生的诸子。公山不狃、阳虎等所以要废嫡立庶，是为了更便于他们控制三桓私家以及鲁国政权。据《左传》定公八年：'阳虎欲去三桓，以季寤更季氏，以叔孙辄更叔孙氏，已更孟氏。'"

⑤遂执季桓子

《笺证》曰："据《左传》，阳虎等乃暗中设谋'将享季氏于蒲圃而杀之'，并未执季桓子。"

⑥桓子诈之，得脱

《新注》曰："公山不狃、阳虎，皆季氏家臣。阳虎为季氏家臣冢宰，季氏执国政，故阳虎权倾朝野而叛季氏。季桓子发觉阳虎阴谋，说服御者林楚驱车逃脱，事详《左传》定公八年。"

⑦阳虎不胜，奔于齐

《新注》曰："阳虎杀季桓子不遂，据阳关（今山东泰安东南）以叛，定公九年兵败奔齐。"《笺证》曰："据《左传》，阳虎逃入齐国后，又煽动齐国伐鲁，齐人识破其奸，阳虎遂逃入晋国。"

⑧是时孔子年五十

《笺证》曰："应作'年五十一'。"

公山不狃以费畔季氏，使人召孔子①。孔子循道弥久②，温温无所试③，莫能己用，曰："盖周文武起丰镐而王④，今费虽小，傥庶几乎⑤！"欲往。子路不说，止孔子。孔子曰："夫召我者岂徒哉⑥？如用我，其为东周乎⑦！"然亦卒不行。

①公山不狃以费畔季氏，使人召孔子

《笺证》曰："费，鲁邑名，在今山东省费县西南，当时属于季氏，而公山不狃以季氏做费宰。"《全注》曰："畔：通叛。"

②循道

《全注》曰："循道：遵循周代的王道。"

③温温无所试

泷川曰："'温'读作'蕴'。"（《考证》）《全注》曰："'温'（yùn）：蕴结，郁结。温温：郁闷，不得志的样子。试：任用。"

④盖周文武起丰镐而王

《笺证》曰："意谓周朝的文王、武王当初就是凭借着丰、镐那么两个小地方发展起来，最后称王于天下的。丰：在今陕西省长安县西北的沣河以西，文王时周国建都于此。镐：在今陕西省西安市西，当时的丰邑东北，武王时周国建都于此。"

⑤今费虽小，傥庶几乎〔一〕

〔一〕索隐 检《家语》及孔氏之书，并无此言，故桓谭亦以为讹也。

《笺证》曰："意谓如今公山不狃所占据的费邑虽小，但如果真的能用我实行王道，那说不定还能大有作为呢！傥：同'倘'，或许。庶几：差不多。"

【研讨】

孔子欲赴公山不狃之召

凌稚隆引王鏊曰："不狃叛季氏，非叛鲁也。孔子欲往，安知其不欲因之以张公室乎?"(《史记评林》)梁玉绳引《史记疑问》曰:"迁以孔子欲费与不狃为可以文、武乎？是从叛也，何妄之甚！"(《史记志疑》)泷川曰:"是时周室虽衰，天命未改，孔子不宜有此言，删之可也。"(《考证》)钱穆曰:"《论语》谓'以鲁畔召'者，此著其实耳。在当时不狃之召孔子，决不以叛乱为辞也，特以孔子有名德，为世所重，欲借以收人心。阳货亦曾欲见孔子而劝之仕矣。是时不狃虽有不臣之实，而未著变叛之形，故孔子欲往而复止。"(《孔子传》)按：公山不狃使人召孔子一事，依《左传》，当在定公八年。此事见《论语·阳货》。孔子积极用世，年届天命而未遇，用公山不狃之召，大有饥不择食之态。梁玉绳、泷川氏以圣人光环照孔子，认为孔子不应有此动机，其说更迂。王鏊、钱穆之说为孔子辩解，认为孔子是打算说服公山不狃接受并实践自己的政治蓝图，较为通达，因孔子最终未成行也。

⑥岂徒哉
《笺证》曰:"难道是没有目的吗？徒：白白地。"

⑦如用我，其为东周乎〔一〕

〔一〕集解 何晏曰:"兴周道于东方，故曰东周也。"

《笺证》曰:"如果他们真能用我，我将在东方重新建立一个像文、武、周公那样的周王朝。"《新注》曰:"东周：指在东方推行周道。按：公山不狃以费叛季氏而召孔子事，见《论语·阳货》。"

　　其后定公以孔子为中都宰①，一年，四方皆则之②。由中都宰为司空③，由司空为大司寇④。

①其后定公以孔子为中都宰
匡亚明曰:"真正开始在鲁国做官（'仕鲁'），是鲁定公九年（公元前501年），当时孔子已经五十一岁，才第一次被定公任命为中都县长（中都宰）。"《全注》曰:"'中都'，鲁国邑名，在今山东汶上县西。"

②四方皆则之〔一〕

〔一〕索隐 《家语》作"西方"。王肃云:"鲁国近东，故西方诸侯皆取法则焉。"

《新注》曰:"则：效法。"

③由中都宰为司空

匡亚明曰："由于孔子当时的声望已很高，做县长的成绩也不差，所以很快就由鲁国的地方官中都宰，提升为鲁国贵族中央政权的小司空。大司空是孟孙氏世系的官职，下设相当于现在的助理局长的司空，称小司空。"（《孔子评传》）

④由司空为大司寇

《新注》曰："司寇：掌刑狱。"

【考辨】

孔子由司空为大司寇

泷川曰："定公元年《左传》：'葬昭公于墓道南，孔子之为司寇也，沟而合之。'《孟子·告子篇》：'孔子为鲁司寇不用，从而祭，燔肉不至，不税冕而行。'《礼记·檀公上篇》：'有子曰：昔者夫子失鲁司寇，将之荆，盖先之以子夏，又申之以冉有。'《荀子·宥坐篇》：'孔子为鲁司寇，有父子讼者，孔子拘之，三月不别。'《吕氏春秋·遇合篇》：'孔子仅至于鲁司寇。'皆曰司寇，不曰大司寇。其为司空，先秦之书未见记之者。"（《考证》）梁玉绳曰："此及下文，两称大司寇。《公羊》定十四年疏云：'鲁无司寇之卿，是以大夫亦名大。'恐不然。考《檀弓·王制》疏引崔灵恩云：'诸侯三卿，司徒兼冢宰，司马兼宗伯，司空兼司寇。诸侯不立冢宰、宗伯、司寇之官。三卿之下，则五小卿为五大夫，司徒下立二人小宰、小司空，司空下立二人小司寇、小司空，司马下立一人为小司马。'但春秋之世，侯国多不遵三卿之制，即鲁三家之外，有东门氏、臧氏、子叔氏，宣、成时同在卿列，则亦俨然六卿矣。臧宣叔、武仲，皆以世卿而为司寇。此岂犹是小司寇之职乎？昭、定以后，臧氏替而以孔子居之，此事理所有。《史记》云大司寇者，别于小司寇之下也。若司空卿，则孟孙世居之。孔子必是为小司空。《韩诗外传》八有孔子为司寇命辞，续经书孔子卒，亦为卿之证。《毛氏经问》谓夫子由小卿司空进大司寇，良是。前贤或谓孔子为小司寇，非卿。或谓孔子为司空、司寇，皆卿。并非。参存。"（《史记志疑》）

匡亚明曰："鲁定公十年（公元前500年）初，孔子做了鲁国贵族中央政权中和三卿（司徒、司马、司空）并列的司寇，司马迁为了区别于司空下设有小司寇和小司空而加了'大'字称之为大司寇，是有根据的。……这个职务,实际也不过相当于现在一个较大专署的公安司法局长。孔子一生仕鲁仅四年左右,而任大司寇的时间最长,从定公十年到十三年(孔子五十二岁至五十五岁),约三年左右。"(《孔子评传》)

　　按:上引匡亚明的论点源自泷川的考辨。泷川引证丰富,考辨翔实。孔子所任之"司空",当为崔灵恩所说的"小司空"。"大司寇"当与司徒、司马、司空并列,不同于"小司寇"。

　　定公十年春,及齐平①。夏,齐大夫黎鉏言于景公曰②:"鲁用孔丘,其势危齐③。"乃使使告鲁为好会,会于夹谷④。鲁定公且以乘车好往⑤。孔子摄相事⑥,曰:"臣闻有文事者必有武备,有武事者必有文备⑦。古者诸侯出疆,必具官以从。请具左右司马⑧。"定公曰:"诺。"具左右司马。会齐侯夹谷,为坛位,土阶三等⑨,以会遇之礼相见⑩,揖让而登⑪。献酬之礼毕⑫,齐有司趋而进⑬曰:"请奏四方之乐⑭。"景公曰:"诺。"于是旍旄羽袚矛戟剑拨鼓噪而至⑮。孔子趋而进,历阶而登⑯,不尽一等⑰,举袂而言曰⑱:"吾两君为好会,夷狄之乐何为于此!请命有司⑲!"有司却之⑳,不去,则左右视晏子与景公㉑。景公心怍㉒,麾而去之㉓。有顷,齐有司趋而进曰:"请奏宫中之乐。"景公曰:"诺。"优倡侏儒为戏而前㉔。孔子趋而进,历阶而登,不尽一等,曰:"匹夫而营惑诸侯者罪当诛㉕!请命有司!"有司加法焉㉖,手足异处㉗。景公惧而动,知义不若㉘,归而大恐,告其群臣曰:"鲁以君子之道辅其君㉙,而子独以夷狄之道教寡人,使得罪于鲁君,为之奈何㉚?"有司进对曰:"君子有过则谢以质㉛,小人有过则谢以文㉜。君若悼之,则谢以质。"于是齐侯乃归所侵鲁之郓、汶阳、龟阴之田以谢过㉝。

　　①定公十年春,及齐平〔一〕

　　〔一〕索隐　及,与也。平,成也。谓与齐和好,故云平。

　　《笺证》曰:"定公十年:公元前500年,是年孔子五十二岁。平:也叫'成',指国与国间为结束敌对状态,恢复和平友好而订立盟约。

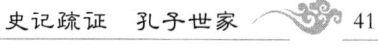

按：和平之盟会为平。"

②黎鉏

《全注》曰："人名，本书《齐世家》作'犁鉏'，《左传》定公十年作'黎弥'。"

③鲁用孔丘，其势危齐

按：谓鲁用孔子，势将对齐构成威胁。

【考辨】
齐、鲁夹谷之会

崔适曰："昭公以前诸侯莫不事晋，自召陵会后，而晋渐以失诸侯，故定公之七年，齐侯郑伯盟于咸，齐侯卫侯盟于沙，独鲁事晋如故，不与诸侯之会，而又为晋讨郑讨卫，故齐使国夏再伐鲁，而鲁亦两侵齐。直至阳虎奔后鲁始与齐平，会于夹谷，明年又与郑平，故《左传》云'始叛晋'也。然则鲁自因叛晋而与齐会，岂齐惧鲁之用孔子而与鲁会哉？"（《史记探源》）按：崔氏之论可从。齐、鲁夹谷之会，并非因为齐惧孔子为鲁所用，而是鲁国迫于齐国图霸的压力而不得不与会。太史公的记述，夸大了孔子的政治才干与社会影响。

④乃使使告鲁为好会，会于夹谷〔一〕

〔一〕集解 徐广曰："司马彪云今在祝其县也。"

《全注》曰："为：举行。好会：友好盟会。夹谷：一名'祝其'，齐国地名，在今山东莱芜南。"

⑤鲁定公且以乘车好往

《新注》曰："鲁定公将真的不带武装乘便车去友好相会。"《笺证》曰："乘车：日用的一般车驾，与'兵车'相对而言。好往：友好地前去。好：指无敌意，无戒备。"

⑥孔子摄相事

《全注》曰："摄：代，兼。相：赞礼者，即盟会司仪。按：'相'，意即'相国'、'宰相'，非。"

【存异】
孔子摄相事

《笺证》曰："前云齐人畏惧孔子被鲁所用而设夹谷之会，此又云

'孔子摄相事',此皆见史公对孔子当时在鲁国地位的理解。至于事实是否如此,说法不同。"江永曰:"'摄相'乃是相礼,如夹谷相会,《论语》'趋进翼如,宾退复命'是也。若鲁相自是三卿,执政自是季氏,孔子是时但言之而从,未尝摄鲁相也。"郭嵩焘曰:"'相'者,傧相之事,非'相国'也。时季氏专鲁政,鲁安得立相,而又使孔子相之?'相礼'乃襄(佐)一时之礼,与国政无关,此盖史公疏略失考处。"崔述、梁玉绳亦皆有辨。而全祖望曰:"谓夹谷之相,正孔丘为卿之证。春秋时,所重莫如相,凡相其君而从者,非卿不出。鲁十二公中,自僖而下,其相君者皆三家,皆卿也。鲁之卿,非公族不得任。而是时以阳虎诸人之乱,孔丘遂由庶姓俨然得充其使,是破格而用之者也。"按:据《十二诸侯年表》鲁表定公十年"公会齐侯于夹谷。孔子相。齐归我地"的记载,孔子名义为司仪之"相",实代季桓子执国政之权,故史公以"国相"目之。

⑦臣闻有文事者必有武备,有武事者必有文备

按:此两句源自《穀梁传》对夹谷之会的叙述,史公引为孔子语。

⑧必具官以从。请具左右司马

《新注》曰:"具官:指要文武齐备。"《全注》曰:"左右司马:即左司马、右司马,武官名,执掌军政、军法。"《笺证》曰:"必具官以从:配备好各种官属,跟随前往。具:配备,设置。"

⑨为坛位,土阶三等

《新注》曰:"为坛位:筑起盟会高台,设立位次。"《笺证》曰:"为坛位:于坛上布列两国诸侯的位次。土阶三等:夯土为阶,坛高三级。"

⑩以会遇之礼相见〔一〕

〔一〕集解王肃曰:"会遇之礼,礼之简略也。"

《全注》曰:"会遇之礼:一种诸侯间较为简略的会见之礼。"

⑪揖让而登

《全注》曰:"揖让:作揖谦让。登:上,升。"

⑫献酬之礼毕

《新注》曰:"献:互赠礼品。酬:互相敬酒。"

⑬齐有司趋而进

《笺证》曰:"有司:某项工作或某种活动的主管人。趋:小步疾行,这是臣子在君父面前走路的一种礼节性姿势。"

⑭四方之乐

《笺证》曰:"四方少数民族的舞蹈音乐。"

⑮于是旍旄羽被矛戟剑拨鼓噪而至〔一〕

〔一〕索隐《家语》作"莱人以兵鼓噪劫定公"。被音弗,谓舞者所执,故《周礼》乐有《祓舞》。拨音伐,谓大楯也。

《笺证》曰:"皆武舞中所用的道具。旍:同'旌',旗类。旄:幢也,其形如宝盖。羽、祓:皆编羽而成,舞者所执。被:同'帔',头巾。拨(fá):大盾。鼓噪而至。按:《左传》云:'犁弥言于齐侯曰:"孔丘知礼而无勇,若使莱人以兵劫鲁侯,必得志焉。"齐侯从之。'《穀梁传》云:'齐人鼓噪而起,欲以执鲁君。'"

⑯历阶而登〔一〕

〔一〕索隐谓历阶级也。故王肃云:"历阶,登阶不聚足。"

泷川曰:"登阶之法,每阶聚足,以事急,故不聚足而历阶。"(《考证》)《新注》曰:"一脚一级的快步登阶。按礼法要双脚同登一级的慢步升阶。当时情况紧急,孔子顾不得礼法而历阶;盟台只有三级,但孔子没有上最后一级,又留有分寸,虽急而终不违礼。实际是孔子跳上两级,果断地处理突然事变,有理有节。"

⑰不尽一等

《笺证》曰:"还有一层台阶没有上完就开口说话了,极言其情势之紧急。"

⑱举袂而言曰

《笺证》曰:"凌稚隆引王维桢曰:'见事急之状。'按:此'举袂而言曰'亦犹《魏公子列传》中晋鄙之'举手视公子曰',皆见其紧迫惶急之态。"

⑲请命有司

《新注》曰:"谓孔子请齐景公命主管者把武乐队撤下去。"

⑳有司却之

《笺证》曰:"却:使之离去。"

㉑则左右视晏子与景公

泷川曰:"则:犹言'于是';左右视:孔子视也。"(《考证》)

【考辨】
晏子未参与夹谷之会

张文虎曰:"夹谷之会,《史记·孔子世家》又添出晏子一人,实属诬罔。晏子代父桓子为大夫,在鲁襄十七年,是时孔子尚未生。乃阅五十六年,而实于夹谷时,孔子已五十有二,晏子恐未必尚在。《左氏》记晏子事极详,乃自鲁昭二十六年以后,竟无一言一事见于《内》、《外》传,意其人在昭、定之间已经物故。"(《螺江日记续编》)按:张氏之论可从。

㉒景公心怍

《新注》曰:"怍(zuò):惭愧。"

㉓麾而去之

《全注》曰:"麾(huī):通'挥',挥手,指挥。"

㉔优倡侏儒

《全注》曰:"优倡:表演乐舞戏谑的艺人。侏儒:身材矮小的人。古时常充当优倡弄人,以供取乐。"

㉕匹夫而营惑诸侯者罪当诛[一]

[一] 索隐谓经营而惑乱也。《家语》作"荧侮"。

《笺证》曰:"匹夫:指小人,下等人。营惑:通'荧惑',迷惑,乱人视听。"

㉖有司加法焉

《新注》曰:"加法:依法执行,斩侏儒。"

㉗手足异处

《穀梁传》曰:"罢会,齐人使优施舞于鲁君之幕下。孔子曰:'笑君者罪当死。'使司马行法焉,首足异门而出。"

【研讨】
娼优手足异处

崔述曰:"幕下之舞,罪之小者耳,何至使之手足异处;鼓噪以劫鲁君,乃反麾而去之而遂已,何其刑罚轻重之颠倒耶?穀梁氏之意以为会毕而舞于鲁之馆，故鲁司马得以行法；若《世家》所云奏乐于会所，则齐君在前，鲁有司安得加法于齐人乎？"(《洙泗考信录》)施之勉曰："按《新语·辨惑》：'罢会，齐人使优旃儛于鲁公之幕下，傲戏，欲候鲁君之隙，以执定公。'孔子叹曰'君辱，臣当死'，使司马行法，斩焉，手足异河而出。'《后汉书·张升传》：'昔仲尼暂相，诛齐之侏儒，手足异门而出。'郑玄《周礼》注曰：'君门曰和。'今谓之垒门，立两旌以为之。河，和，声近通用。《新语》之'和'，即《穀梁传》、《后书》之门，皆谓军门也。周中孚曰：'《左氏》成二年《经》："有曹公子首。"《公》、《穀》，首皆作手。'按'首'、'手'二字古相通。《穀梁》定十年传：'首足异处。'《史记·孔子世家》作'手足'，《后书·张升传》亦作'手足'。是手足异处，与首足异门而出，无以异也。太史所录，见于《穀梁》、《新语》、《后汉书》，何得以《左氏》传不载而疑之哉？"(《史记订补》)

㉘知义不若

《新注》曰："谓齐景公自知道义上输给了对方。"

㉙鲁以君子之道辅其君

《笺证》曰："所谓'鲁'者即指孔子。"

㉚得罪于鲁君，为之奈何

《笺证》曰："据《穀梁传》，上文齐人之'鼓噪而起，欲以执鲁君'被孔子制止后，齐侯'退而属其二三大夫曰："夫人率其君与之行古人之道，二三子独率我而入夷狄之俗，何为？"'"

㉛谢以质

《新注》曰："老老实实地赔礼道歉。"《笺证》曰："用实在的东西表示歉意。谢：道歉。质：实。"

㉜谢以文

《笺证》曰："文：指花言巧语，没用的东西，'实'之反也。"

㉝于是齐侯乃归所侵鲁之郓、汶阳、龟阴之田以谢过[一]

〔一〕集解 服虔曰："三田，汶阳田也。龟，山名。阴之田，得其田不得其山也。"杜预曰："太山博县北有龟山。"索隐《左传》："郓、讙及龟阴之田"，则三田皆在汶阳也。正义 郓，今郓州郓城县,在兖州龚丘县东北五十四里。故谢城在龚丘县东七十里。齐归侵鲁龟阴之田以谢鲁,鲁筑城于此,以旌孔子之功,因名谢城。

《全注》曰:"郓(yùn):亦称西郓,鲁国邑名,在今山东郓城东。汶阳:鲁国地名,在今山东泗水东北,因在汶水之北,故名。龟阴:鲁国地名,在今山东泗水东北,因在龟山之北,故名。"

【研讨】

齐鲁夹谷之会

梁启超曰:"天下大勇孰有过于我孔子者乎?身处大敌之冲,事起仓卒之顷,而能底定于指顾之间,非大勇孰能与于斯?其盟辞之力争国权,不肯让步,则后此蔺相如相赵折秦之所由取法也。"(《中国之武士道》)匡亚明曰:"孔子在夹谷之会中,随机应变,折冲樽俎,拿当时都很重视的礼作武器,进行斗争,以弱胜强,保全国格,充分显示了一个伟大政治家、外交家的才能和胆量。"(《孔子评传》)

定公十三年夏①,孔子言于定公曰:"臣无藏甲②,大夫毋百雉之城③。"使仲由为季氏宰,将堕三都④。于是叔孙氏先堕郈⑤。季氏将堕费,公山不狃、叔孙辄率费人袭鲁⑥。公与三子入于季氏之宫⑦,登武子之台⑧。费人攻之,弗克,入及公侧⑨。孔子命申句须、乐颀下伐之⑩,费人北。国人追之,败诸姑蔑⑪。二子奔齐,遂堕费⑫。将堕成⑬,公敛处父谓孟孙曰⑭:"堕成,齐人必至于北门。且成,孟氏之保鄣⑮。无成,是无孟氏也。我将弗堕。"十二月,公围成,弗克⑯。

①定公十三年夏

《笺证》曰:"据《左传》,孔子'堕三都'在定公十二年(公元前498年),诸家无异辞,此史公误书。定公十二年孔子五十四岁。"

②臣无藏甲

《笺证》曰:"家臣不得私存甲兵,即不准搞私人武装。如阳虎、公山不狃等皆'家臣'。"

③大夫毋百雉之城〔一〕

〔一〕[集解]王肃曰："高丈长丈曰堵，三堵曰雉。"

《笺证》："大夫的封邑，其城不能过百雉。按：城高一丈，长三丈叫一雉。百雉，即城墙的每面之长为三百丈，约当今之六百九十三米。如季孙氏、叔孙氏等本来是'大夫'，后来都势大称为'卿'了。"

④使仲由为季氏宰，将堕三都〔一〕

〔一〕[集解]服虔曰："三都，三家之邑也。"

《全注》曰："季氏宰，季氏家臣之长，即季氏总管。"《注译》曰："堕三都一事，《左传》、《穀梁传》记载于定公十二年。"《笺证》曰："谓以国家的命令让三桓各自拆毁自己的都城，以其超过百雉，不合规定也。'堕三都'的目的在于打击大夫的势力以强化公室。堕：通'毁'。三都：即下面依次讲到的叔孙氏的都城'郈'、季孙氏的都城'费'、孟孙氏的都城'成'。"

【研讨】
孔子堕三都

匡亚明曰："孔子的'忠君尊王'思想是坚定不移的。他对于当时鲁国政治的混乱情况——定公虚位，三卿（特别是季氏）擅权，三卿之家又是家臣（如阳货对季氏）垄断——很不满意，认为违反'忠君尊王'之道。他感到出路只有一条，那就是强公室（提高鲁定公的实际统治权力），抑三卿（使三卿特别是季氏规规矩矩守臣道，不得僭越），贬家臣（使家臣老老实实效忠于主人，不得跋扈），使鲁国按照周礼，按照贵族等级制封建社会的秩序，治国安民，然后以'仁政德治'的鲁国为基础，扩大'仁政'影响，尊天子，服诸侯，统一天下。堕三都表面上是抑制家臣，是反映三桓与家臣之间的矛盾，实质上是公室与三桓之间的矛盾，是主张强公室、抑三桓的孔子与季桓子之间的矛盾。三都是三桓实际上割据的领地内的三个城堡，成邑是孟孙氏领地城堡。三桓都住在曲阜，所以当时这三个城堡实际又都不在三桓控制下，而为他们的家臣所盘踞，用以对三桓闹独立性，侵凌三桓，以至越过三桓而干预国政，孔子所谓'陪臣执国命'，就是指的这个情况。三桓对此不满，孔子对此更不满。孔子利用三桓尤其是季孙氏对于阳货以费叛（定公八年），孟孙氏对于侯犯以郈叛（定公十年）的不满情绪，

相机建议把家臣（陪臣）据以叛乱的三个城堡拆毁（堕三都），马上得到三家的同意。"（《孔子评传》）

⑤于是叔孙氏先堕郈〔一〕

〔一〕集解杜预曰："东平无盐县东南郈乡亭。"正义《括地志》云："郈亭在郓州宿城县东三十二里。"

《注译》曰："郈，古邑名，属叔孙氏，在今山东东平县东南。"

⑥公山不狃、叔孙辄率费人袭鲁

《全注》曰："叔孙辄，名辄，字子张，叔孙氏庶子，鲁国大夫。"《笺证》曰："公山不狃原为费宰，前与阳虎勾结作乱，今又乘费人之不满率众而起；叔孙辄原不得意于叔孙氏，前从阳虎夺嫡失败，今又趁机而起。袭鲁：袭击鲁国都城曲阜。"

⑦公与三子入于季氏之宫〔一〕

〔一〕集解服虔曰："三子，季孙、孟孙、叔孙也。"

《全注》曰："三子，指季孙、叔孙、孟孙，具体为季孙斯、叔孙州仇、仲孙何忌。宫，住房，住宅。秦汉以后，宫才指帝王的住宅。"

⑧登武子之台

《笺证》曰："当年季武子所筑的楼台。季武子名'宿'，是现任鲁卿季桓子的曾祖。"

⑨入及公侧〔一〕

〔一〕集解服虔曰："人有入及公之台侧。"

《新注》曰："叛者入季氏之宅，进攻到鲁定公所登的台旁。按：俞樾《茶香室经说》曰：疑此'入'字乃'矢'字之误，言费人自台下仰攻，故矢及公侧也。襄二十三年《左传》'矢及君屋'可以为例。俞氏之说录以参考。"

⑩孔子命申句须、乐颀下伐之〔一〕

〔一〕集解服虔曰："申句须、乐颀，鲁大夫。"

⑪国人追之，败诸姑蔑〔一〕

〔一〕集解杜预曰："鲁国卞县南有姑蔑城。"正义《括地志》云："姑蔑故城在兖州泗水县东四十五里。"按：泗水县本汉卞县地。

《全注》曰："姑蔑，亦称蔑，在今山东泗水东。"《笺证》曰："国人：指鲁国公室的军队。国，国都。姑蔑：古邑名，在今山东省泗水县东南。"

⑫二子奔齐，遂堕费

《笺证》曰："二子，指公山不狃与叔孙辄。堕费，将费邑的城墙拆除。"

⑬将堕成〔一〕

〔一〕集解 杜预曰："泰山钜平县东南有成城也。"正义《括地志》云："故郕城在兖州泗水县西北五十里。"

《全注》曰："成：亦作'郕'，鲁国邑名，当时为孟孙氏采邑，在今山东泰安南。"

⑭公敛处父〔一〕

〔一〕集解 服虔曰："成宰也。"正义佚文 敛，力艳切。处，昌汝反。父，音甫。杜预曰："处父，孟氏家臣，成宰公敛阳也。"

《全注》曰："公敛处父：名阳，氏公敛，字处父，亦称'公敛阳'，孟孙氏家臣，成邑宰。孟孙：仲孙何忌，即孟懿子。"

⑮孟氏之保鄣

《全注》曰："孟氏：孟孙氏，亦称仲孙氏。保鄣：即'保障'，保护障蔽。"

⑯十二月，公围成，弗克

《全注》曰："按自'仲由为季氏宰'至此，又见《左传》定公十二年。"

【研讨】

公围成，弗克

徐孚远曰："费人袭鲁，而公于三子入季氏之宫，则意三都之不堕，齐家臣不欲，而三子不为异同。"又曰："身佯为恭顺，而令其下抗命，此后世藩镇强臣之习也。"（《史记测议》）匡亚明曰："堕成计划没有成功，亦即堕三都计划没有完成。这对孔子是一个致命的打击。前面说过，三桓尤其是季孙氏、叔孙氏慑于家臣据城叛逆事件，赞成堕都，目的是解除后顾之忧，加强自己的力量；孔子主张堕都，不仅是为了削弱家臣力量，也为了削弱三桓力量，目的是强公室，加强国君的地位。对堕三都这件事的用意，形同而实异，即所谓'同床异梦'。公敛处父的讲话，孟懿子对堕城态度的改变，不得不使季孙氏警醒过来，感到原来孔子主张堕三都目的是为了削弱三桓，加强公室。于是孔子强公室、抑三桓（首先是季孙氏）的主张和三桓（首先是季孙氏）弱公室、强三桓的主张之间的矛盾揭开了；'三月不违'的亲密合作动摇了，终止了。要么孔子放弃自己的主张，屈从苟安，要么合作破裂。二者必居其一。孔子当然不会放弃自己的主张（姑不论这主张有多大意义），于是只有让'三月不违'的合作关系破裂。终于导致碰壁、辞官、离鲁的结局。"（《孔子评传》）按：三桓最初懵懂，经公敛处父点醒，遂成徐孚远、陈子龙之说，三桓令其下，抗命也。孔子于是功败垂成。

定公十四年，孔子年五十六，由大司寇行摄相事①，有喜色。门人曰："闻君子祸至不惧，福至不喜。"孔子曰："有是言也。不曰'乐其以贵下人'乎②？"于是诛鲁大夫乱政者少正卯③。与闻国政三月，粥羔豚者弗饰贾④；男女行者别于涂⑤；涂不拾遗；四方之客至乎邑者不求有司⑥，皆予之以归⑦。

①定公十四年，孔子年五十六，由大司寇行摄相事

《全注》曰："按本书《十二诸侯年表》、《鲁国公世家》，皆云鲁定公十二年孔子离开鲁国。此以孔子摄相和接着出走，系于定公十四年，明显有误。当据《年表》、《鲁世家》，系于定公十二年。"《新注》曰："代理宰相事。当时季氏为鲁执政，孔子夹谷会时为代理司仪，此亦为司仪而实掌政，相当于后世之宰相。只执政三个月被齐人离间而被迫出走。"

②不曰"乐其以贵下人"乎

《笺证》曰："孔子此语答非所问，近于巧辩。"

③于是诛鲁大夫乱政者少正卯

《全注》曰："乱政者：扰乱国政的人。少正卯：氏少正，或谓少正为官名，名卯。"

【存异】

孔子诛少正卯

《笺证》曰："关于孔子诛少正卯的事情，最早见于《荀子·宥坐》，

其被诛的罪名是'心达而险，行辟而坚，言伪而辩，记丑而博，顺非而泽'。后人王若虚、陆瑞家、阎若璩、崔述、梁玉绳等多疑孔子无此事。"匡亚明归纳不可信者，"主要依据有三：（1）孔子诛少正卯，仅见于《荀子·宥坐》、《史记》、《孔子家语》等书，不见于《论语》、《春秋》、《左传》等所谓'经传'。虽不能说凡不见于《论语》、《春秋》、《左传》等书的，都不真实，但像所传孔子诛少正卯这样的大事，竟不留一点记传痕迹，是不可能的。（2）孔子秉政七日，以一大夫（孔子）而杀一大夫（少正卯），这样的事发生在春秋时代的孔子身上，是不可设想的。（3）孔子的核心思想是'仁'，他坚决反对轻易杀人，所以季康子提出'杀无道以就有道'的问题时，也遭到孔子的反对，说'子为政，焉用杀'，如果孔子秉政七日就'诛乱政大夫少正卯'，和孔子的一贯思想不是全然不相吻合吗？"（《孔子评传》）郭克煜力挺孔子诛少正卯可信之理由：（1）关于孔子诛少正卯之事，文献记载不尽相同，证明其事传说不一，决不是某一"腐儒"所能闭门独造。（2）《荀子·宥坐》篇所记孔子与少正卯在思想上的对立，决非出自编造，而是事实。身具"五恶"的少正卯正是孔子一贯坚决反对的"佞人"、"小人"。（3）史书常把少正卯与邓析并例，足见其行径相类。《左传》定公九年（公元前501）载郑驷颛杀邓析。如果承认确有其事，那么处于同时代的鲁国的少正卯为孔子所诛也不值得大惊小怪。两说智仁之说，存异以供参考。（《鲁国史》）按：孔子诛少正卯，史公言之凿凿，郭克煜辩之亦中肯，而学者大都认为孔子诛少正卯一事不可信。

④与闻国政三月，粥羔豚者弗饰贾

《笺证》曰："与闻国政，'为相治国'的客气说法。与闻：参与过问。粥：通'鬻（yù）'，卖。羔豚：羊、猪。弗饰贾：不讨虚价（不抬高物价），是一说一。饰：虚增。贾：通'价'。按《荀子·儒效篇》云：'孔子将为司寇，鲁之粥牛马者不豫贾。'"

⑤男女行者别于涂

《笺证》曰："别于涂：分路行走，各走一边。涂：同'途'。"按：以上二句本《吕氏春秋·乐成》。文曰："男子行乎涂右，女子行乎涂左。"《新注》曰："别于途，当时礼法。"

⑥四方之客至乎邑者不求有司[一]

〔一〕集解 王肃曰："有司常供其职，客求而有在也。"

《笺证》曰:"至乎邑者,来鲁国城邑办事的人。不求有司,不用向主管人提出请求。"

⑦皆予之以归〔一〕

〔一〕索隐《家语》作"皆如归"。

《全注》曰:"按《孔子家语·相鲁》作'皆如归焉'。《笺证》曰:意谓鲁国的百姓们就能够使其各得所需而归。"

齐人闻而惧,曰:"孔子为政必霸,霸则吾地近焉,我之为先并矣①。盍致地焉②?"黎鉏曰:"请先尝沮之③;沮之而不可则致地,庸迟乎④!"于是选齐国中女子好者八十人⑤,皆衣文衣而舞《康乐》⑥,文马三十驷,遗鲁君⑦。陈女乐文马于鲁城南高门外⑧。季桓子微服往观再三⑨,将受,乃语鲁君为周道游⑩,往观终日,怠于政事。子路曰:"夫子可以行矣。"孔子曰:"鲁今且郊⑪,如致膰乎大夫⑫,则吾犹可以止。"桓子卒受齐女乐,三日不听政;郊,又不致膰俎于大夫⑬。孔子遂行,宿乎屯⑭。而师己送,曰:"夫子则非罪⑮。"孔子曰:"吾歌可夫?"歌曰:"彼妇之口,可以出走⑯;彼妇之谒,可以死败⑰。盖优哉游哉,维以卒岁⑱!"师己反⑲,桓子曰:"孔子亦何言?"师己以实告。桓子喟然叹曰⑳:"夫子罪我以群婢故也夫㉑!"

①为先并矣

《笺证》曰:"先并,首先被鲁国吞并。"

②盍致地焉

《笺证》曰:"何不及早地割给他们一片土地,以求安宁呢?盍,何不。"

③尝沮之

《新注》曰:"试一试用计除掉孔子。沮,毁坏,引申为除掉。"

④庸迟乎

《全注》曰:"庸,岂,难道。迟,晚。"

⑤于是选齐国中女子好者八十人

《全注》曰："好，美好，漂亮。八十人：《韩非子·内储说下》及《太平御览》卷五七一所引《孔子家语》均作'二八'。"

⑥皆衣文衣而舞《康乐》〔一〕

〔一〕索隐《家语》作"容玑"。王肃云："舞曲名也。"

《全注》曰："文衣：有纹饰的衣服。《康乐》：《孔子家语·子鲁初见》作'容玑'，舞曲名。"

⑦文马三十驷，遗鲁君

《笺证》曰："文马：带有文彩装饰的马。驷：古代称一车四马为'驷'。三十驷即一百二十匹。遗：给。"

⑧高门

《全注》曰："为鲁国都城正南门。原称'稷门'，鲁僖公时扩建增高，故称高门。"

⑨季桓子微服往观再三

《全注》曰："微服：平民服装。古代服饰，依人的地位有不同的规定。这里季桓子为了隐藏自己的身份而改穿地位低下的平民服装。再三：二三次，多次。"

⑩乃语鲁君为周道游〔一〕

〔一〕索隐谓请鲁君为周偏道路游行，因出观齐之女乐。

《全注》曰："语（yù）：相告，告诉。《新注》曰：游：环城周遍游。"《笺证》曰："周道游：犹言'到各处走一遍'。季氏与鲁君因不好明说去城南看齐国女乐，故而说是'到各处走走'，而目的则在城南。"

⑪鲁今且郊

《新注》曰："且郊：即将举行郊祭天地的大典。"

⑫致膰〔一〕乎大夫

〔一〕集解王肃曰："膰，祭肉。"

《新注》曰："分送祭肉给大夫。膰：祭祀用的烤肉。按：当时礼制，鲁君在郊祭之后，应将祭肉分赐宗亲和卿大夫。"

⑬膰俎

《全注》曰："膰俎：盛于俎中的祭肉。"

⑭孔子遂行，宿乎屯〔一〕

〔一〕集解屯在鲁之南也。索隐地名。

《新注》曰："屯：地名，在鲁都南郊。按：《孔子家语·子路初见》作'郭屯'。按《论语·微子》云：'齐人归女乐，季桓子受之，三日不朝，孔子行。'"当为以上记述所本。《笺证》曰："孔子因鲁祭不致膰于大夫而离鲁事，见《孟子·告子下》。"

【研讨】

孔子去鲁适卫的时间

匡亚明说："孔子去鲁适卫的年份，有三种说法：（1）定公十二年说。主说此者有《史记·鲁世家》、《年表（鲁）》，崔述也说：'孔子之去鲁，当在定十二年秋冬之间。'（《洙泗考信录》卷之二）（2）定公十三年说。主此说者有《史记·卫世家》、《年表（卫）》，江永也说：'去鲁实在定十三年春。'因为最后促使孔子离鲁的原因是'郊，又不致膰俎于大夫，孔子遂行'（《史记·孔子世家》）。而'鲁郊尝在春'。所以江永推断孔子去鲁的确切年份是定公十三年春。钱穆也主此说。他说：'今考《世家》又谓："孔子去鲁凡十四年而反乎鲁。"孔子返鲁在哀公十一年，则其去鲁正定公十三年也。'（《先秦诸子系年系年考辨》，第24页）（3）主定公十四年说。主此说者有司马迁《史记·孔子世家》，认为孔子去鲁在定公十四年，胡仔《孔子编年》亦主此说。今从江永、钱穆之定公十三年去鲁说。"（《孔子评传》）

⑮师己送，曰："夫子则非罪。"

《新注》曰："师己：鲁国大夫的一位乐师。"《笺证》曰："夫子则非罪：先生您是没有过错的。"

⑯彼妇之口，可以出走

《笺证》曰："意谓妇人口舌可以离间君臣关系，使贤臣被迫出走。"

⑰彼妇之谒，可以死败〔一〕

〔一〕集解王肃曰："言妇人之口请谒，足以忧使人死败，故可以出走也。"

《笺证》曰："谒：进，进言。死败：指人死国败。李笠曰：'"谒"、"败"不叶，"谒"字义亦缺妥。《说苑·说丛》作"妇人之喙，可以死败'。'按：孔子出走在于齐国用间，孔子不责齐、鲁之君臣，而责'彼妇之口'，可谓舍本逐末。中井曰：'女乐群婢，未必谗间，未必请谒，是歌特不相应。'"

⑱优哉游哉，维以卒岁〔一〕

〔一〕集解王肃曰："言仕不遇也，故且优游以终岁。"

《新注》曰："歌曰云云全首意谓：那些长舌妇人会使得贤人被迫出走，也能使国家灭亡。我大概只好过闲散的日子，了此余生。"《全注》曰："'维'，按《孔子家语·子路初见》作'聊'。'卒岁'，过完岁月，消磨时光。"《笺证》曰："意谓逍遥散荡，凑凑合合地打发日子吧！优游：通'悠游'，指时日闲暇、身心散荡。"

⑲师己反

《注译》曰："反：同'返'。"

⑳喟然

《注译》曰："发出叹声的样子。"

㉑夫子罪我以群婢故也夫

《全注》曰："罪：怪罪。群婢：指女乐。"

【考辨】

孔子去鲁之因

钱穆曰："《史记》此节又见《家语》。孔子之歌，与《论语》公孙寮其如命何之语大不相似。岂公孙寮不如群婢，天之大命，由群婢所掌握乎？孔子去鲁在外十四年，亦岂优哉游哉维以卒岁之谓乎？尤其于孔子堕三都之主张不得贯彻一大关键反忽略了，使人转移目光到齐人所归女乐上，大失历史真情，不可不辨。《孟子》曰'孔子为鲁司寇，不用'，不特指女乐事，始为得之。"（《孔子传》）按：齐归女乐虽然不是孔子去鲁的主因，却是直接的导火线，故史公大书之。

孔子遂适卫，主于子路妻兄颜浊邹家①。卫灵公问孔子②："居鲁得禄几何③？"对曰："奉粟六万④。"卫人亦致粟六万。居顷之，或谮孔子于卫灵公⑤。灵公使公孙余假一出一入⑥。孔子恐获罪焉，居十月，去卫。

①主于子路妻兄颜浊邹家〔一〕

〔一〕索隐《孟子》曰:"孔子于卫主颜雠由,弥子⁽¹⁾之妻与子路之妻,兄弟也。"今此云浊邹是子路之妻兄⁽²⁾,所说不同。

(1) 弥子:卫灵公之宠臣弥子瑕,与子路为僚婿。

(2) 浊邹是之子路妻兄:《索隐》谓《孟子》所载,子路妻兄为颜雠由,此《孔子世家》载为颜浊邹,不同。邹为雠由之音转,两名实为一人。

《笺证》曰:"主,投奔,以之为主人。"《新注》曰:"主,寄居。"按:颜浊邹,《孟子·万章》作颜雠由。"

【研讨】

孔子去鲁适卫

匡亚明曰:"当时孔子弃官离鲁时,为什么不东向去齐而西向适卫呢?这主要是因为'夹谷之会'时孔子触犯了齐景公和'齐赠女乐'事激怒了孔子,在这种背景下孔子当然不便去齐。卫国和鲁国是兄弟之邦,当时卫国政治较安定,经济较富庶,加上子路的妻兄颜浊邹是有名的卫国大夫,还有蘧伯玉等有贤名的人,可以相互谈论问题('论道'),这些人事等因素,很可能促使孔子决定访问列国诸侯的路线是西向,而第一站是卫国。"(《孔子评传》)

②卫灵公

《笺证》曰:"名元,春秋末期的卫国国君,公元前534—公元前493年在位。"

③禄

《全注》曰:"禄:古代官吏的俸给。一般以发放粮食的数量为标准。"

④奉粟六万〔一〕

〔一〕索隐若六万石似太多,当是六万斗,亦与汉之秩禄不同。正义六万小斗,计当今二千石也。周之斗升斤两皆用小也。

《全注》曰:"奉:通'俸',俸禄。六万:此为俸禄数量,但其计量单位不详。《索隐》和《正义》以为是'石',纯系猜测。当时各国量制不统一,齐国俸禄以'钟'计,如《孟子·滕文公下》'禄万钟';卫国则以'盆'计,见《墨子·贵义》。"《笺证》曰:"按:周朝的一斗约当今时一斗的五分之一略少。"《新注》曰:"年俸六万小斗粟米,合二千石。"

⑤谮

《全注》曰:"谮(zèn):进谗言,说人坏话。"

⑥灵公使公孙余假一出一入〔一〕

〔一〕索隐谓以兵仗出入,以胁夫子也。

《全注》曰:"公孙余假:卫国大夫,当系公室后裔。本书仅此一见。一出一入,一会儿出去,一会儿进来,指出入频繁。《索隐》谓'以兵仗出入,以胁夫子也',似不可信。"《新注》曰:"一出一入,进进出出监视。"

将适陈,过匡①,颜刻为仆②,以其策指之③,曰:"昔吾入此,由彼缺也④。"匡人闻之,以为鲁之阳虎。阳虎尝暴匡人⑤,匡人于是遂止孔子⑥。孔子状类阳虎,拘焉五日⑦。颜渊后⑧,子曰:"吾以汝为死矣⑨。"颜渊曰:"子在,回何敢死⑩!"匡人拘孔子益急,弟子惧。孔子曰:"文王既没,文不在兹乎⑪?天之将丧斯文也,后死者不得与于斯文也⑫。天之未丧斯文也,匡人其如予何⑬!"孔子使从者为宁武子臣于卫,然后得去⑭。去即过蒲⑮。月余,反乎卫,主蘧伯玉家⑯。

①匡〔一〕

〔一〕正义故匡城在滑州匡城县西南十里。

《新注》曰:"匡,卫邑,在今河南长垣县。"

②颜刻为仆

《笺证》曰:"颜刻:孔子的学生,《仲尼弟子列传》无其人。崔适以为应作'颜高',颜高字子骄,见于《仲尼弟子列传》。仆:车夫。"

③以其策指之

《注译》曰:"策:马鞭。"

④昔吾入此,由彼缺也〔一〕

〔一〕索隐谓昔所被攻缺破之处也。正义《琴操》云:"孔子到匡郭外,颜渊举策指匡穿垣曰:'往与阳货正从此入。'匡人闻其言，告君曰：'往者阳货今复来。'乃率众围孔子数日，乃和琴而歌，音曲甚哀，有暴风击军士僵仆，于是匡人乃知孔子圣人，自解也。"

《笺证》曰："入此，进入匡邑。由彼缺也，就是从那个豁口进去的。"

⑤阳虎尝暴匡人

《全注》曰："强暴，施暴。"

【考证】

阳虎尝暴匡人

毛奇龄曰："《春秋传》'公侵郑取匡'在定公六年，季氏虽在军不得专制，凡过卫不假道，反穿城而躏其地，其令皆自阳虎，是虎实帅师。当侵郑时，匡本郑鄙邑，必欲为郑伐取以释憾，而匡城适缺，虎与颜刻就其穿垣而入之，虎之暴匡以是也。"（《四书剩言》）

⑥匡人于是遂止孔子〔一〕

〔一〕索隐匡，宋邑也。《家语》云："匡人简子以甲士围夫子。"

《注译》曰："止：扣留，围困。按：止，谓阻止行进。"

⑦拘焉五日

《全注》曰："拘：扣留。焉：于是，于此。"

⑧颜渊后〔一〕

〔一〕集解孔安国曰："言与孔子相失，故在后也。"

《全注》曰："颜渊：名回，字子渊，孔子弟子，极受孔子赞赏，生于公元前521年，卒于公元前490年。详见本书《仲尼弟子列传》。按以下颜渊与孔子对话，见《论语·先进》。"

⑨吾以汝为死矣

《笺证》曰："我原想你可能是被敌人杀害了。"

⑩回何敢死〔一〕

〔一〕集解包氏曰："言夫子在，己无所致死(1)也。"

(1) 无所致死：即不能与敌人拼命而死。

《笺证》曰："颜回在长者跟前说话称己之'名'是表示客气。"

⑪文王既没，文不在兹乎〔一〕

〔一〕集解孔安国曰："兹，此也。言文王虽已没，其文见在此。"

此，自谓其身也。"

《全注》曰："文王：周文王。没：音 mò，通'殁'，死。"《全注》曰："文：文化，此泛指周朝的礼乐制度和文献典籍。兹：此，这，指孔子自己。"《笺证》曰："自从周文王死后，天下的文化不是全集中在我这里来了吗？"

⑫天之将丧斯文也，后死者不得与于斯文也〔一〕

〔一〕集解孔安国曰："文王既没，故孔子自谓后死也。言天将丧此文者，本不当使我知之；今使我知之，未欲丧之也。"

《笺证》曰："意谓如果老天爷想让文化灭绝，那么当初它就不该让我掌握这些东西。斯：此，这。后死者：孔子指称自己，与'既没'的文王相对而言。与：参与，掌握。"

⑬天之未丧斯文也，匡人其如予何〔一〕

〔一〕集解马融曰："如予何犹言'奈我何'也。天未丧此文，则我当传之，匡人欲奈我何！言不能违天以害己。"

《笺证》曰："如果老天爷不想叫文化灭绝，那么匡人又能对我怎么样呢？（因为我是与文化共存亡的呀！）如予何：奈我何。按：以上孔子畏于匡事，见《论语·子罕》。"

⑭孔子使从者为宁武子臣于卫，然后得去〔一〕

〔一〕索隐《家语》："子路弹剑而歌，孔子和之，曲三终，匡人解围而去。"今此取《论语》"文王既没"之文，及从者臣宁武子然后得去。盖夫子再厄匡人，或设辞以解围，或弹剑而释难。今此合《论语》、《家语》之文以为一事，故彼此文交互耳。

《全注》曰："'从者'，随从，此指身边的弟子。宁武子：名俞，氏宁，谥武，卫国卿大夫。按《左传》僖公二十八年，宁武子于公元前632年即已辅佐卫成公。又据《左传》襄公二十七年，公元前564年宁氏家族被诛灭。而孔子此时距宁武子之死已有一百多年，可证所记有误。崔适《史记探源》以为'宁武子当是孔文子之讹'，可备一说。"

⑮去即过蒲〔一〕

〔一〕集解徐广曰："长垣县有匡城、蒲乡。"正义《括地志》云："故蒲城在滑州匡城县北十五里。匡城本汉长垣县。"

《新注》曰："蒲：卫邑，临近匡。"

⑯月余，反乎卫，主蘧伯玉家

《全注》曰："蘧伯玉：氏蘧（qú），'蘧'或作'璩'，名瑗，字伯玉，谥成，蘧庄子无咎之子，卫国大夫，颇受孔子赞扬。"《笺证》曰："今河南获嘉县之巨柏村北有蘧伯玉墓，墓前有碑曰'先贤蘧伯玉先生墓'。墓土近平，占地约一百平方米。又，今河南濮阳县陈呰村东、卫辉县之君子村西南也各有蘧伯玉墓。"

【考辨】
主蘧伯玉家

崔述曰："孔子适卫之时，伯玉之亡固已久矣，孔子安得有主伯玉事乎？且卫之大夫未有贤于伯玉者，果存耶，孔子何以不主伯玉而主雍渠？既主雍渠矣，在外月余而反，忽易其主何也？盖《论语》有'伯玉使人于孔子'之语，故《史记》妄意孔子主伯玉；又因其与《孟子》不合，故为去卫复反之说以两全之，而不知其误也。"（《洙泗考信录》）

灵公夫人有南子者①，使人谓孔子曰："四方之君子不辱欲与寡君为兄弟者②，必见寡小君③。寡小君愿见。"孔子辞谢，不得已而见之。夫人在绨帷中④。孔子入门，北面稽首⑤。夫人自帷中再拜⑥，环佩玉声璆然⑦。孔子曰："吾乡为弗见，见之礼答焉⑧。"子路不说。孔子矢之曰⑨："予所不者，天厌之⑩！天厌之！"居卫月余，灵公与夫人同车，宦者雍渠参乘⑪，出，使孔子为次乘⑫，招摇市过之⑬。孔子曰："吾未见好德如好色者也⑭。"于是丑之，去卫，过曹⑮。是岁，鲁定公卒。

①南子
《笺证》曰："卫灵公的夫人，据说此女淫乱，而偏受灵公之宠。"

②不辱欲与寡君为兄弟者
《全注》曰："不辱：不以为辱，谦词。寡君：寡人，国君的自我谦称。"

③寡小君
《新注》曰："诸侯夫人对别国使者自谦称寡小君。"

④夫人在绤帷中

《注译》曰:"绤帷(chīwéi):'细葛布帐子。'"

⑤北面稽首

《全注》曰:"北面:面朝北。稽(qǐ):叩头至地。稽首:一种叩头至地的跪拜礼,是古代九拜中最恭敬的。"

⑥再拜

《全注》曰:"连行两次拜礼。拜:一种表示敬意的礼节,拱手弯腰,相当于后来的作揖。"

⑦环佩玉声璆然〔一〕

〔一〕 正义 璆音虬。

《全注》曰:"环佩:佩玉。"《新注》曰:"璆(qiú)然:佩玉相互碰撞发出的清脆之音。按:郭嵩焘曰:按《聘礼》致圭币,君与夫人并同,孔子之见南子亦以宾礼接之也,不应绤帷中相与答拜。宋世垂帘听政,汉唐以上尚无此仪,不知史公何据而云然也。"

⑧子曰:吾乡为弗见,见之礼答焉〔一〕

〔一〕 索隐 上"见"如字。下"见"音贤徧反,去声。言我不为相见之礼现而答之。

《新注》曰:"孔子见南子后对子路等说:'我先前不愿见,既然见了,就要按礼节行事。'"《笺证》曰:"这是弟子们不满孔子叩拜南子,孔子为自己辩解的话。乡:通'向',前者。为:将。"

⑨孔子矢之曰

《笺证》曰:"矢:《论语》朱熹注:'誓也。'即今所谓'起誓'。"

⑩予所不者,天厌之〔一〕

〔一〕 集解 栾肇曰:"见南子者,时不获已,犹文王之拘羑里也。天厌之者,言我之否屈乃天命所厌也。"蔡谟曰:"矢,陈也。夫子为子路陈天命也。"

《全注》曰:"所:如果,倘若。不(fǒu):通'否',不然,不是这样。按《论语·雍也》作'否'。"《笺证》曰:"我说的话如果不是真的,让老天爷抛弃我。不:通'否',假。厌:厌弃,抛弃。王充《论衡》释'厌'曰'压',意即'让天塌下来压死我'。泷川曰'子路不悦'以下,采《论语·雍也篇》。"

【研讨】
子见南子

朱熹曰:"盖古者仕于其国,有见其小君之礼,而子路以夫子见此淫乱之人为辱,故不悦。……圣人道大德全,无可不可,其见恶人,固谓在我有可见之礼,则彼之不善,我何与焉?然岂子路所能测哉?故重言以誓之,欲其姑信此而深思以得之。"(《论语集注》卷三)梁玉绳云:"《示儿编》曰:'圣人方以季桓子受女乐而去鲁,适卫而又为灵公南子骖乘,不知子长何所本而云然?'《史记疑问》曰:'欲通齐景,不耻家臣;欲媚夫人,帏中交拜。且使为次乘,俨同宦寺之流,过市招摇,不顾辱身之丑,小人之所不为也,而谓孔子为之乎?马迁诬圣,罪在难宽。'余谓《吕氏春秋·贵因篇》言孔子道弥子瑕见釐夫人,同妄也。"(《史记志疑》)《笺证》曰:"按:子见南子一段见《论语·雍也》,《左传》不载,且《论语》也只有'子路不悦'以下,没有孔子与南子见面的具体情景,历代尊孔者多以《史记》所述为诬。1929年山东第二师范因排演《子见南子》话剧,竟被孔氏家族告上公堂,引起社会大波,可见后世为孔子回护之用力。"陈曦曰:"须知,南子绝非等闲之辈。她深受卫灵公宠幸,与其颇有政治头脑不无关系。依《左传》所记,她在卫国政坛已罗织了一股不小的势力,并成功地化解了两次矛头直接对向她的政治危机,一次来自卫国权臣公叔戍(见《左传·定公十三年》),另一次来自其子卫太子蒯聩(见《左传·定公十四年》)。卫灵公死后,新君卫出公便是由她扶持上台的。显然是出于巩固其权势与地位的考虑,她想到了孔子,打算利用孔子的贤名以收揽民心。而孔子与投奔公山不狃等的目的一样,担心匏瓜之徒悬,遂决定抛弃个人名声或许受损的顾虑,接受名誉不佳但却颇有政治谋略的南子的邀请,向她陈述政见,哪怕是一线希望也要抓住,以求政治理想的实现。当然,无论是'作家臣'、'投叛臣',还是'见南子'、'为次乘',孔子都是不得已而为之。性格粗爽的子路直言老师大可不必那么屈尊辱己地去拜见南子,孔子为此而一反温和雍容之常态,激动地喊道:'予所否者,天厌之!天厌之!'他既要忍住内心的厌恶,与高昭子、南子之流周旋,希望借助这些人的力量实现理想,又要向误解自己的同道者辩明、解释。孔子活得多累呀!可他不但没有颓废绝望,反而是'乐以忘忧,不知老之将至'。还鼓励弟子说:'君子固穷。'对于孔子这种不废原则、勇于权变的思想风貌以及忍辱忘忧，奋发有为的人生态度，司马迁是'心向往之'的，故而花费大量笔墨加以渲染。明乎此，我们也才会更好了解他何以会欣赏韩信的甘忍'胯下之辱'，何以会超越'宫刑'带给自己的奇耻大辱，何以会说出'《诗》三百篇，大抵圣贤发愤之所为作也'这样沉甸甸的话来。"（《〈史记〉与周汉文化探索》）

⑪宦者雍渠参乘

《全注》曰："宦者：阉人，宦官。雍渠：亦作'雍雎'、'痈疽'、'痈雎'，卫灵公的宠幸侍臣。参乘：亦作'骖乘'，即陪乘，立于车右，负责护卫。古代乘车，尊者居左，御者居中，参乘居右，故'参乘'又称'车右'、'戎右'。"

⑫次乘

《新注》曰："副车。"

⑬招摇市过之〔一〕

〔一〕集解徐广曰："招摇，翱翔也。"索隐《家语》作"游过市"。

《新注》曰："大摇大摆地在闹市上走过。"《笺证》曰："《家语》作'游过市'。招摇：故意显示、卖弄的样子。按：'招摇市过之'，宾语前置突显'市'字，强调在市上显摆。"

⑭吾未见好德如好色者也〔一〕

〔一〕集解何晏曰："疾时薄于德，厚于色，故发此言也。"李充曰："使好德如好色，则弃邪而反正矣。"

《笺证》曰："南子是卫灵公宠幸的女人，雍渠是卫灵公的男宠，都是'以色侍人'者，故孔子有这样的慨叹。按：孔子此语见《论语·子罕》，然未云是因何而发。"

⑮于是丑之，去卫，过曹

《全注》曰："丑：恶，厌恶。曹：诸侯国名，姬姓，西周初年所封，始封君为周武王弟叔振铎，建都陶丘，在今山东定陶南，有今山东西部地区，公元前487年被宋国所灭。"

孔子去曹适宋①，与弟子习礼大树下。宋司马桓魋欲杀孔子②，拔其树③。孔子去。弟子曰："可以速矣④。"孔子曰："天生德于予，桓魋其如予何⑤！"

①孔子去曹适宋〔一〕

〔一〕集解徐广曰:"《年表》定公十三年,孔子至卫;十四年,至陈;哀公三年,孔子过宋。"

《笺证》曰:"按:据《十二诸侯年表》孔子适宋在鲁哀公三年,应书于后文'吴败越王勾践会稽'之后,不应书于哀公元年之事前。"

②宋司马桓魋欲杀孔子

《全注》曰:"桓魋(tuí):名魋,氏向,宋国司马,亦称'向魋',系宋桓公后裔,故又称'桓魋'、'桓司马'。公元前481年,进入曹地反叛,后奔卫,又奔齐,任齐次卿。"

③拔其树

崔述曰:"若果孔子尚在树下,魋拔其树,孔子何以能免?至此乃去,不亦晚乎?兵刃交集,犹曰'其如予何?'不亦迂乎?"(泷川《考证》引)蒋建侯曰:"'拔树'云云似不近情。桓魋为宋司马,方专横,欲杀孔子,径杀可矣,拔树何为?"(蒋伯潜《诸子通考》引)按:"拔其树,孔子去"当是"孔子去,拔其树"的倒文。桓魋想杀孔子,赶到后,孔子已去,因此拔掉这棵树表示愤恨。崔述、蒋建侯二人之言太迂。

④可以速矣

《笺证》曰:"应该加快速度,跑快点。"

⑤天生德于予,桓魋其如予何〔一〕

〔一〕集解包氏曰:"天生德者,谓授以圣性,德合天地,吉无不利,故曰其如予何。"

朱熹曰:"天既赋我以如此之德,则桓魋其奈我何?言必不能违天害己。"(《四书集注》)《笺证》曰:"按:孔子此二语见《论语·述而》,然不知缘何而发。泷川引《庄子·天运篇》'伐树于宋,削迹于卫',以为'此史公桓魋拔树之说所本'。"

孔子适郑①,与弟子相失②,孔子独立郭东门③。郑人或谓子贡曰④:"东门有人,其颡似尧⑤,其项类皋陶⑥,其肩类子产⑦,然自要以下不及禹三寸⑧。累累若丧家之狗⑨。"子贡以实告孔子。孔子欣然笑曰:"形状,末也⑩。而谓似丧家之狗，然哉！然哉⑪！"

①孔子适郑

《全注》曰："郑：诸侯国名，姬姓，始封君为周宣王弟友，即郑桓公，于公元前806年受封于郑（今陕西华县东）。周幽王时，郑桓公看到西周王朝的颓势，将财产、部族转移到东虢和郐之间。郑武公时，先后攻灭郐和东虢，建都新郑（今河南新郑），辖有今河南中部地区。郑武公、郑庄公相继为周王室卿士，春秋初强盛一时。后逐渐衰落，于公元前375年被韩国灭亡。"

【研讨】

孔子适郑

钱穆曰："孔子过匡本在长垣，为卫邑；而误者以为扶沟，为郑邑。因以孔子过匡为过郑，遂误谓孔子适郑都，因有独立郭东门与弟子相失之事。孔子自卫至陈过宋则有据，过郑则无实。"（《孔子传》）匡亚明曰："崔述怀疑孔子适郑，认为'郑在宋西，陈在宋南，自宋适陈，必不由郑'，全属不了解当时孔子'似丧家之狗'的处境，他访问各国的次序，并不是有预定的计划，偶然性很大。因此绝不能按路线顺逆去推断孔子决未去郑，故不从。"（《孔子评传》）

②与弟子相失

《笺证》曰："相互走散。"

③孔子独立郭东门

《笺证》曰："新郑外城的东门。郭，外城。"

④郑人或谓子贡曰〔一〕

〔一〕索隐《家语》："姑布子卿谓子贡曰。"

《全注》曰："'子贡'，名赐，氏端木（'木'或作'沐'），字子贡（'贡'或作'赣'），亦称'端木赐'，卫国人，生于公元前520年，孔子弟子，善于辞令。曾经商曹、鲁间，富至千金。历任鲁国、卫国，出使聘问各国。详见《史记·仲尼弟子列传》。"

⑤其颡似尧〔一〕

〔一〕索隐《家语》云："河目而隆颡，其颡似尧。"

《笺证》曰："颡（sǎng），上额。尧，古代传说中的圣明帝王，事迹见《史记·五帝本纪》。"

⑥其项类皋陶

《笺证》曰："项：脖子。皋陶（gāoyáo）：尧、舜时代的贤臣，事迹见《五帝本纪》。"

⑦子产

《全注》曰："子产：名侨（或作'乔'），字子产，又字子美，谥成。郑穆公之孙，故氏公孙；子国之子，故又氏国。亦称'公孙侨'、'国侨'、'公孙成子'。公元前554年为郑卿，公元前543年执政，实行改革，公元前522年去世。"

⑧然自要以下不及禹三寸

《笺证》曰："意谓其身形似禹，唯下体比禹略短。按：此中所云尧、皋陶、子产、禹，都是孔子倾心敬慕的人物。"

⑨累累若丧家之狗〔一〕

〔一〕集解王肃曰："丧家之狗，主人哀荒，不见饮食，故累然而不得意。孔子生于乱世，道不得行，故累然不得志之貌也。"《韩诗外传》曰"丧家之狗，既敛而椁，有席而祭，顾望无人"也。

《全注》曰："累累：通'羸羸'，瘦瘠疲惫的样子。丧：失。丧家：失去家，无家可归。"

【研讨】

孔子是丧家狗

周先民曰："孔子终于因坚持'择木之鸟'的本性而成为'丧家狗'而彻底失败了，可是这失败却成为辉煌无比的记录，历经几千年而不朽。"（《高山仰止　景行行止——读〈史记孔子世家〉》）李零曰："孔子绝望于自己的祖国，徒兴浮海居夷之叹，但遍干诸侯，一无所获，最后还是回到了他的出生地。他的晚年，年年伤心。丧子，哀麟，回死由亡，让他哭干了眼泪。他是死在自己的家中——然而，他却没有家。不管他的想法对与错，在他身上，我看到了知识分子的宿命。任何怀抱理想，在现实世界找不到精神家园的人，都是丧家狗。"（《丧家狗——我读〈论语〉》）蒋建侯曰："适郑被嘲云云，全为戏谑之辞，殆所谓齐东野人之语与？然举世滔滔，所如不合，其皇皇然无所归，诚如丧家之狗

也。"(《诸子通考》)

⑩形状，末也
《笺证》曰："意谓说我的形貌像是古圣前贤，这是未必的。"

【集校】

中华本原文"未"作"末"，梁玉绳曰："《白虎通》、《论衡》、《家语》皆作'未'。"(《史记志疑》)泷川曰："古抄本、枫山、三条本'末'作'未'，义长。"(《考证》)今据未字释义。

⑪然哉
《全注》曰："按此事又见《论衡·骨相》、《白虎通义·寿命》。《韩诗外传九》所记较详，而有所不同。"

孔子遂至陈，主于司城贞子家①。岁余，吴王夫差伐陈②，取三邑而去③。赵鞅伐朝歌④。楚围蔡，蔡迁于吴⑤。吴败越王句践会稽⑥。

有隼集于陈廷而死⑦，楛矢贯之⑧，石砮⑨，矢长尺有咫⑩。陈愍公使使问仲尼⑪。仲尼曰："隼来远矣，此肃慎之矢也⑫。昔武王克商，通道九夷百蛮⑬，使各以其方贿来贡⑭，使无忘职业⑮。于是肃慎贡楛矢，石砮，长尺有咫。先王欲昭其令德⑯，以肃慎矢分大姬⑰，配虞胡公而封诸陈⑱。分同姓以珍玉⑲，展亲⑳；分异姓以远方职㉑，使无忘服㉒。故分陈以肃慎矢。"试求之故府，果得之㉓。

①主于司城贞子家
《全注》曰："司城贞子：即'公孙贞子'，陈哀公之孙，公子胜之子，公子胜曾任司城，后世因以为氏，'贞'为其谥，陈国大夫。死于公元前480年。按此事亦见《孟子·万章上》。"

②吴王夫差伐陈
《全注》曰："吴王夫差：吴王阖闾之子，吴国末代君主，曾一度大败越、齐，与晋争霸，后被越灭国，自杀身亡。公元前495年至公元前473年在位。详见本书《吴太伯世家》。"

③取三邑而去

梁玉绳曰:"吴无取三邑事。哀元年传及《年表》可证明。"

④赵鞅伐朝歌

《全注》曰:"赵鞅:名鞅,又名志父,氏赵,谥简,故亦称'赵简子'、'志父',又称'赵孟',赵景子成之子,晋国卿,公元前497年至前475年当政。他在内讧中战胜范氏、中行氏,扩大封地,为日后赵国的建立奠定了基础。详见《史记·赵世家》。朝歌:原为卫国国都,此时已成晋国之邑,在今河南淇县。"

⑤蔡迁于吴

《笺证》曰:"蔡是周初建立的诸侯国名,都于上蔡。蔡国曾于吴王阖闾九年(公元前506年)助吴破楚,楚昭王复国后,恨蔡,故今发兵围之。吴因离蔡遥远,难以及时援救,故令其举国东迁州来(今安徽凤台县)。州来当时属吴。梁玉绳曰:'蔡下缺"请"字。'按:梁说是,今曰'请迁',始与后文'冬,蔡迁州来'句相应。"

⑥吴败越王句践会稽

《笺证》曰:"事在吴王夫差二年,越王勾践三年(公元前494年)。过程详见《吴太伯世家》、《越世家》。"《全注》曰:"越王句践:越王允常之子,亦称'菼执',公元前497年至前465年在位。曾被吴军大败,屈辱臣服。但他卧薪尝胆,励精图治,任用范蠡、文种等贤臣,修明政治,经过十年准备,由弱变强,结果灭亡吴国,称霸诸侯。详见《史记·越王句践世家》。"

⑦有隼集于陈廷而死〔一〕

〔一〕 集解 韦昭曰:"隼,鸷鸟,今之鹗也。楛,木名。砮,镞也。以石为之。八寸曰咫。楛矢贯之,坠而死。" 正义 隼音笋。《毛诗义疏》:"鹞,齐人谓之击征,或谓之题肩,或曰省雁,春化为布谷。"此属数种皆为隼。

《全注》曰:"隼(sǔn):一种凶猛善飞的鸟。集:栖止,停留。陈廷:《国语·鲁语下》作'陈侯之庭'。"

⑧楛矢贯之

《新注》曰:"有枝楛木箭穿在鸟身上。"

⑨石砮

《新注》曰:"石制箭头。"

⑩矢长尺有咫

《笺证》曰："箭杆长一尺八寸。矢：箭杆。尺有咫（zhǐ）：一尺零八寸。有：同'又'。咫，八寸。按：古代的一尺八寸约当于现在的四十一公分多，是一种很短的箭。"

⑪陈愍公使使问仲尼〔一〕

〔一〕索隐《家语》、《国语》皆作"陈惠公"，非也。按：惠公以鲁昭元年立，定四年卒。又按《系家》，愍公（十）六年孔子适陈，十三年亦在陈，则此愍公为是。

《全注》曰："陈潜公：亦作'陈愍公'、'陈闵公'，名周，又名越，陈怀公之子，陈国末代君主，公元前501年至前479年在位。详见《史记·陈杞世家》。"

⑫此肃慎之矢也〔一〕

〔一〕正义《肃慎国记》云："肃慎，其地在夫余国东北，（河）〔可〕六十日行。其弓四尺，强劲弩射四百步，今之靺鞨国方有此矢。"

《全注》曰："'肃慎'，古部族名，亦作'息慎'、'稷慎'，商周时，居住于长白山以北至黑龙江中下游一带，以狩猎为主。"《笺证》曰："肃慎后裔为女真。"

⑬通道九夷百蛮〔一〕

〔一〕集解王肃曰："九夷，东方夷有九种也。百蛮，夷狄之百种。"

《全注》曰："通道：打通道路。九夷百蛮：《国语》韦昭注云：'九夷，东夷九国也。百蛮，蛮有百邑也。'此泛指中原四裔的少数部落。"

⑭使各以其方贿来贡〔一〕

〔一〕集解王肃曰："各以其方面所有之财贿而来贡。"

《新注》曰："方贿，方物，土特产品。"

⑮使无忘职业

《笺证》曰："不要忘记对天子应尽的义务。职业：职分，义务。"

⑯先王欲昭其令德

《笺证》曰："先王，指周武王。昭其令德，显示自己的美德，即下所云分封疆土，赏赐珍玉等。"

⑰以肃慎矢分大姬〔一〕

〔一〕集解韦昭曰:"大姬,武王元女也。"

《注译》曰:"大姬,武王长女。"

⑱配虞胡公而封诸陈

《全注》曰"配:婚配,称婚。这里是嫁的意思。虞胡公:名满,姓妫,相传为舜之后裔,亦称'胡满'、'妫满'、'虞公'。其父虞阏父为周陶正。周武王灭商后被封于陈,是为陈国开国君主。详见《史记·陈杞世家》。"

⑲同姓

《笺证》曰:"武王的兄弟子侄等,如鲁、卫、燕、晋、曹、蔡等国为同姓。"

⑳展亲〔一〕

〔一〕集解韦昭曰:"展,重也。玉谓若夏后氏之璜。"

《全注》曰:"展:伸展,扩展。这里是推广加深的意思。"《笺证》曰:"展亲:加深亲族关系。"

㉑分异姓以远方职

《新注》曰:"按《国语·鲁语下》'职'下有'贡'。"《笺证》曰:"异姓,异姓功臣与受优待的前朝旧族,如齐、宋、陈、杞等。远方职,远方部落进来的贡物。职,贡。"

㉒使无忘服〔一〕

〔一〕集解王肃曰:"使无忘服从于王也。"

《笺证》曰:"不要忘记服从周天子。"

㉓试求之故府〔一〕,果得之

〔一〕集解韦昭曰:"故府,旧府也。"

《全注》曰:"按本节又见《国语·鲁语下》及《说苑·辨物》、《汉书·五行志》、《孔子家语·辨物》。"

孔子居陈三岁①,会晋楚争强,更伐陈②,及吴侵陈,陈常被寇③。孔子曰:"归与归与!吾党之小子狂简,进取不忘其初④。"于是孔子去陈。

过蒲,会公叔氏以蒲畔⑤,蒲人止孔子。弟子有公良孺者⑥，以私车五乘从孔子。其为人长贤⑦，有勇力，谓曰："吾昔从夫子遇难于匡，今又遇难于此，命也已。吾与夫子再罹难⑧，宁斗而死。"斗甚疾⑨。蒲人惧⑩，谓孔子曰："苟毋适卫，吾出子⑪。"与之盟⑫，出孔子东门⑬。孔子遂适卫。子贡曰："盟可负邪？"孔子曰："要盟也，神不听⑭。"

①孔子居陈三岁

《笺证》曰："自鲁定公十五年（公元前495年）至鲁哀公二年（公元前493年）。"

②会晋楚争强，更伐陈

《新注》曰："晋楚两国轮番攻打陈。"

③及吴侵陈，陈常被寇

《笺证》曰："据《年表》、《吴世家》，鲁哀公元年吴王夫差曾伐陈。"

④归与归与，吾党之小子狂简，进取不忘其初

《新注》曰："回国吧，回国吧！留在家乡的学生们，志向远大，很有进取心，还保持着本始的善性。"《笺证》曰："党：乡党，乡里。狂简：积极、耿直。狂，指有进取心。简：爽直，亮直。初：初志，指前所接受的文武之道。按：初，本始。此指'本性'、'初志'，皆通。"

⑤会公叔氏以蒲畔

《全注》曰："公叔氏：卫献公后裔。此时之公叔氏为公叔戍，卫国大夫。'公叔氏以蒲畔'，按《左传》所载，公叔氏于鲁定公十四年（公元前496年）被卫灵公驱逐而出奔鲁国，并无据蒲反叛之事。司马迁所述，不详所本。"

⑥公良孺

《全注》曰："公良孺：氏公良，名孺（或作'儒'），字子正，陈国人，孔子弟子，见《史记·仲尼弟子列传》。"

⑦其为人长贤

泷川曰："长：长大也。"（《考证》）《笺证》曰："长：个子高大。"

⑧再罹难

《笺证》曰："又一次陷入困境。罹，遭逢、陷入。"

⑨疾

《新注》曰："疾：凶狠。"

⑩蒲人惧〔一〕

〔一〕索隐《家语》云"'我宁斗死',挺剑⑴而合众,将与之战,蒲人惧"是也。

(1) 挺剑:举剑。

⑪苟毋适卫,吾出子

《笺证》曰:"只要你答应不去卫都,我就放你走。因蒲人怕孔子到卫告知蒲地之虚实。"

⑫与之盟

《笺证》曰:"谓孔子与蒲人发誓结约。"

⑬出孔子东门

《笺证》曰:"蒲人将孔子送出了蒲邑的东门,意思是让他东去鲁国,不要北去卫国。"

⑭要盟也,神不听

《笺证》曰:"要盟,在别人要挟强制下订立的盟约,孔子认为这种盟约可以不遵守。《公羊传》庄公十三年有所谓'要盟可犯',即此意。"

卫灵公闻孔子来,喜,郊迎。问曰:"蒲可伐乎?"对曰:"可。"灵公曰:"吾大夫以为不可①。今蒲,卫之所以待晋楚也②,以卫伐之,无乃不可乎③?"孔子曰:"其男子有死之志④,妇人有保西河之志⑤。吾所伐者不过四五人⑥。"灵公曰:"善。"然不伐蒲。

灵公老,怠于政,不用孔子。孔子喟然叹曰:"苟有用我者,期月而已,三年有成⑦。"孔子行。

①吾大夫

《全注》曰:"我的大夫,此指卫国大夫。"

②今蒲,卫之所以待晋楚也〔一〕

〔一〕正义卫在濮州,蒲在滑州,在卫西也。韩魏及楚从西向东伐,先在蒲,后及卫。

《全注》曰:"待:对待,对付,抵御。"《新注》曰:"蒲在卫的西南,介于卫与晋楚之间唯一缓冲地带,故卫灵公欲伐而犹豫不决。"《笺证》曰:"待晋楚,抵抗晋楚。蒲在卫之西南,晋、楚之军来伐卫,蒲是卫国西南方的屏障,此语盖言蒲邑的军事力量之强。"

③无乃

《全注》曰:"岂不是,恐怕。"

④其男子有死之志〔一〕

〔一〕集解 王肃曰:"公叔氏欲以蒲适他国,而男子欲死之,不乐适他。"

《笺证》曰:"有死之志:指宁可被杀而不从公叔氏为乱。"

⑤妇人有保西河之志〔一〕

〔一〕集解 王肃曰:"妇人恐惧,欲保西河,无战意也。"索隐 此西河在卫地,非魏之西河也。

《笺证》曰:"指发誓不离故乡,不随叛者迁于他处。西河:此指流经卫国的这段黄河,以其在蒲(今河南长垣)之西,故蒲人称之'西河',约当今河南省之汲县、新乡、淇县一带,当时属卫国。"

⑥吾所伐者不过四五人〔一〕

〔一〕集解 王肃曰:"本与公叔同畔者。"

《新注》曰:"指蒲邑为首的叛乱分子公孙氏等,不过四五人。"

⑦期月而已,三年有成〔一〕

〔一〕集解 孔安国曰:"言诚有用我于政事者,期年而可以行其政教,必三年乃有成也。"

《笺证》曰:"期月而已,谓一年之内可使政教畅行。期月,周遍一年之十二月,即指一年。成,见成效,获成功。按:'苟有用我者'以下见《论语·子路》。"

佛肸为中牟宰①。赵简子攻范、中行,伐中牟②。佛肸畔③,使人召孔子。孔子欲往。子路曰:"由闻诸夫子④,'其身亲为不善者,君子不入也⑤'。今佛肸亲以中牟畔,子欲往,如之何⑥?"孔子曰:"有是言也。不曰坚乎,磨而不磷;不曰白乎,涅而不淄⑦。我岂匏瓜也哉,焉能系而不食⑧?"

孔子击磬⑨。有荷蒉而过门者⑩,曰:"有心哉,击磬乎⑪！硁硁乎，莫己知也夫而已矣⑫！"

①佛肸为中牟宰〔一〕

〔一〕集解孔安国曰："晋大夫赵简子之邑宰。"索隐此河北之中牟，
　　　盖在汉阳西。

《全注》曰："佛肸（bìxī）：《汉书·古今人表》作'茀肸'，晋国大夫，范氏、中行氏的家臣。中牟：晋国邑名，在今河南鹤壁市西，或谓在今河北邢台、邯郸之间。宰：邑宰，一邑之长。"

②赵简子攻范、中行，伐中牟

《笺证》曰："晋国的范氏（名吉射）、中行氏（荀寅）被赵氏、韩氏、魏氏等打败后，先后逃到朝歌、邯郸，赵氏穷追不舍，直至将其追入齐境，而中牟宰佛肸支持范氏、中行氏，故赵氏移兵伐之。"

③佛肸畔

《笺证》曰："畔：通'叛'。因中牟被赵氏所攻，故佛肸遂亦公开反击赵氏。按：晋国的六卿相攻，原无所谓'叛'，但因赵氏假名公室，故遂称反赵氏者为'叛'。"

④由闻诸夫子

《全注》曰："由：子路字，即子路自称。诸'之于'。'之'指孔子下面说的话。"《笺证》曰："闻诸夫子，听先生您说过。"

⑤君子不入也〔一〕

〔一〕集解孔安国曰："不入其国。"

《全注》曰："不入：不进入，不加入。"

⑥如之何

《笺证》曰："如之何，怎么和您说过的话对号呢？"

⑦不曰坚乎，磨而不磷；不曰白乎，涅而不淄〔一〕

〔一〕集解孔安国曰："磷，薄也。涅，可以染皁者也。言至坚者磨
　　　之而不薄，至白者染之于涅中而不黑，君子虽在浊乱，不能
　　　污也。"

《笺证》曰："意谓俗话不是说过吗，真正坚硬的东西是磨不烂的，真正洁白的东西是染不黑的。磷：烂。涅：黑色染料，这里用作动词，染。淄：黑。"

⑧我岂匏瓜也哉，焉能系而不食〔一〕

〔一〕 集解何晏曰："言匏瓜得系一处者，不食故也。吾自食物当东西南北，不得如不食之物系滞一处。"

《新注》曰："匏（páo）瓜，长老了不可食，只能吊着供人观赏。孔子慨叹，自己有才干，怎能不找机会施展呢？"《笺证》曰："岂能只是挂着让人看，不能让人吃，以比喻自己的不从事政治活动。按：以上佛肸召孔子事见《论语·阳货》。"

【研讨】

孔子欲应佛肸之召

　　孔子欲应佛肸之召，此事存在两种不同解读。崔述曰："佛肸以中牟叛，是乱臣贼子也。孔子方将作《春秋》以治之，肯往而助之乎？肸与公山不狃皆家臣也；孔子，鲁大夫也。孔子往，将臣二人乎？抑臣于二人乎？臣二人则其势不能，臣于二人则其义不可，孔子将何居焉？夫坚者诚不患于磨，然未有恃其坚而故磨之者也；白者诚不患于涅，然未有恃其白而故涅之者也；圣人诚非小人之所能污，然未有恃其不污而故入于小人之中者也。故'不磷'、'不缁'之说为见阳货解则可；为往赴不狃、佛肸之召解则断不可。"（《洙泗考信录》）蒋伯潜曰："是类记载不但厚诬孔子，抑且大坏人心，不知《论语》何以书此？《史记》何以又采录之也？"（《诸子通考》）钱穆不同意这类解读，指出："是年，赵氏于范氏中行氏启争端，至其年冬，而范中行氏出奔。中牟乃范氏邑，其邑宰佛肸助范中行氏拒赵氏。所谓以中牟叛，或是定公十四年春，范氏已出奔，佛肸欲依赖齐鲁卫诸国以自全，其迹若为叛，其心犹近义。其时孔子适去卫，在匡蒲途中。中牟在彰德汤阴西，在晋卫边境，与匡蒲为近，故佛肸来召孔子。孔子之欲往，正与往年赴公山不狃之召同一心情。孔子非欲助佛肸，乃欲藉以助晋，平其乱而张公室，一如其在鲁之所欲为。然亦卒未成行。"（《先秦诸子系年考辨》）陈曦赞同钱氏说，曰："同欲往费邑一样，孔子试图投奔佛肸，也是为了能够最终大行其道。正如金履祥所云：'公山不狃畔季氏，佛肸畔赵氏，皆家臣畔大夫也。而召孔子，孔子欲往者，陪臣欲张公室，亦名义也。故欲往以明其可也。'（刘宝楠《论语正义》引）所谓'张公室'，意思是使权力回归国君，重振王室威风，并从而实现'君君、臣臣、父父、子子'的理想社会秩序。孔子心地如日月般昭明，'克己复礼'的愿望如磐石般坚定，他自信地对子路说：'不曰坚乎，磨而不磷；不曰白乎，涅而不淄。'意即：'至坚者磨之而不薄，至白者染之于涅中而不黑，君子虽在浊中，不能污也。'（《史记集解》引孔安国）正因为孔子有如此自信，所以他才会有改造'叛臣'的想法而置时人非议于脑后。"（《〈史记〉与周汉文化探索》）

⑨孔子击磬

《注译》曰："磬（qìng）：用石或玉制成的一种古代乐器，打击作声。"

⑩荷蒉〔一〕

〔一〕集解 何晏曰："蒉，草器也。有心谓契契然也。"

《笺证》曰："背着草筐。荷：背。蒉（kuì）：草编的筐。"

⑪有心哉，击磬乎

《笺证》曰："有心，指关心政事，不能放怀的样子。朱熹曰：圣人之心未尝忘天下，此人闻其磬声而知之。"

⑫硁硁〔一〕乎，莫己知也夫而已矣

〔一〕集解 何晏曰："此硁硁，信己而已，言亦无益也。"

《新注》曰："硁硁：沉沉的磬声，象征着击磬人沉重的心事。"《笺证》曰："硁硁（kēng），击磬声。莫己知也夫而已矣，没有人了解自己么，那也就算啦！"

【资料链接】

以上孔子击磬事见《论语·宪问》。而《论语》原文作："有心哉，击磬乎！"既而曰："鄙哉，硁硁乎！莫己知也，斯己而已矣，深则厉，浅则揭。"孔子曰："果哉，末之难矣。"史公于此只取荷蒉者对孔子的评论，似欠完整。俞樾解释《论语》之原文曰："荷蒉者之意以为人既莫己知，则但当为己，不必更为人。"按：今河南卫辉县之南关村南有"孔子击磬亭"，占地九百平方米。亭正方形，攒尖顶，东西各辟一门，西面门楣嵌石碣一方，上书"玉振遗韵"四字，为明代万历年间所重修。清代乾隆过此时书"孔子击磬处"碑一通，并题诗于碑阴，置于亭中。

孔子学鼓琴师襄子①，十日不进②。师襄子曰："可以益矣③。"孔子曰："丘已习其曲矣，未得其数也④。"有间⑤，曰："已习其数，可以益矣。"孔子曰："丘未得其志也⑥。"有间，曰："已习其志，可以益矣。"孔子曰："丘未得其为人也⑦。"有间，曰有所穆然深思焉⑧，有所怡然高望而远志焉⑨。曰："丘得其为人，黯然而黑⑩，几然而长⑪，眼如望羊⑫，如王四国⑬，非文王其谁能为此也⑭！"师襄子辟席再拜⑮，曰："师盖云《文王操》也⑯。"

①孔子学鼓琴师襄子〔一〕

〔一〕索隐《家语》师襄子曰"吾虽以击磬为官，然能于琴"。盖师襄子鲁人，《论语》谓之"击磬襄"是也。

《全注》曰："鼓：奏，演奏。师襄子：亦称'师襄'、'师堂子'，字子京，卫国乐师。"

②十日不进

《笺证》曰："不进：未学新业，仍在反复弹十日前初学的曲调。"

③可以益矣

《笺证》曰："可以益矣，可以增加一些新内容啦。"

④数

《全注》曰："数：技术，方法。"《新注》曰："节奏度数。"

⑤有间

《全注》曰："又过了一段时间。"

⑥未得其志也

《笺证》曰："还没有弄清乐曲所表达的思想。"《新注》曰："志：指乐曲表达的思想感情。"

⑦未得其为人也

《笺证》曰："还没有理解作曲家在乐曲中所塑造的形象。"

⑧穆然

《全注》曰："穆然：默然，沉静深思的样子。"

⑨怡然

《全注》曰："怡然：和悦的样子。怡：按《韩诗外传五》作'邀'，

《孔子家语·辨乐》作'睪',高远的样子,意较顺。"

⑩黯然而黑〔一〕

〔一〕集解 王肃曰:"黯,黑貌。"

《全注》曰:"黯(àn):深黑。"

⑪几然而长〔一〕

〔一〕集解 徐广曰:"诗云'颀而长兮'。"索隐 "几"与注"颀",并音祈,《家语》无此四字。

《笺证》曰:"几然:身材高大的样子。几:通'颀',长。"

⑫眼如望羊〔一〕

〔一〕集解 王肃曰:"望羊,望羊视也。"索隐 王肃云:"望羊,望羊视也。"

《全注》曰:"望羊:亦作'望洋'、'望阳',远视的样子。"

⑬如王四国

《笺证》曰:"是一位统有天下的帝王。"

⑭非文王其谁能为此也

《新注》曰:"丘得齐人等句意味:我体会到了作曲者是怎样的人了:黑黑的皮肤,高高的个子,眼如汪洋,胸襟可以包容天下,除了文王,别人没有这样的气质。"

⑮辟席

《全注》曰:"辟:通'避'。辟席:即避席。古人席地而坐,离坐而起,表示敬意。"

⑯师盖云《文王操》也

《笺证》曰:"我的老师告诉我这好像是《文王操》。盖:语词,表示推断的语气。《文王操》:古琴曲名,据说是周文王所作。"《全注》曰:"按本节又见《韩诗外传五》、《孔子家语·辨乐》。"

孔子既不得用于卫,将西见赵简子①。至于河而闻窦鸣犊、舜华之死也②,临河而叹③曰:"美哉水,洋洋乎④!丘之不济此⑤,命也夫!"子贡趋而进曰:"敢问何谓也?"孔子曰:"窦鸣犊、舜华,晋国之贤大夫也。赵简子未得志之时,须此两人而后从政⑥;及其已得志,杀之乃从政。丘闻之也,刳胎杀夭则麒麟不至郊⑦,竭泽涸渔则蛟龙不合阴阳⑧,覆巢毁卵则凤皇不翔⑨。何则?君子讳伤其类也⑩。夫鸟兽之于不义也尚知辟之⑪,而况乎丘哉!"乃还息乎陬乡,作为《陬操》以哀之⑫。而反乎卫,入主蘧伯玉家⑬。

①将西见赵简子

匡亚明说:"赵简子在晋国是'实专君权,奉邑侔于诸侯'(《史记·赵世家》)的人物,他的地位和为人大概和季桓子在鲁国差不多,孔子和季桓子曾经有过'三月不违'的合作关系,基于这种经验,孔子想和赵简子谈谈,看有无可能通过他实现自己的治国主张,这在孔子当时的复杂思想中,是不能排除这种想法的可能性的。不过,即使赵简子能像季桓子那样和他'合作',对孔子的所谓'仁政德治'主张,又有什么用处呢?和季桓子合作的结果,不是可以充分说明其无补于事吗?"(《孔子评传》)

②至于河而闻窦鸣犊、舜华之死也〔一〕

〔一〕集解徐广曰:"或作'鸣铎窦犨',又作'窦犨鸣犊、舜华也'。"索隐《家语》云"闻赵简子杀窦犨鸣犊及舜华",《国语》云"鸣铎窦犨",则窦犨字鸣犊,声转字异,或作"鸣铎"。庆华当作"舜华",诸说皆同。

《全注》曰:"徐广所引别本作'鸣铎、窦犨',与《汉书·古今人表》、《孔子家语·困誓》、《孔丛子·记问》相合。又《说苑·权谋》作'泽鸣、犊犨',《三国志·刘廙传》注引《新序》作'犊犨'、'铎鸣'。疑今本《史记》此处有误,当以别本作'鸣铎、窦犨'为是。"

③临河而叹

《全注》曰:"临:面对。'河',黄河。"

④洋洋乎

《全注》曰:"洋洋:盛大的样子。此处犹言'滔滔'。"

⑤不济此

《笺证》曰:"不能渡此水西行。济,渡。"

⑥须此两人而后从政

《笺证》曰:"是靠着这两个人才能把持晋国政权的。按:两人,指窦鸣犊、舜华。"

⑦刳胎杀夭则麒麟不至郊

《笺证》曰:"刳胎杀夭:剖开母体杀死小兽,极言其赶尽杀绝之甚。刳(kū):剖,挖。"

⑧竭泽涸渔则蛟龙不合阴阳〔一〕

〔一〕索隐 有角曰蛟龙。龙能兴云致雨,调和阴阳之气。

《笺证》曰:"竭泽涸渔,用抽干了水的办法来捕鱼。涸:枯干,这里用如动词。按:'竭泽涸渔'应作'竭泽而渔',意思方顺,然《吕氏春秋·应同》已有所谓'干泽涸渔'之语。蛟龙不合阴阳,意即蛟龙不再进行兴云致雨的活动,怒人之捕鱼手段太绝。合阴阳,指兴云致雨。"

⑨覆巢毁卵则凤皇不翔

《笺证》曰:"凤皇,同'凤凰'。按:以上三句盖古人之习用语,《吕氏春秋·应同》有所谓'覆巢毁卵则凤凰不至,刳兽食胎则麒麟不来,干泽而渔则龟龙不往';《战国策·齐策》有所谓'覆巢毁卵而凤凰不翔,刳胎焚夭而麒麟不至',意思相同。"

⑩君子讳伤其类也

【集校】

"君子"二字疑衍

《笺证》曰:"按:'君子'二字疑衍,否则不伦不类。"

⑪辟

《笺证》曰:"通'避',躲开。"

⑫乃还息乎陬乡,作为《陬操》〔一〕

〔一〕集解 王肃曰:"《陬操》,琴曲名也。"索隐 此陬乡非鲁之陬邑。《家语》云"作《槃操》(1)"也。

(1)《槃(pán)操》:《孔子家语》作《槃操》。王肃曰:琴曲名也。

《全注》曰:"息:止,住。'陬乡',卫国地名,当在卫、晋交界的黄河东岸处。"《笺证》曰:"此'陬乡'应在卫地,非孔子之故乡'陬邑'。"

⑬入主蘧伯玉家

《全注》曰:"按本节之事又见《说苑·权谋》、《三国志·魏志·刘廙传》注所引《新序》、《孔子家语·困誓》、《孔丛子·记问》。"

他日，灵公问兵陈①。孔子曰："俎豆之事②则尝闻之，军旅之事未之学也③。"明日，与孔子语，见蜚雁④，仰视之，色不在孔子⑤。孔子遂行，复如陈⑥。

①灵公问兵陈〔一〕

〔一〕集解孔安国曰："军陈行列之法。"

《注译》曰："这次卫灵公问军事问题，是因为卫国太子蒯聩刺杀南子不成，逃到晋国，灵公想用兵，所以向孔子问排兵布阵。孔子觉得作战理由不正当，父子之争，不好插嘴，故有下文'未之学'的回答。事见《史记·卫康叔世家》、《论语·卫灵公篇》。"《全注》曰："陈：通'阵'。'兵陈'，即兵阵，作战阵法。"

②俎豆之事

《全注》曰："俎豆皆为礼器，俎豆之事泛指礼仪之事。"

③军旅之事未之学也〔一〕

〔一〕集解郑玄曰："万二千人为军，五百人为旅。军旅末事，本未立，不可教以末也。"

泷川曰："'灵公问兵陈以下'，采《论语·卫灵公篇》。"（《考证》）《笺证》曰："孔子以此表示他对卫灵公不问'礼乐'而问'兵刑'这种本末倒置的反感。儒家鼓吹'礼乐'而反对'兵刑'，于此见之。"《全注》曰："'军旅'，古以一万二千五百人为军，五百人为旅，此泛指军队。'未之学'，即'未学之'，没有学习过军旅之事。"

【研讨】

孔子未学军旅

泷川《考证》引帆足万里曰："军旅大事，夫子何曾不学？使卫果用夫子，亦必有错置，卫侯已不能用夫子，徒以陈为问，是以吴起、孙膑待之也。夫子之所以不答，素有去志，以是事行。故《论语》曰：'明日遂行。'"

④蜚雁

《全注》曰："蜚：通'飞'。"

⑤色

《全注》曰:"色:神色,表情。"

⑥孔子遂行,复如陈〔一〕

〔一〕索隐 此鲁哀二年也。

《笺证》曰:"鲁哀二年,即前493年,是年孔子五十九岁。"

夏,卫灵公卒,立孙辄,是为卫出公①。六月,赵鞅内太子蒯聩于戚②。阳虎使太子絻,八人衰绖,伪自卫迎者,哭而入,遂居焉③。冬,蔡迁于州来④。是岁鲁哀公三年⑤,而孔子年六十矣。齐助卫围戚⑥,以卫太子蒯聩在故也。

夏,鲁桓、釐庙燔⑦,南宫敬叔⑧救火。孔子在陈,闻之,曰:"灾必于桓、釐庙乎⑨?"已而果然⑩。

①卫灵公卒,立孙辄,是为卫出公

《笺证》曰:"卫灵公的太子曰蒯聩。蒯聩不满灵公的夫人南子,谋欲杀之,事觉,逃依晋国赵氏。卫灵公死,蒯聩不得立,故立蒯聩之子辄,即历史上所说的'卫出公'。事见《左传》哀公二年。按:出公辄,卫灵公太子蒯聩的儿子,公元前492年至前481年、公元前476年至前469年两度在位。详见本书《卫康叔世家》。"

②内太子蒯聩于戚

《笺证》曰:"将逃入晋国的太子蒯聩送回卫国居于戚邑,盖为其进一步向其子出公辄夺取政权做准备。内:通'纳',以武力强行送入。戚:卫邑名,在今河南省濮阳县北。其地濒河,为吴、楚、晋、郑间的交通要冲。"《全注》曰:"太子蒯聩:卫灵公的太子,即卫庄公。公元前496年因与灵公宠妃南子构恶,被人出卖,逃奔宋国。此时被赵鞅送入戚邑。一直到公元前480年才回国都即位。于公元前478年被戎州人己氏杀死。详见《史记·卫康叔世家》。"

③阳虎使太子絻〔一〕,八人衰绖,伪自卫迎者,哭而入,遂居焉

〔一〕正义佚文 絻,音问。

《笺证》曰:"以上五句是补叙上句蒯聩入戚的过程。阳虎这个鲁国的叛徒,开始是逃入齐国,后又至晋,依赵氏。至蒯聩入晋,二人遂同

恶相济，趁灵公死，遂倚仗赵鞅的势力潜回卫国作乱。阳虎让蒯聩装成回国奔丧的样子，为了防止卫国边境上的士兵阻拦，还特意让八个人装成是卫国的来使，好像是专门来接蒯聩回卫国的。絻（wèn）：始丧时之服，以布为卷帻，以纳四垂发，而露其髻。衰绖（cuīdié）：丧服。衰分斩衰、齐衰，皆穿于身者；绖乃以布为之，系于头。国君死，大夫皆衰绖。"

④蔡迁于州来

《新注》曰："州来：原为楚邑，为吴所夺。公元前493年，吴人迁蔡昭侯于州来，称下蔡，在今安徽凤台县。"《笺证》曰："与前文'楚围蔡，蔡请迁于吴'相应。"

⑤是岁鲁哀公三年

【集校】

"三年"当作"二年"

梁玉绳曰："蔡迁州来之岁，孔子年五十九，哀公二年也，此误。'是岁'当作'明岁'。"（《史记志疑》）崔适曰："'蔡迁于州来'以上皆在哀公二年；'齐助卫围戚'以下乃在三年。此文'是岁'以上有缺文，本不谓一年之事，故上文已言'冬'，下文复言'夏'、'秋'也。"（《史记探源》）《全注》曰："'是岁鲁哀公三年'，按《左传》，以上皆为鲁哀公二年事。或谓'是岁'当作'明岁'，可备一说。"

⑥齐助卫围戚

《笺证》曰："事在鲁哀公三年，齐助出公围其父太子蒯聩，见《左传》。"

⑦鲁桓、釐庙燔

《笺证》曰："鲁国宗庙失火，鲁桓公、鲁釐公的木主被焚毁。"鲁桓公名允，公元前711—公元前684年在位。鲁釐（也写作"僖"）公名申，公元前659—公元前627年在位。《新注》曰："燔（fán）：遭火灾。"

⑧南宫敬叔

《笺证》曰："鲁国大夫，孟僖子之子，前已见。"

⑨灾必于桓、釐庙乎〔一〕

〔一〕集解 服虔曰："桓釐当毁，而鲁事非礼之庙，故孔子闻有火灾，知其加桓僖也。"

《笺证》曰:"桓公是弑其兄隐公而自立的;釐公非嫡,乃乘闵公被庆父所弑之隙而得立,孔子认为他们都是不应当享受祭祀的,所以当他在陈听到鲁庙被焚,尚未确知究系何代木主受殃时,就已经猜定是桓、釐二公之木主了。庙,这里即指宗庙里供奉的灵牌。按:以上孔子料定桓、釐二庙被毁事,见《左传》哀公三年。"

⑩已而果然

《全注》曰:"已而:事后,不久。'果然',果真这样。"

秋,季桓子病,辇而见鲁城①,喟然叹曰:"昔此国几兴矣,以吾获罪于孔子,故不兴也②。"顾谓其嗣康子曰③:"我即死,若必相鲁;相鲁,必召仲尼④。"后数日,桓子卒,康子代立。已葬,欲召仲尼。公之鱼曰⑤:"昔吾先君用之不终⑥,终为诸侯笑。今又用之,不能终,是再为诸侯笑。"康子曰:"则谁召而可⑦?"曰:"必召冉求⑧。"于是使使召冉求。冉求将行,孔子曰:"鲁人召求,非小用之,将大用之也。"是日,孔子曰:"归乎归乎!吾党之小子狂简⑨,斐然成章,吾不知所以裁之⑩。"子赣知孔子思归⑪,送冉求,因诫曰"即用,以孔子为招"云⑫。

①辇而见鲁城

《笺证》曰:"让人抬着巡视鲁都曲阜之城。辇,人抬的滑竿,或人挽的车子,后专称帝王之所乘。"

②昔此国几兴矣,以吾获罪于孔子,故不兴也

《笺证》曰:"几兴:几乎就要兴盛起来了。获罪:'得罪'的客气说法,指季桓子当年接受齐国女乐,致使孔子离开鲁国事。按:《左传》写季桓子死前无此语。让季桓子将孔子作用估计得如此之高,亦见史公之感情态度。"

③顾谓其嗣康子

《全注》曰:"顾:回头。康子:即季康子,亦称'季孙',名肥,谥康,季桓子之子,鲁国卿大夫,公元前491年至公元前486年当政。"

④我即死,若必相鲁;相鲁,必召仲尼

《笺证》曰:"即,若。若:尔,你。必召仲尼,一定要把孔子找回

来。"《全注》曰:"按季桓子之语,本于《左传》哀公三年,但出入较大。"

⑤公之鱼

《新注》曰:"季孙氏家臣。"

⑥用之不终

《笺证》曰:"没能一直地任用下去。"

⑦谁召而可

《笺证》曰:"我们可以把谁找回来呢?谁召,召谁。"

⑧冉求

《全注》曰:"冉求:名求,字子有,氏冉,亦称'冉有'、'冉子'、'有子',鲁人,孔子弟子,后为季孙氏家臣。生于公元前522年,卒于公元前489年。详见《史记·仲尼弟子列传》。"

⑨归乎归乎〔一〕!吾党之小子狂简

〔一〕索隐 此《系家》再有"归与"之辞者,前辞出《孟子》,此辞见《论语》,盖止是一称"归与",二书各记之,今前后再引,亦失之也。

按:《论语·公治长》作"子在陈曰:'归与归与,吾党之小子狂简。'"《孟子·尽心下》作"孔子在陈曰:'盍归乎来!吾党之士狂简。'"此史公所本。

⑩斐然成章,吾不知所以裁之〔一〕

〔一〕集解 孔安国曰:"简,大也。孔子在陈,思归欲去,曰:'吾党之小子狂者进取于大道,妄穿凿以成章,不知所以裁制,当归以裁耳。'"

《新注》曰:"裁:剪正,指导。按:孔子之语见《论语·公治长》。"

⑪子赣

《全注》曰:"子赣:即子贡。"

⑫因诫曰"即用,以孔子为招"云

《笺证》曰:"诫:告。即用,以孔子为招:你回去如果受到任用,要想办法把先生招回去。即:若。"

冉求既去,明年①,孔子自陈迁于蔡②。蔡昭公将如吴③,吴召之也。前昭公欺其臣迁州来④,后将往,大夫惧复迁，公孙翩射杀昭公⑤。楚侵蔡⑥。秋，齐景公卒⑦。

①明年

《笺证》曰："明年：指鲁哀公四年，公元前491年，是年孔子六十一岁。"

②孔子自陈迁于蔡

《笺证》曰："此时的蔡国已移都于州来（今安徽省凤台县），蔡人称之为'下蔡'。钱穆以为孔子所至之'蔡'非州来，乃楚国叶公所治之蔡，原名负函，即今河南信阳，史公于此盖混二为一。钱氏并引江永《乡党图考》曰：'孔子自陈如蔡，就叶公耳，与蔡国无涉。'按：迁，移也。"

③蔡昭公

《全注》曰："蔡昭公：当作'蔡昭侯'，名申（或作'甲'），蔡悼侯之弟，公元前518年至前491年在位。详见《史记·管蔡世家》。"

④欺其臣迁州来

《笺证》曰："据《管蔡世家》，蔡国原附于楚，吴联蔡败楚后，蔡改附于吴。楚伐蔡（今河南新蔡），吴相距遥远，无法救助，使蔡东迁于吴地州来。蔡昭侯未与大夫商议遂率众迁之，故此曰'欺'。"

⑤公孙翩射杀昭公〔一〕

〔一〕集解徐广曰："哀公四年也。"

《全注》曰："公孙翩：蔡国大夫。按自'蔡昭公将如吴'以下至此，又见《左传》哀公四年。"

⑥楚侵蔡

梁玉绳曰："考《春秋》及史，是时无楚侵蔡事。"（《史记志疑》）

⑦秋，齐景公卒〔一〕

〔一〕集解徐广曰："哀公五年也。"

《全注》曰："齐景公卒于鲁哀公五年，此误系哀公四年。"

明年，孔子自蔡如叶①。叶公问政②，孔子曰："政在来远附迩③。"他日，叶公问孔子于子路④，子路不对⑤。孔子闻之，曰："由，尔何不对曰'其为人也，学道不倦，诲人不厌，发愤忘食，乐以忘忧，不知老之将至云尔⑥？'"

①孔子自蔡如叶

《全注》曰："叶（shè）：楚国县名，在今河南叶县南。"

②叶公

《全注》曰："沈氏，名诸梁，字子高，亦称'沈诸梁'，因受封采邑于叶，故称'叶公'，楚左司马沈尹戌之子，公元前479年领兵平定白公之乱，曾一度兼任令尹、司马。"

③政在来远附迩

《新注》曰："来远附迩：使远者来，近者附。"《全注》曰："来：招致，招徕。远：远方，此指远方之人。附：通'抚'，安抚。迩（ěr）：近，此指附近之人。按此语见《论语·子路》。"

④问孔子于子路

《笺证》曰："向子路打听孔子的为人。"

⑤子路不对〔一〕

〔一〕集解 孔安国曰："叶公名诸梁，楚大夫，食菜于叶，僭称公。不对，未知所以对也。"

《全注》曰："对：会对，回答。"

⑥云尔

《笺证》曰："犹言'如此而已'、'如此等等'。"

【研讨】

《孔子世家》改编《论语》

《笺证》曰："以上孔子自言其为人语见《论语·述而》，但这是司马迁将三条语录综合成了一条。《论语》原文：'叶公问孔子于子路，子路不对。子曰："女奚不曰，其为人也，发愤忘食，乐以忘忧，不知老之将至云尔。"'又有：'子曰："若圣与仁，则吾岂敢？抑为之不厌，诲人不倦，则可谓云尔已矣。"'又有：'子曰："默而识之，学而不厌，诲人不倦，何有于我哉？"'"

去叶，反于蔡。长沮、桀溺耦而耕①，孔子以为隐者②，使子路问津焉③。长沮曰："彼执舆者为谁④？"子路曰："为孔丘。"曰："是鲁孔丘与？"曰："然。"曰："是知津矣⑤。"桀溺谓子路曰："子为谁？"曰："为仲由。"曰："子，孔丘之徒与?"曰:"然。"桀溺曰:"悠悠者天下皆是也,而谁以易之⑥?且与其从辟人之士⑦,岂若从辟世之士哉⑧!"耰而不辍⑨。子路以告孔子,孔子怃然曰⑩:"鸟兽不可与同群⑪。天下有道,丘不与易也⑫。"

①长沮、桀溺耦而耕

《全注》曰:"'长沮、桀溺',二隐者名。金履祥《论语集注考证》云:'盖以物色而名之,如"荷蒉"、"晨门"、"荷蓧丈人"之类。其一人长而沮洳,一人桀然高大而涂足,因义名之也。'"《笺证》曰:"耦(ǒu),两人合伙持耜而耕。耦:郑玄曰:'二耜为耦。'"

②隐者

《全注》曰:"隐士,隐居不与世人来往的人。"

③使子路问津焉〔一〕

〔一〕集解郑玄曰:"耜广五寸,二耜为耦。津,济渡处也。"正义《括地志》云:"黄城山俗名菜山,在许州叶县西南二十五里。《圣贤冢墓记》云黄城山即长沮、桀溺所耕处。下有东流,则子路问津处也。"

《笺证》曰:"问津:打听渡口在哪里。津,渡口。按:今河南淮阳县之董家湾有清代乾隆二十一年碑刻两通,一通书曰'子路问津处';另一通书曰'子路问津遗迹碑',其文有'孔夫子自楚返蔡,使子路问津,留此遗迹,为地生辉'云云。"

④彼执舆者为谁

《笺证》曰:"执舆者:掌车人。"《新注》曰:"为,是。"

⑤是知津矣〔一〕

〔一〕集解马融曰:"言数周流,自知津处。"

《笺证》曰:"他是知道渡口在哪里的!言外之意是:他还用得着来问我们?"

⑥悠悠者天下皆是也,而谁以易之〔一〕

〔一〕集解孔安国曰:"悠悠者,周流之貌也。言当今天下治乱同,空舍此适彼,故曰'谁以易之'。"

《全注》曰:"悠悠:混乱的样子。《论语·微子》作'滔滔'。"《新注》曰:"谁以易之:谁能改变这世道。"《笺证》曰:"意谓社会的混乱黑暗到处都是一样的,又有谁可以改变它呢?悠悠者:指不可改变的黑暗混乱现实。"

⑦从辟人之士

《笺证》曰:"从,跟随。"《新注》曰:"指孔子周游列国,避开恶人择善而仕。"

⑧岂若从辟世之士哉〔一〕

〔一〕集解 何晏曰:"士有辟人之法,有辟世之法。长沮、桀溺谓孔子为士,从辟人之法者也;己之为士,则从辟世之法也。"

《新注》曰:"辟世之士:指避世的隐者,桀溺自称。王骏图曰:'此桀溺讽子路,欲其舍孔子而从己等游也。'"

⑨耰而不辍〔一〕

〔一〕集解 郑玄曰:"耰,覆种也。辍,止也。覆种不止,不以津告也。"正义佚文 按:耰,块椎也。耕,即椎碎之覆种子也。

《笺证》曰:"覆土不止,即不想再说话了。"《新注》曰:"耰(yōu):除草农具,此作动词用。"

⑩怃然〔一〕

〔一〕集解 何晏曰:"为其不达己意而非己。"

《全注》曰:"怃(wǔ)然:怅然失意的样子。"

⑪鸟兽不可与同群〔一〕

〔一〕集解 孔安国曰:"隐于山林是同群。"

《笺证》曰:"犹言一个人怎么能离开社会去和鸟兽一块生活呢?"

⑫天下有道,丘不与易也〔一〕

〔一〕集解 何晏曰:"凡天下有道者,丘皆不与易也,己大而人小故也。"

《笺证》曰:"易,变革。朱熹曰:'天下若已平治,则我无用变易之。正为天下无道,故欲以道易之耳。'按:长沮、桀溺一段见《论语·微子》。"

他日,子路行,遇荷蓧丈人①,曰:"子见夫子乎②?"丈人曰:"四体不勤,五谷不分③,孰为夫子④!"植其杖而芸⑤。子路以告，孔子曰："隐者也。"复往，则亡⑥。

①遇荷蓧丈人〔一〕

〔一〕集解包氏曰："丈人，老者。蓧，草器名也。"

《新注》曰："蓧，肩背草筐的老人。按：丈人：老人。"

②子见夫子乎

《笺证》曰："夫子：犹今之所谓'先生'、'老师'。按：子路原与孔子同出，因事落后，不见孔子，故问于荷蓧丈人。"

③四体不勤，五谷不分

《笺证》曰："四体：指两手两脚。不勤，不劳动。五谷，说法不一，泛指黍、麦、菽、稷、麻各种农作物。"

④孰为夫子〔一〕

〔一〕集解包氏曰："丈人曰不勤劳四体，分植五谷，谁为夫子而索也？"

《笺证》曰："孰为：何能，凭什么说是。"

⑤植其杖而芸〔一〕

〔一〕集解孔安国曰："植，倚也(1)。除草曰芸。"

(1) 植，倚也：孔氏释植为倚，甚迂。王骏图曰："植，通置，谓置其杖于地而芸草也。"亦合乎情理。

《新注》曰："把手杖插在地上拔起草来。植，插。"

⑥复往，则亡〔一〕

〔一〕集解孔安国曰："子路反至其家，丈人出行不在。"

《笺证》曰："再回去找时，已经不见了。按：荷蓧丈人事见《论语·微子》，而《论语》叙事较此为详，尚有荷蓧丈人引子路至其家，杀鸡为黍以招待子路事。"

孔子迁于蔡三岁，吴伐陈①。楚救陈，军于城父②。闻孔子在陈蔡之间，楚使人聘孔子。孔子将往拜礼，陈蔡大夫谋曰："孔子贤者，所刺讥皆中诸侯之疾③。今者久留陈蔡之间，诸大夫所设行皆非仲尼之意④。今楚，大国也，来聘孔子。孔子用于楚，则陈蔡用事大夫危矣⑤。"于是乃相与发徒役围孔子于野⑥。不得行，绝粮。从者病，莫能兴⑦。孔子讲诵弦歌不衰⑧。子路愠⑨，见曰："君子亦有穷乎⑩？"孔子曰："君子固穷⑪，小人穷斯滥矣⑫。"

子贡色作⑬。孔子曰："赐，尔以予为多学而识之者与⑭？"曰："然⑮。非与？"孔子曰："非也⑯。予一以贯之⑰。"

①孔子迁于蔡三岁，吴伐陈

《笺证》曰："即哀公六年，公元前489年，是年孔子六十三岁。"

②楚救陈，军于城父〔一〕

〔一〕集解徐广曰："哀公四年也(1)。"

(1) 哀公四年也：四年，当为六年。《十二诸侯年表》：鲁哀公六年楚师救陈，楚昭王死于城父。徐广注误。

《笺证》曰："城父，陈邑名，在今河南宝丰县东，平顶山市西北。按：以上事见《左传》哀公六年与《十二诸侯年表》。"

③所刺讥皆中诸侯之疾

《新注》曰："所批评的都能击中各国的弊病。"

④设行

《全注》曰："措施行动。"《新注》曰："设行，所作所为。"

⑤用事大夫

《新注》曰："执政大夫。"

⑥于是乃相与发徒役围孔子于野

《新注》曰："相与发徒役：共同商定发动私家兵员。按：相与：共同，一道。发：调发。徒役：指私家兵员。"

【存疑】

陈蔡发兵围孔子

梁玉绳引全祖望《经史问答》曰："当时楚与陈睦，而蔡全属吴，迁于州来，与陈远。且陈事楚，蔡事吴，则仇国矣，安得二国之大夫合谋乎？且哀公六年，吴志在灭陈，楚昭誓死以救之，陈之仗楚何如，而敢围其所用之人乎？乃知陈蔡兵围之说，盖《史记》之妄。而绝粮，则以陈之被兵。楚昭之聘，亦为虚语。"（《史记志疑》）钱穆曰："孔子之厄在吴伐陈之岁，而谓绝粮乃由受兵围则不足信，自朱子已辨之。"按：

孔子居于陈蔡之间三年,不见两国任用,必是两国诸大夫沮止之。今笺楚王召孔子,两国诸大夫恐,相与以私家兵围孔子亦有可能。梁氏"《史记》之妄"云云亦有妄议之嫌,存疑可也。

⑦从者病,莫能兴〔一〕

〔一〕集解孔安国曰:"兴,起也。"

《笺证》曰:"病:躺倒。兴:起,立。"

⑧孔子讲诵弦歌不衰

《笺证》曰:"今河南淮阳县城之西南角有弦歌台,旧名'绝粮台'、'厄台';东汉时陈王宠常在此台教射,故又称'射台'。台高四米,长方形,面积四千平方米。整个建筑坐北朝南,依次为正门、过厅、正殿。正殿面阔七间,进深三间,周围二十四根方形石柱。明间石柱的楹联为'堂上弦歌,七日不能容大道;庭前俎豆,千秋犹自仰高山'。"

⑨愠

《全注》曰:"愠(yùn):含怒,怨恨。"

⑩君子亦有穷乎

《笺证》曰:"穷:困厄,无路可走,无计可施。"

⑪君子固穷

《笺证》曰:"在穷困的时候能保持自己的人格,能坚守自己的节操。"

⑫小人穷斯滥矣〔一〕

〔一〕集解何晏曰:"滥,溢也。君子固亦有穷时,但不如小人穷则滥溢为非。"

《笺证》曰:"一到穷困的时候就要胡作非为了。斯:则。滥:不能克制自己。"

⑬色作

《新注》曰:"变脸色。"

⑭多学而识之

《笺证》曰:"学得又多,记得又全。识,通'志',记忆。"

⑮然〔一〕

〔一〕集解孔安国曰:"然谓多学而识之。"

⑯非也〔一〕

〔一〕集解孔安国曰："问今不然耶。"

⑰予一以贯之〔一〕

〔一〕集解何晏曰："善有元，事有会，天下殊涂而同归，百虑而一致。知其元则众善举也，故不待学，以一知之。"

《笺证》曰："谓自己的学说有其核心宗旨，并非徒以广博为事也。据《论语·里仁》：'子曰："参乎，吾道一以贯之。"'曾子曰：'夫子之道，忠恕而已矣。'则此文之所谓'一'者，乃指'忠恕'。"《新注》曰："一以贯之：坚守正道，始终如一。"

孔子知弟子有愠心，乃召子路而问曰："《诗》云'匪兕匪虎，率彼旷野①'。吾道非邪？吾何为于此②？"子路曰："意者吾未仁邪？人之不我信也③。意者吾未知邪④？人之不我行也⑤。"孔子曰："有是乎⑥！由，譬使仁者而必信，安有伯夷、叔齐⑦？使知者而必行，安有王子比干⑧？"

子路出，子贡入见。孔子曰："赐，《诗》云'匪兕匪虎，率彼旷野'。吾道非邪？吾何为于此？"子贡曰："夫子之道至大也，故天下莫能容夫子⑨。夫子盖少贬焉⑩？"孔子曰："赐，良农能稼而不能为穑⑪，良工能巧而不能为顺⑫。君子能修其道，纲而纪之，统而理之⑬，而不能为容⑭。今尔不修尔道而求为容⑮。赐，而志不远矣⑯！"

子贡出，颜回入见。孔子曰："回，《诗》云'匪兕匪虎，率彼旷野'。吾道非邪？吾何为于此？"颜回曰："夫子之道至大，故天下莫能容。虽然，夫子推而行之，不容何病⑰，不容然后见君子⑱！夫道之不修也，是吾丑也⑲。夫道既已大修而不用，是有国者之丑也。不容何病？不容然后见君子！"孔子欣然而笑曰："有是哉颜氏之子⑳！使尔多财，吾为尔宰㉑。"

于是使子贡至楚㉒。楚昭王兴师迎孔子㉓，然后得免。

①匪兕匪虎，率彼旷野[一]

[一] 集解王肃曰："率，循也。言非兕虎而循旷野也。"

《笺证》曰："《诗经·小雅·何草不黄》之文。意谓：我们又不是野兽，为什么叫我们整天沿着旷野奔跑呢？匪：通'非'。兕（sì）：野牛。率：循，沿着。这原是一首描写役夫们怨恨统治阶级的诗，孔子引来比喻自己的奔走辛劳。"

②吾道非耶？吾何为于此

《笺证》曰："犹言：'我们奉行的道义莫非是错了吗？不然，怎么落到这个地步呢？'这是孔子故意试探学生的话。"

③意者吾未仁邪？人之不我信也[一]

[一] 集解王肃曰："言人不信吾，岂以未仁故乎？"

《笺证》曰："莫非是我们还没有做到'仁'吗？所以人家才这样不信任我们。意者，莫非是，推测之辞。"

④未知

《笺证》曰："智慧不足。知：通'智'。"

⑤人之不我行也[一]

[一] 集解王肃曰："言人不使通行而困穷者，岂以吾未智乎？"

《笺证》曰："使我们奉行的仁道不能畅行于世。"

⑥有是乎

《新注》曰："是这样的吗？按：孔子反问意在驳子路简单幼稚的逻辑。"

⑦譬使仁者而必信，安有伯夷、叔齐[一]

[一] 正义言仁者必使四方信之，安有伯夷、叔齐饿死乎？

《笺证》曰："假如行仁的人就一定能让世人理解，那还有伯夷、叔齐吗？"《全注》曰："伯夷、叔齐：商末孤竹国君的两个儿子。长子伯夷，名允，字公信；次子叔齐，名致，字公达。其父打算立叔齐继位。及父死，叔齐让伯夷，伯夷不从，一起出逃投奔西伯昌。遇到西伯昌去世，周武王领兵伐纣，两人叩马阻谏。武王灭商，两人又耻食周粟，隐居首阳山，最后饿死。被后人视为清高守节的楷模。详见《史记·伯夷列传》。"

⑧使知者而必行，安有王子比干〔一〕

〔一〕正义言智者必使处事通行，安有王子比干剖心哉？

《笺证》曰："假定有智慧的人就一定能使仁道畅行，那还有王子比干吗？"《全注》曰："王子比干：商纣王的叔父，官任少师，因向商纣王直言诤谏而被剖心身亡。"

⑨容

《全注》曰："容：容纳，接受。"

⑩夫子盖少贬焉

《笺证》曰："何不自己稍微降低一点呢？盖，通'盍'，何不。"《新注》曰："贬，把原则和主张放低一点。"

⑪良农能稼而不能为穑〔一〕

〔一〕集解王肃曰："种之为稼，敛之为穑。言良农能善种之，未必能敛获之。"

《笺证》曰："一个好的农夫能辛勤耕作，但不一定有好的收获。因收获有多种因素，还受气候等条件限制。按：稼：耕作，播种。穑：收获。"

⑫良工能巧而不能为顺〔一〕

〔一〕集解王肃曰："言良工能巧而已，不能每顺人之意。"

《笺证》曰："一个好的工匠能保证自己的工艺精巧，但无法保证能符合别人的心意。"

⑬纲而纪之，统而理之

《笺证》曰："指其理论学说的系统周密，纲目严整，一以贯之。"

⑭不能为容

《笺证》曰："不一定能使统治者接受、容纳。"

⑮今尔不修尔道而求为容〔一〕

〔一〕正义佚文言求有爵士得居止。

按：现今你不是努力提高思想品德修养，而是只想去取得世俗的接纳。

⑯而志不远矣

《笺证》曰："你的志量可不怎么远大哟。而：尔，你。"

⑰夫子推而行之，不容何病

《全注》曰："推，推广。"《笺证》曰："不容何病：不被别人接纳又有什么关系。病：损害，害处。"

⑱不容然后见君子

《笺证》曰："不被这些世俗小人所容，才正好表现出我们是君子。吴汝纶曰：'此篇以"道大莫能容"为主。'"

⑲丑

《全注》曰："丑恶，耻辱，羞愧。"

⑳有是哉

《笺证》曰："犹今之所谓'真有你的'，惊喜敬佩之词。"《全注》曰："是：按《孔子家语·在厄》作'道'。"

㉑使尔多财，吾为尔宰〔一〕

〔一〕集解王肃曰："宰，主财者也。为汝主财，言志之同也。"

《笺证》曰："如果你家的财产多，我甘愿为你去当管家，即愿意为你服务。"《全注》曰："宰：家宰，管家。按以上四节所述事，又见《荀子·宥坐》、《韩诗外传七》、《说苑·杂言》、《孔子家语·在厄》。"

㉒于是使子贡至楚

《笺证》曰："谓使子贡前往楚国求救。"

㉓楚昭王兴师迎孔子

《全注》曰："楚昭王：名轸（或作'珍'、'壬'），楚平王之子，母秦嬴，公元前515年至前489年在位。详见《史记·楚世家》。兴师：调发军队，出兵。"

昭王将以书社地七百里封孔子①。楚令尹子西曰②："王之使使诸侯有如子贡者乎？"曰："无有。""王之辅相有如颜回者乎？"曰："无有。""王之将率有如子路者乎③？"曰："无有。""王之官尹有如宰予者乎④？"曰："无有。""且楚之祖封于周⑤，号为子男五十里⑥。今孔丘述三五之法⑦，明周召之业⑧，王若用之，则楚安得世世堂堂方数千里乎⑨？夫文王在丰，武王在镐，百里之君卒王天下⑩。今孔丘得据土壤⑪，贤弟子为佐，非楚之福也。"昭王乃止。其秋，楚昭王卒于城父。

①昭王将以书社地七百里封孔子〔一〕

〔一〕集解服虔曰："书，籍也。"索隐古者二十五家为里，里则各立社，则书社者，书其社之人名于籍。盖以七百里书社之人封孔子也，故下冉求云"虽累千社而夫子不利"是也。

《新注》曰："书社地：有农户的富庶之地。古以二十五家为里，里各立社，书其社之人名于图籍，谓之书社。七百里书社有一万七千户，是很大的一个区域。按：社：祭祀土地神的处所。"

②楚令尹子西

《全注》曰："令尹：楚国官名，为最高军政长官。子西：名申，亦称'公子申'，楚平王之子，楚昭王庶兄，公元前505年至前479年任令尹，死于白公之乱。"

③将率

《全注》曰："将率：将帅，将领。"

④王之官尹有如宰予者乎

《全注》曰："官尹：各部门长官。宰予：氏宰，名予，字子我，亦称'宰我'，鲁国人，孔子弟子，以擅长言语著称，曾任齐国临淄大夫。生于公元前522年，卒于公元前458年。详见《史记·仲尼弟子列传》。"

⑤楚之祖封于周

《笺证》曰："据《楚世家》，楚之先祖鬻熊曾事周文王，其五世孙熊绎被周成王封于楚蛮，封以子男之田。"

⑥号为子男五十里

《全注》曰："子、男：为周代诸侯封爵的最末二等。周爵依次共分为公、侯、伯、子、男五等。五十里：方圆五十里，这是子、男的封地。"

⑦述三五之法

《新注》曰："遵循三皇五帝的遗规。"《笺证》曰："述，讲究，阐发。三五，指三皇五帝。三皇，燧人氏、伏羲氏、神农氏。五帝，黄帝、颛顼、帝喾、唐尧、虞舜。三皇五帝被儒家称为大圣人，他们的政治被儒家称为至盛至美。"

⑧周召之业

《新注》曰："发扬周公、召公的德业。"《全注》曰："周：指周公，名旦,姓姬,亦称'叔旦',周文王之子,周武王之弟,采邑在周(今陕西岐山北),因称'周公'。辅佐周武王灭商,周成王即位之初,摄行国政,平定武庚等叛乱,营建东都洛邑(今河南洛阳)。相传制礼作乐,创建有周一代的典章制度。详见《史记·鲁周公世家》。召(shào):即召公,亦作'邵公',名奭,姓姬,谥康,采邑在召(今陕西岐山西南),故称'召公'、'召伯'。辅佐周武王灭商,被封于燕,为燕国始祖。成王时任太保,与周公旦分陕而治,他治理陕以西。详见《史记·燕召公世家》。"

⑨楚安得世世堂堂方数千里乎

《全注》曰:"世世:代代,世世代代。堂堂:广大的样子。按:此谓孔子必将遵古制而裁削之,那么楚国的后代还能享有几千方里之大的地方吗?"

⑩百里之君卒王天下

《全注》曰:"百里:指地方百里。百里之君:国土方圆百里的君主。卒:终于,结果。按:此谓孔子若在楚执政,楚之子孙终将沦为百里之君。"

【集校】

"君"当作"居"

李人鉴曰:"按'百里之君'当作'百里之居','君'、'居'二字以形近而致误。'百里之居'意即'百里之地'。令尹子西谓文王在丰,武王在镐,第拥有百里之地,而卒王天下。今若以书社七百里封孔子,孔子得据土壤,又有贤弟子为佐,则非楚国之福也。《说苑·杂言篇》云:'昔文王处丰,武王处镐,丰镐之间,百乘之地,伐上杀主,立为天子,世皆曰圣王。'《说苑》作'百乘之地',虽与《世家》所云不尽同,然言'地'而不言'君',则亦足证此《世家》'君'字乃'居'字之误也。(《商君书·赏刑篇》亦有'百里之居而封侯其臣,大其旧'之语)"按:李氏之论可供参考。

⑪土壤

《全注》曰:"土壤:土地,此指封地。"

楚狂接舆歌而过孔子①,曰:"凤兮凤兮,何德之衰②!

往者不可谏兮[3]，来者犹可追也[4]！已而已而，今之从政者殆而[5]！"孔子下[6]，欲与之言。趋而去，弗得与之言[7]。

①楚狂接舆歌而过孔子〔一〕

　　〔一〕集解孔安国曰："接舆，楚人也。佯狂而来歌，欲以感切孔子也。"

《新注》曰："楚国有一个装疯的隐者名接舆，唱着歌经过孔子的身边。"《全注》曰："'狂'，狂人。'接舆'，人名。按曹之升《四书摭余说》云：'《论语》所记隐士皆以其事名之。'门诸谓之'晨门'，杖者谓之'丈人'，津者谓之'沮'、'溺'，接孔子之舆者谓之'接舆'，非名亦非字也。"

②凤兮凤兮，何德之衰〔一〕

　　〔一〕集解孔安国曰："比孔子于凤鸟，待圣君乃见。非孔子周行求合，故曰'衰'也。"

《笺证》曰："何德之衰，你的品行怎么这样坏啊！何，多么。按：接舆以凤鸟比孔子，凤鸟应出于盛世，今乱世亦出，故称其'何德之衰'，以嘲笑孔子之奔走四方，汲汲以求从政。"

③往者不可谏兮〔一〕

　　〔一〕集解孔安国曰："已往所行，不可复谏止也。"

《笺证》曰："往者不可谏，已经过去的事情是不可能再改变、再挽回的了。谏，劝止，这里指改变、挽回。"

④来者犹可追也〔一〕

　　〔一〕集解孔安国曰："自今已来，可追自止，避乱隐居。"

《笺证》曰："今后的问题还是来得及处理、解决的。追：补救。按：接舆的意思是招呼孔子立即归隐。"

⑤已而已而，今之从政者殆而〔一〕

　　〔一〕集解孔安国曰："言'已而'者，言世乱已甚，不可复治也。再言之者，伤之深也。"

《新注》曰："算了吧，算了吧，现今的从政者都是些危险人物。接舆以疯歌劝孔子归隐。"《笺证》曰："而：通'耳'。从政者：掌权者。殆：腐败，不可救药。"

⑥孔子下〔一〕

〔一〕集解包氏曰："下，下车也。"

《全注》曰："下：此指下车。"

⑦弗得与之言

《笺证》曰："谓接舆避之，不愿与之言。按：楚狂接舆事见《论语·微子》。"

于是孔子自楚反乎卫。是岁也，孔子年六十三，而鲁哀公六年也。

其明年①，吴与鲁会缯②，征百牢③。太宰嚭④召季康子。康子使子贡往，然后得已⑤。

①其明年

《笺证》曰："指鲁哀公七年，公元前488年，孔子年六十四。"

②缯

《全注》曰："缯（zēng）：又读céng，亦作'曾'、'鄫'，鲁国邑名，在今山东苍山西北。"

③征百牢〔一〕

〔一〕索隐此哀七年时也。百牢，牢具一百也。周礼上公九牢，侯伯七牢，子男五牢。今吴征百牢，夷不识礼故也。子贡对以周礼，而后吴亡是征也。正义《括地志》云："故鄫城在沂州承县。《地理志》云缯县属东海郡也。"

《笺证》曰："吴向鲁索取牛羊豕各一百头作为贡礼。牢：这里指太牢，牛羊豕各一头。据周礼，致天子，十二牢；上公，九牢；侯伯，七牢；子男，五牢。吴征百牢，实为无理。鲁大夫子服景伯以礼斥之，吴国不听，最后鲁国还是给了吴国百牢，但由此看出了吴国的不久必败。"

④太宰嚭

《全注》曰："太宰嚭（pǐ）：氏伯，名嚭，故亦称伯嚭（或作'帛喜'、'白喜'、'帛否'、'伯喜'），字子余。楚大夫伯州犁之孙，逃亡奔吴，以功任吴国太宰。吴亡后，降越为臣。一说他被越王句践所杀。"

⑤康子使子贡往，然后得已

《笺证》曰："意谓子贡至伯嚭处向其讲明了季康子何以不能亲出的

原因，事情遂告了结。"《全注》曰："按本节事见《左传》哀公七年。"

孔子曰："鲁卫之政，兄弟也①。"是时，卫君辄父不得立②，在外，诸侯数以为让③。而孔子弟子多仕于卫，卫君欲得孔子为政④。子路曰："卫君待子而为政，子将奚先⑤？"孔子曰："必也正名乎⑥！"子路曰："有是哉，子之迂也⑦！何其正也⑧？"孔子曰："野哉由也⑨！夫名不正则言不顺，言不顺则事不成，事不成则礼乐不兴，礼乐不兴则刑罚不中⑩，刑罚不中则民无所错手足⑪矣。夫君子为之必可名，言之必可行⑫。君子于其言，无所苟而已矣⑬。"

①鲁卫之政，兄弟也〔一〕

〔一〕集解包氏曰："周公、康叔既为兄弟，康叔睦于周公，其国之政亦如兄弟也。"

《全注》曰："此语有两层意思：一谓鲁、卫是兄弟之国，鲁国先祖周公和卫国始祖康叔为兄弟，政治传统相同，《左传》定公四年云'皆启以商政'；二谓鲁、卫两国当时的政治状况相似，苏轼《论语解》云：'是时鲁哀公七年、卫出公五年也。卫之政，父不父，子不子；鲁之政，君不君，臣不臣。卒之哀公孙邾而死于越，出公奔宋而亦死于越，其不相远如此。'按此语见《论语·子路》。"

②卫君辄父

《笺证》曰："即出公之父太子蒯聩，因得罪其父逃到晋国，其子辄继其祖父为君后，蒯聩乃又依靠赵鞅、阳虎等国外势力强行进入卫国之戚邑者。"

③让

《全注》曰："责备，谴责。"

④卫君欲得孔子为政

《全注》曰："卫君，指当时在位的卫出公辄。"《笺证》曰："为政：行使政权，治理国家。"

⑤子将奚先〔一〕

〔一〕集解包氏曰："问往将何所先行。"

《笺证》曰:"奚先:先抓哪一项。奚,何。"

⑥必也正名乎〔一〕

〔一〕集解马融曰:"正百事之名也。"

《新注》曰:"正名:整顿纲纪,确定名分。"《笺证》曰:"正名,纠正'名分上的用词不当'。杨伯峻曰:'孔子所要纠正的只是有关古代礼制、名分上的用词不当现象,而不是一般的用词不当现象。'"

⑦有是哉,子之迂也

《笺证》曰:"真是像人所说,您可真够迂阔的!迂:迂阔,大而无当,不切时宜。"

⑧何其正也〔一〕

〔一〕集解包氏曰:"迂犹远也。言孔子之言远于事也。"

《笺证》曰:"有什么可正的!"

⑨野〔一〕哉由也

〔一〕集解孔安国曰:"野,不达也。"

《全注》曰:"野:粗野,鲁莽。"

⑩礼乐不兴则刑罚不中〔一〕

〔一〕集解孔安国曰:"礼以安上,乐以移风。二者不行,则有淫刑滥罚也。"

《笺证》曰:"刑罚不中:刑罚不准,不是过轻就是过重。"

⑪无所错手足

《笺证》曰:"错:放置。手足无措,喻不知如何行动。"

⑫夫君子为之必可名,言之必可行〔一〕

〔一〕集解王肃曰:"所名之事,必可得明言;所言之事,必可得遵行者。"

《新注》曰:"之:则。名:说得出(道理)。"《新注》曰:"君子所做的事,都能讲出一番道理,君子说了话就要做到。"

⑬君子于其言,无所苟而已矣

《新注》曰:"君子对于他的言论,是不能随便说的。"《笺证》曰:"无所苟:不能有任何马虎。苟:苟且,马虎。按:孔子论'正名'事见《论语·子路》。蒋建侯曰:"辄为南子所立,必借口祖母之命以拒其父蒯聩，父子争国，此正所谓'父不父、子不子'也。孔子之主'正名'，殆欲以父子之谊调停于父子之间，未能见之实行，致其后有蒯聩反国，辄又出奔之祸耳。"(《诸子通考》引)

其明年①，冉有为季氏将师，与齐战于郎②，克之。季康子曰："子之于军旅，学之乎？性之乎③？"冉有曰："学之于孔子④。"季康子曰："孔子何如人哉⑤？"对曰："用之有名；播之百姓，质诸鬼神而无憾⑥。求之至于此道，虽累千社，夫子不利也⑦。"康子曰："我欲召之，可乎？"对曰："欲召之，则毋以小人固之⑧，则可矣。"而卫孔文子将攻太叔⑨，问策于仲尼。仲尼辞不知⑩，退而命载而行⑪，曰："鸟能择木，木岂能择鸟乎⑫！"文子固止⑬。会季康子逐公华、公宾、公林，以币迎孔子，孔子归鲁⑭。

孔子之去鲁凡十四岁而反乎鲁⑮。

①其明年〔一〕

〔一〕 集解 徐广曰："此哀公十一年也，去吴会缯已四年矣。《年表》哀公十年，孔子自陈至卫也。" 索隐 徐说去会四年，是也。按：《左传》及此文，孔子是时在卫归鲁，不见有在陈之文，在陈当哀公之初，盖《年表》误尔。

梁玉绳曰："'其明年'三字误，当作'后四年'，故徐广曰：'此哀公十一年也，去吴会缯已四年矣。'"《笺证》曰："鲁哀公十一年为公元前484年，孔子年六十八。"

②郎〔一〕

〔一〕 正义 《括地志》云："郎亭在徐州滕县西五十三里。"

《全注》曰："鲁国邑名，在今山东鱼台东北。"《笺证》曰："《礼记·檀弓》记此事作'战于郎'，鲁十四龄童汪锜即死于此役，其行为深受孔子赞赏。"

【集校】

"郎"当作"郊"

《笺证》曰："据《左传》，哀公十一年春，齐师伐鲁，冉求为季氏率军御之于郊，樊迟为冉有之右，大破齐军。"泷川曰："《左传》是。

郊，近郊也。"(《考证》)

③性
《新注》曰："天生的，天才。"
④学之于孔子

【研讨】
　　冉有说他的用兵才能是从孔子那里得到的。邵耀成曰："行军运筹是孔门教学的一门课题。与孔子同时代的孙子就总结了中国两千年的军事知识，写成了——或他的弟子们记录了——人类有史以来第一本完整的军事著作，直到核武器时代的今天，还有它战略上的价值。在军事上孔子自然比不上同乡的孙子；但他对存放在今天国家历史博物馆的鲁宗庙中的战争史材料，一定耳熟能详，娓娓道来。同时，作为世袭武人后裔的孔子，对军事武略是有扎实训练的，对历代战争的成败得失的分析与总结，是有他独到的心得的。"(《孔子这个人与他所面对的问题》)

⑤孔子何如人哉
《笺证》曰："季孙肥这里主要是问孔子的军事才能。"
⑥用之有名；播之百姓，质诸鬼神而无憾
《新注》曰："给孔子一个名分用世，让他把德政施给百姓，这样做去问鬼神也没有遗憾。"《笺证》曰："质：询问。无憾：无不满，无意见。"
⑦求之至于此道，虽累千社〔一〕，夫子不利也
〔一〕索隐　二十五家为社，千社即二万五千家。
《新注》曰："如果把孔子像对我冉求一样来使用，让人去打仗，即使给一千社的土地，孔子也不会干的。"《笺证》曰："累：几个。千社：两万五千户人家。古代二十五家为一社。"
⑧毋以小人固之
《新注》曰："不要用小人来束缚孔子的手脚。按：固：拘束，限制。此指束缚孔子的手脚。"
⑨卫孔文子〔一〕将攻太叔〔二〕
〔一〕集解　服虔曰："文子，卫卿也。"
〔二〕集解　《左传》曰："太叔名疾。"

《全注》曰:"孔文子:名圉(或作'圂'、'御'),氏孔,谥文,亦称'孔圉',又称'仲叔圉'、'中叔圉',卫国卿大夫。太叔:名疾(或作'齐'),氏太叔(作'世叔'),谥悼,故亦称'太叔疾'、'世叔齐'、'悼子',太叔懿子之子,卫国大夫。"《新注》曰:"两人互相火并。"

⑩仲尼辞不知

《笺证》曰:"《左传》载孔子云:'胡簋(祭器)之事,则尝学之矣;甲兵之事,未之闻也。'"

⑪命载

《笺证》曰:"犹言'命驾',打发人备车赶紧走。见孔子对卫国之污浊厌恶之极。"

⑫木岂能择鸟乎〔一〕

〔一〕集解 服虔曰:"鸟喻己,木以喻所之之国。"

《全注》曰:"鸟:此喻孔子。木,树,此喻诸侯国。"

⑬固止

《新注》曰:"孔文子坚决挽留,劝阻孔子离去。"《笺证》曰:"坚决挽留。"

【研讨】

孔子去卫

按:以上孔子不答孔文子问攻太叔事,见《左传》哀公十一年:"疾娶于宋子朝,其娣(妻妹)嬖。子朝出(出奔),孔文子使疾出其妻而妻之(以女)。疾使侍人诱其(太叔)初妻之娣置于犁,而为之一宫,如二妻。文子怒,欲攻之。"崔述曰:"'胡簋'四句与《论语》问阵章'俎豆'数语相类,其事亦相类,未必两事相符如此,而又适皆在卫,盖本一事,而传闻者异也。以理度之,问阵之失小,问攻太叔之失大;彼可勿行,而此则当去;彼可因所问而导之以礼,此则但当以不对拒之。窃疑此文为得其实。"(《洙泗考信录》)

⑭季康子逐公华、公宾、公林,以币迎孔子,孔子归鲁

《全注》曰:"公华、公宾、公林:鲁人,季氏家臣。币:帛。古人常用作馈赠的礼物。征聘时也多赠以币帛。"钱穆曰:"鲁季氏本重孔子而用孔子之弟子,子贡冉有皆是。及用孔子弟子有功,乃决心召孔子

此乃当时大体情实。"(《孔子传》)

⑮孔子之去鲁凡十四岁而反乎鲁〔一〕

〔一〕索隐前文孔子以定公十四年去鲁,计至此十三年。《鲁系家》云定公十二年孔子去鲁,则首尾计十五年矣。

钱穆曰:"孔子去鲁在定公十三年,去鲁实十四年也。"(《孔子传》)

鲁哀公问政,对曰:"政在选臣①。"季康子问政,曰:"举直错诸枉,则枉者直②。"康子患盗,孔子曰:"苟子之不欲,虽赏之不窃③。"然鲁终不能用孔子,孔子亦不求仕。

①政在选臣

《全注》曰:"选臣:选择臣子,即所谓知人善任。"泷川曰:"《中庸》哀公问政,子曰:'文武之政,布在方策,其人存则其政举,其人亡则其政息……故为政在人。'史公盖以'政在选臣'四字易之。《论语·颜渊》亦云樊迟问政,子曰'知人'。"

②举直错诸枉,则枉者直〔一〕

〔一〕集解包氏曰:"错,置也。举正直之人用之,废置邪枉之人。"

索隐《论语》:"季康子问政,子曰'政者,正也'。"又"哀公问曰'何为则人服?'子曰'举直错诸枉则人服'。"今此初论康子问政,未合以孔子答哀公使人服,盖太史公撮略《论语》为文而失事实。

《新注》曰:"举用正直的人,废止邪枉的人,那么邪枉的人也会正直起来。"《笺证》曰:"错:通'措',安排,放置。枉:邪曲。按:《论语·为政》云:'哀公问曰:"何为则民服?"孔子对曰:"举直错诸枉,则民服;举枉错诸直,则民不服。"'又《论语·颜渊》云:'樊迟问仁,子曰:"爱人。"问知,子曰:"知人。"樊迟未达,子曰:"举直错诸枉,能使枉者直。"'此二者为史公所本。"

③孔子曰:苟子之不欲,虽赏之不窃〔一〕

〔一〕集解孔安国曰:"欲,情欲也。言民化于上,不从其所令,从其所好也。"

《新注》曰:"孔子说,如果在上位的你没有贪婪,即使悬赏,人们也不会去偷窃。"《笺证》曰:"孔子答季康子患盗见《论语·颜渊》。"

孔子之时，周室微而礼乐废①，《诗》、《书》缺。追迹三代之礼②，序《书传》③，上纪唐、虞之际④，下至秦缪⑤，编次其事⑥。曰："夏礼吾能言之，杞不足征也；殷礼吾能言之，宋不足征也⑦。足，则吾能征之矣⑧。"观殷夏所损益，曰："后虽百世可知也，以一文一质⑨。周监二代，郁郁乎文哉。吾从周⑩。"故《书传》、《礼记》自孔氏⑪。

①周室微而礼乐废
《全注》曰："微：衰微，衰落。废：废止，废弃。"
②追迹三代之礼
《全注》曰："追迹：追踪，探索。三代：指夏、商、周三代。"
③序《书传》
《新注》曰："为《尚书》作序。《汉书·艺文志》曰：'《书》之所起远矣，至孔子纂焉。上断于尧，下讫于秦，凡百篇，而作序言其作意。'"《全注》曰："序：次第，此指整理编撰。《书传》：传述解说《尚书》的著作。此当指司马迁所见《书序》一类的资料。但《书序》形成年代较晚，不可能为孔子所编定。或谓此《书传》即指《尚书》，见马雍《〈尚书〉史话》。"
④上纪唐、虞之际
《笺证》曰："《尚书》中所记的最早的事情是关于尧、舜的，见《尧典》。"
⑤秦缪
《笺证》曰："《尚书》中所记的最晚的事情是关于秦缪公的，即《秦誓》。"
⑥编次其事
《笺证》曰："把那些记载远古史事的文章按顺序编排好。次：排列。"
⑦夏礼吾能言之，杞不足征也；殷礼吾能言之，宋不足征也〔一〕
　〔一〕集解包氏曰："征，成也。杞宋二国，夏殷之后也。夏殷之礼吾能说之，杞宋之君不足以成也。"
《新注》曰："孔子说：夏商的制度他能讲出来，但不能从杞、宋找足证据。杞是夏的后代，宋是商的后代。"《全注》曰："杞：国名，西周初年所封诸侯国，姒姓，始封君东楼公，相传为夏禹的后裔，初都雍丘（今河南杞县），后迁缘陵（今山东昌乐东南）、淳于（今山东安丘东北）。公元前445年被楚国所灭。征：证验，证明。事详《史记·陈杞世家》。"

⑧足，则吾能征之矣

《全注》曰："按孔子语见《论语·八佾》。朱熹曰：'征，证也。文，典籍也；献，贤也。言二代之礼我能言之，而二国不足取以为证，文献不足故也。文献若足，则我能取之以证吾言矣。'"《笺证》曰："此说比较简明，今人杨伯峻《论语译注》亦从之。《集解》引包氏有所谓'征，成也。杞宋二国夏殷之后也。夏殷之礼吾能说之，杞宋之君不足以成也'，与下文不能贯串，故不取。"

⑨观殷夏所损益，曰：后虽百世可知也〔一〕，以一文一质

〔一〕集解何晏曰："物类相召，势数相生，其变有常，故可预知者也。"

《全注》曰："按此两句系约取《论语·为政》而来。《为政》原文为：'子张曰："十世可知也？"子曰："殷因于夏礼，所损益可知也；周因于殷礼，所损益可知也。其或继周者，虽百世可知也。"'"《笺证》曰："看到了殷朝对夏朝各种典章制度的修改与变通的情况，即使一百辈子以后的变化情况，我也可以由此推知，它是一文一质互相交替的。损：删减。益：增添。文：文彩，指提倡、讲究礼乐政法等各种典章制度。质：质朴，指不讲究礼乐政法等这些东西。"《全注》曰："一文一质：指时代的风气一代崇尚文采，一代崇尚质朴。《礼记·表记》云：'子曰："虞、夏之质，殷、周之文，至矣。虞、夏之文不胜其质，殷、周之质不胜其文。"'"

⑩周监二代，郁郁乎文哉，吾从周〔一〕

〔一〕集解孔安国曰："监，视也。言周文章备于二代，当从之也。"

《笺证》曰："周朝是吸取借鉴夏商两代的典章制度而建立的国家，它的文采最繁盛，我欣赏周朝。监：通'鉴'，借鉴。郁郁：盛貌。从：认同，欣赏。按：孔子盛赞周朝事，见《论语·八佾》。"

⑪《书传》、《礼记》自孔氏

《笺证》曰："《尚书》与《礼记》都是通过孔子传授下来的。《礼

记》：孔子所见的讲述上古礼仪的书，其性质大体应与今所见之《礼记》、《大戴礼记》等略似，而绝非指今所传之《礼记》。"蒋建侯曰："《尚书》为古代所传，故曰'书传'；《礼》为时人所记，故称'礼记'，非指今所传之《尚书传》及《礼记》。"（蒋伯潜《诸子通考》引）

孔子语鲁大师①："乐其可知也②。始作翕如③，纵之纯如④，皦如⑤，绎如也⑥，以成⑦。""吾自卫反鲁，然后乐正，《雅》、《颂》各得其所⑧。"

①孔子语鲁大师

《全注》曰："语（yù）：相告，告诉。大（tài）：通'太'。鲁大师：即鲁太师，鲁国乐官之长。"

②乐其可知也

《笺证》曰："音乐的演奏规律是可以掌握的。"

③始作翕如〔一〕

〔一〕集解何晏曰："太师，乐官名也。五音始奏，翕如盛也。"

《全注》曰："作：奏，演奏。翕（xī）：聚合，统一。翕如：盛大的样子。"

④纵之纯如〔一〕

〔一〕集解何晏曰："言五音既发放纵尽，其声纯和谐也。"

《全注》曰："纵：放纵，放开。按《论语·八佾》作'从'。纯如：和谐的样子。"

⑤皦如〔一〕

〔一〕集解何晏曰："言其音节明。"

《全注》曰："皦（jiǎo）：清晰，分明。皦如：节奏层次分明的样子。"

⑥绎如也

《全注》曰："连续不断的样子。"

⑦以成〔一〕

〔一〕集解何晏曰："纵之以纯如，皦如，绎如，言乐始于翕如而成于三者也。"

《笺证》曰："就这样地一直到完。按：以上孔子与乐师谈乐见《论语·八佾》。"《新注》曰:"乐其可知五句,描述音乐的演奏是有一定规律的。翕如,协调的样子。纯如,和谐的样子。皦如,音节明快。绎如:相续不绝。这样一直到演完。"

⑧吾自卫反鲁,然后乐正,《雅》、《颂》各得其所〔一〕

〔一〕 集解郑玄曰:"反鲁,鲁哀公十一年冬。是时道衰乐废,孔子来还,乃正之,故《雅》、《颂》各得其所。"

《全注》曰:"乐正:指审定乐曲的声律音调。即下文所云'三百五篇孔子皆弦歌之,以求合《韶》、《武》、《雅》、《颂》之音'。雅:指雅乐,即所谓正声,指周人京畿地区(包括丰京、镐京和东都洛邑)的曲调声律。《诗经》各篇,原皆系乐歌。由《大雅》、《小雅》组成的《雅》,其曲调声律均属雅乐。颂:指颂乐,为宗庙祭祀乐歌的声律曲调。《诗经》、《颂》各篇原皆系宗庙祭祀的乐歌,其节奏缓慢,有其声律曲调上的特点,属于颂乐。按以上语见《论语·子罕》。"《笺证》曰:"意谓我是由卫国回鲁后,才开始整理旧乐,才使那些已经乱了套的古乐得到了正确的分类,使《雅》乐和《颂》乐都归到了各自固有的门类。"《新注》曰:"使《雅》、《颂》两部分的诗歌恢复了原来的乐调。"

【研讨】

孔子正《诗》

杨伯峻曰:"《雅》、《颂》既是《诗经》内容的分类,也是乐曲的分类。孔子的'正《雅》、《颂》'是正其篇章呢,还是正其乐曲呢?或者两者都正呢?《孔子世家》与《汉书·礼乐志》以为主要是正其篇章,即只调整《诗经》篇章的次序。"(《论语译注》)蒋伯潜曰:"魏源、梁启超均有'正乐'即所以'正《诗》'之说,庶几得之。"(《诸子通考》)按:《全注》、《笺证》、《新注》三家皆强调是正诗之乐,当然也包括整诗之序。

古者《诗》三千余篇,及至孔子,去其重,取可施于礼义①,上采契、后稷②,中述殷、周之盛③,至幽、厉之缺④,始于衽席⑤,故曰:"《关雎》之乱以为《风》始⑥,《鹿鸣》为《小雅》始⑦,《文王》为《大雅》始⑧,《清庙》为《颂》始⑨。"三百五篇孔子皆弦歌之⑩,以求合《韶》、《武》、《雅》、

《颂》之音⑪。礼乐自此可得而述，以备王道⑫，成六艺⑬。

①去其重，取可施于礼义〔一〕

〔一〕 正义 去，丘吕反。重，逐龙反。

《全注》曰："去：删去。重（chóng）：重复，重出。义，同'仪'。'礼义'，即礼仪。"

②上采契、后稷

《笺证》曰："谓《诗经》叙事最早的是有关契与后稷的篇章。按：《商颂·玄鸟》有'天命玄鸟，降而生商'，叙商朝祖先契生人之异；《大雅·生民》则叙述了周代祖先后稷的初生与其生后的种种灵异。"

③中述殷、周之盛

《笺证》曰："如《诗经》中有《商颂·长发》、《周颂·清庙》以及《大明》等叙述殷代开国帝王汤和周代开国帝王文王、武王功业的作品。"

④至幽、厉之缺

《全注》曰："《诗经》中有许多反映周厉王、周幽王时代政治黑暗的作品，如《正月》、《十月之交》等。幽：指周幽王，西周末期的昏君，宠褒姒，被戎族所杀。厉：指周厉王，西周后期的暴君，被人民暴动所驱逐，逃死于外。按：西周幽厉两王，事详《史记·周本纪》。"

⑤始于衽席

《新注》曰："以男女夫妇的伦常为起点。指《诗经》以歌唱爱情的《关雎》为第一篇。"《笺证》曰："意谓古代圣君与昏乱之君的政治好坏，都是从身边做起，都与他们的婚姻生活有关。如殷契、后稷都有好母亲，而周厉王、周幽王都有坏妻子。衽席：即床席，代指夫妻生活。"

⑥《关雎》之乱以为《风》始〔一〕

〔一〕 正义 乱，理也。《诗·小序》云："《关雎》，后妃之德也，风之始也，所以风天下而正夫妇也。"毛苌云："关关，和声。雎鸠，王雎也，鸟挚而有别。后妃悦乐君子之德，无不和谐，又不淫色，慎固幽深，若雎鸠之有别，然后可以风化天下。夫妇有别则父子亲，父子亲则君臣敬，君臣敬则朝廷正，朝廷正则王化成也。"按：王雎，金口鹗也。

《全注》曰:"《关雎》:《诗经》篇名,为《国风》第一篇,亦即《诗经》第一篇。对于该诗的解说,《鲁诗》认为是刺周康王耽溺房事而晏起之作。为司马迁所从。乱:乐曲的最后一章。《关雎》之乱:《关雎》的末章。按《论语·泰伯》云:'子曰:"师挚之始,《关雎》之乱,洋洋乎,盈耳哉!"'似为所本,但此处文意不伦。中井积德《史记左传雕题》云:'之乱二字,当削。'可从。风:《国风》,《诗经》中的第一类,具体包括《周南》、《召南》、《邶风》、《鄘风》、《卫风》、《王风》、《郑风》、《齐风》、《魏风》、《唐风》、《秦风》、《陈风》、《桧风》、《曹风》、《豳风》十五部分,共一百六十篇。"

⑦《鹿鸣》为《小雅》始〔一〕

〔一〕正义 《小序》云:"《鹿鸣》,宴群臣嘉宾也。既饮食之,又实币帛筐篚以将其厚意,然后忠臣嘉宾得尽其心矣。"毛苌云:"鹿得苹,呦呦鸣而相呼,恳诚发乎中,以兴嘉乐宾客,当有恳诚相招呼以成礼也。"

《笺证》曰:"《鹿鸣》是《小雅》的第一篇,内容是宴乐群臣,歌颂明主喜得嘉宾。《小雅》:《诗经》中的门类之一。《诗经》分《风》、《雅》、《颂》,《雅》中又分为《大雅》和《小雅》。"

⑧《文王》为《大雅》始〔一〕

〔一〕正义 《小序》云:"《文王》,文王受命作周。"郑玄云:"文王初为西伯,有功于民,其德著见于天,故天命之以为王,使君天下。"

《笺证》曰:"《文王》是《诗经·大雅》中的第一篇,内容是歌颂文王姬昌发展周国的功德。"

⑨《清庙》为《颂》始〔一〕

〔一〕正义 《小序》云:"《清庙》,祀文王也。周公既成洛邑,朝诸侯,率以祀文王焉。"毛苌云:"清庙者,祭有清明之德者之宫也。谓祭文王,天德清明,文王象焉,故祭之而歌此诗也。"

《笺证》曰:"《清庙》是《诗经·周颂》中的第一篇,是周王朝的子孙祭祀文王时所唱的赞歌。《颂》:《诗经》中的门类之一,其中所收都是祭祀宗庙时所唱的歌,共分《周颂》、《鲁颂》、《商颂》三部分。"

⑩三百五篇孔子皆弦歌之

《全注》曰:"三百五篇:即《诗经》的总篇数。弦歌:用琴弦伴奏歌唱。按：其中《国风》一百六十篇，《小雅》、《大雅》共一百另五篇，《颂》共四十篇。"

⑪以求合《韶》、《武》、《雅》、《颂》之音

《笺证》曰："把这些《诗经》谱成的歌舞与前代传下来的舜乐、周初之乐相配。《韶》：相传为虞舜时代的乐曲。《武》：相传是武王所做的乐曲。《雅》、《颂》：这里也应该是指旧有的乐曲，《雅》是用于朝会宴享的，《颂》是用于祭祀的。"《新注》曰："《武》是武王伐纣之乐。"

⑫礼乐自此可得而述，以备王道

《笺证》曰："儒家所倡导的'礼'、'乐'，经过孔子的这种努力就可以讲清其源流了，同时也使王道政治的旧观重新展现出来。按：儒家讲究'礼乐治世'，故把治礼作乐视为'王道'完成的一种表现。"

⑬成六艺

《新注》曰："六艺：即六经，指《诗》、《书》、《易》、《礼》、《乐》、《春秋》。"

孔子晚而喜《易》①，序《彖》、《系》、《象》、《说卦》、《文言》②。读《易》，韦编三绝③。曰："假我数年④，若是，我于《易》则彬彬矣⑤。"

①孔子晚而喜《易》

《笺证》曰："《易》原是远古流传下来的一种占卜书，经过孔子的提倡，被儒家视为孔门的经典之一。"

②序〔一〕《彖》〔二〕、《系》〔三〕、《象》〔四〕、《说卦》〔五〕、《文言》〔六〕

〔一〕正义序，《易》《序卦》也。夫子作《十翼》，谓《上彖》、《下彖》、《上象》、《下象》、《上系》、《下系》、《文言》、《序卦》、《说卦》、《杂卦》也。《易正义》曰："文王既繇六十四卦分为上下篇，先后之次，其理不易。孔子就上下二经，各序其相次之义。"

〔二〕正义吐乱反。《上彖》，卦下辞；《下彖》，爻卦下辞。《易正义》曰："夫子所作，统论一卦之义，或说其卦德，或说其卦义，或说其卦名。庄氏云'彖，断也，言断定一卦之义'也。"

〔三〕正义如字，又音系。《易正义》云："《系辞》者，圣人系属此辞于爻卦之下。分为上下篇者，以简编重大，是以分之。"又

言"《系辞》者,取纲系之义"也。

〔四〕 正义 《上象》,卦辞;《下象》,爻辞。《易正义》云:"万物之体自然,各有形象,圣人设卦以写万物之象,今夫子释此卦之象也。"

〔五〕 正义 《易正义》云:"《说卦》者,陈说八卦德业变化法象所为也。"

〔六〕 正义 《易正义》云:"夫子赞明《易》道,申说义理,释《乾》、《坤》二卦经文之言,故称《文言》。"又:"杂卦者,六十四卦以为义,于序卦之外,别言圣人之兴,因时而作,随其事宜,不必相因袭,当有损益。"又云:"杂揉众卦,错综其义,或以同相类,或以异相明。"按:史不出《杂卦》,故附之。

《笺证》曰:"给《易经》编写了《彖辞》、《系辞》、《象辞》、《说卦》、《文言》五种注释书。《彖》:也称《彖辞》,分别总说一卦的意思;《系》:也称《系辞》,提纲挈领地总述《易经》之理;《象》:也称《象辞》,专门解释爻辞;《说卦》:解说八卦变化的道理;《文言》:是专门解释乾、坤两卦卦辞的文字。以上《彖辞》、《系辞》、《象辞》皆分为上下两篇,《说卦》、《文言》各一篇,再加上《序卦》、《杂卦》共十篇,合称为《易经》的'十翼',司马迁认为都是孔子作,后人多有异议。"

【研讨】

孔子作《易》

崔述曰:"孟子之于《春秋》也,尝屡言之,而无一言及于孔子传《易》之事。《易传》必非孔子所作,而亦未必一人所为,盖皆孔子之后通于《易》者为之。"(《洙泗考信录》)蒋伯潜曰:"盖孔子所喜所读者即为《易》之《卦辞》、《爻辞》也,玩索有得乃加赞述,《彖传》、《象传》于是有作;后学又记所闻为《系辞》、《文言》,卜筮之《易》乃一变而为哲理之书矣。"(《诸子通考》)按:孔子倡导《易》学,使之成为儒家六经之一,于是卜筮之书升华为哲理之书,这是不容置疑的事实。

③韦编三绝

《新注》曰:"系竹简的皮带(韦)多次折断。说明孔子读书之勤,皮带都多处翻断。"

④假我数年

《笺证》曰："倘能再给我几年的时间。假：借，给我。"

⑤我于《易》则彬彬矣〔一〕

〔一〕 正义佚文 彬，音斌。彬，文也。孔子言假借我三数年间，我于《易》则文质备矣。

《笺证》曰："有修养、有学问的样子，这里指对文章理解的深透。按：孔子谈学《易》事见《论语·述而》，原文作'加我数年，五十以学《易》，可以无大过矣。'《论语正义》曰：'此章孔子言其学《易》年也，加我数年方至五十，谓四十七岁时也。'"钱穆曰："孔子五十一出宰中都，其前皆不仕。《正义》四十七岁时语，盖为近是。"

孔子以《诗》、《书》、《礼》、《乐》教，弟子盖三千焉①，身通六艺者七十有二人②。如颜浊邹之徒，颇受业者甚众③。

孔子以四教：文，行，忠，信④。绝四：毋意，毋必，毋固，毋我⑤。所慎：齐，战，疾⑥。子罕言利与命与仁⑦。不愤不启⑧，举一隅不以三隅反，则弗复也⑨。

①弟子盖三千焉

【研讨】

孔子弟子三千

崔述曰："《孟子》但云'七十子'，则是孔子之门人止七十子也。孔子弟子安能三千之多？必后人之奢言之也。"钱穆曰："孔氏门人固仅有'七十'之数，乌得'三千'哉？《淮南子·泰族训》：'孔子弟子七十，养徒三千人。''养徒'与'弟子'有辨，《史记》遂谓孔子弟子三千人矣。然孔子亦岂得有三千'养徒'者？此《淮南》据晚世四公子养客为例，深不足信。"（《洙泗考信录》）蒋伯潜曰："'三千'盖极言弟子之多，非必为三千人也。"（《诸子通考》）按：《后汉书》载东汉大儒私传弟子多至上万人，盖弟子之弟子皆系一祖师。孔子弟子三千又奚疑焉。

②身通六艺者七十有二人

《笺证》曰："《仲尼弟子列传》谓'受业身通者七十有七人';文翁《家庙图》作'七十二人';《吕氏春秋·遇合》、《孟子·公孙丑》、《韩非子·五蠹》皆称'七十',盖举成数。"

③如颜浊邹〔一〕之徒，颇受业者甚众

〔一〕正义浊音卓。邹音聚。颜浊邹,非七十（七）〔二〕人数也。

《笺证》曰："意谓（除上述正式登门,完整受业的弟子外）,其他如颜浊邹等那种略从孔子受过业的人,就很多啦。颜浊邹：即前文孔子入卫之所主,此人不在'七十二弟子'之数。颇：略,不多。按：颜浊邹,子路之妻兄。"

④孔子以四教，文，行，忠，信〔一〕

〔一〕集解何晏曰："四者有形质,可举以教。"

《笺证》曰："文：文彩辞令,亦兼指所学典籍的内容和义理。行：道德操行。忠：忠恕之道。信：信义,说话算话。按：'孔子以四教'见《论语·述而》。"蒋伯潜曰："《诗》、《书》、《礼》、《乐》,教授之材料也；'文'、'行'、'忠'、'信',教学之进程也。"（《诸子通考》）

⑤绝四：毋意〔一〕，毋必〔二〕，毋固〔三〕，毋我〔四〕

〔一〕集解何晏曰："以道为度,故不任意也。"

〔二〕集解何晏曰："用之则行,舍之则藏,故无专必。"

〔三〕集解何晏曰："无可无不可,故无固行也。"

〔四〕集解何晏曰："述古而不自作,处群萃而不自异,唯道是从,故不有其身。"

《新注》曰："绝四：孔子认为学习要杜绝四种恶习：不要凭空揣测,不要主观武断,不要固执,不要自以为是。按：'绝四'见《论语·子罕》。"

⑥所慎：齐，战，疾〔一〕

〔一〕集解何晏曰："此三者,人所不能慎,而夫子慎也。"

《新注》曰："孔子最重视三件事：斋戒、战争、疾病。杨伯峻曰：'《论语·乡党》说孔子"斋必变食,居必迁坐"；《论语·述而》说孔子戒子路"临事而惧,好谋而成"；《论语·乡党》说孔子患病时不敢随便吃东西，皆所谓慎也。'"按：孔子"慎齐、战、疾"事见《论语·述而》。

⑦子罕言利与命与仁〔一〕

〔一〕集解何晏曰："罕者，希也。利者，义之和也。命者，天之命也。仁者，行之盛也。寡能及之，故希言之。"

《新注》曰："孔子很少谈生意经，却大讲天命与仁德。'子罕言利，与命与仁'见《论语·子罕》。"

【研讨】

"子罕言利，与命与仁"，历来争议很大。归纳起来是两种句式，三种讲法。第一种作一句读："子罕言利与命与仁"，有两种解释：一，罕，副词，少也，谓孔子一生很少讲利、天命、仁。在《论语》书中，言利者六次，言命者十四次，其中讲寿命两次、生命两次、命运十次，言仁者一百又四次，不能说少。杨伯峻《论语译注》认为《论语》讲仁虽多，只是弟子们记载得多，而"孔子平生所言，自然千万倍于《论语》所载"，实际讲仁还是很少。杨树达《论语疏证》则谓"所谓罕言仁者，乃不轻许人以仁之意，与罕言利命之义似不同"。二杨氏之说太绕，十分牵强。二，读"罕"为"轩"，显也。黄式三《论语后案》主此说，谓"孔子很明显地谈到利、命和仁"。依黄氏之说，则子贡曰"夫子之言性与天道，不可得而闻也"（《论语·公冶长》）又作何解释呢？第二种句式读为："子罕言利，与命与仁。"金人王若虚《读谬杂辨》、清人史绳祖《学斋占毕》主此说。与，赞许，重视。《新注》从此说。谓孔子很少谈利，但大谈命与仁，意谓极为重视命与仁。命，讲得少，极重视；仁，讲得多，极重视。这里"罕言"与"与"，不是单指言论次数，而着重态度。智者见智，仁者见仁，此话题还可继续研讨。

⑧不愤不启

《新注》曰："不到想求明白而又未得之时，就不去启发。此强调学习要有主观性。"《笺证》曰："按：《论语》作'不愤不启，不悱不发'。'愤'、'悱'皆指心有疑难，苦思而不得其解时的焦灼之状。杨伯峻曰：'愤，心求通而未得之意；悱，口欲言而未得之貌。启：开。'《集解》引郑玄曰：'孔子与人言，必待其人心愤愤口悱悱，乃后启发为说之，如此，则识思之深也。'按：今'启发式教学'之'启发'二字即由此而来。"

⑨举一隅不以三隅反，则弗复也〔一〕

〔一〕集解郑玄曰："孔子与人言，必待其人心愤愤，口悱悱，乃后启发为说之，如此则识思之深也。说则举一端以语之，其人不思其类，则不重教也。"

《全注》曰："隅（yú）：角落。反：反推，类推，推论。举一隅不以三隅反：举出一个角落而不能以此类推其他三个角落。由此衍出'举一隅而以三隅反'，后又演为'举一反三'的成语。复：重复。按此语见《论语·述而》。"

其于乡党①，恂恂似不能言者②。其于宗庙朝廷，辩辩言，唯谨尔③。朝，与上大夫言，訚訚如也④；与下大夫言，侃侃如也⑤。

入公门⑥，鞠躬如也⑦；趋进，翼如也⑧。君召使傧，色勃如也⑨。君命召，不俟驾行矣⑩。

鱼馁，肉败，割不正，不食⑪。席不正，不坐⑫。

食于有丧者之侧，未尝饱也⑬。

是日哭，则不歌⑭。见齐衰、瞽者，虽童子必变⑮。

①其于乡党

《新注》曰："他（指孔子）在乡亲之中。按：指平素家居的孔子。"《全注》曰："乡党：古代居民组织单位，周制以五百家为一党，一万二千五百家为乡。此指乡里。"

②恂恂〔一〕

〔一〕集解王肃曰："恂恂，温恭貌也。"索隐有本作"逡逡"，音七旬反。

《全注》曰："恂恂（xún）：温和谦逊的样子。朱熹曰：'乡党，父兄宗族之所在，故孔子居之，其容貌辞气如此。'"

③辩辩言〔一〕，唯谨尔〔二〕

〔一〕索隐《论语》作"便便"。

〔二〕集解郑玄曰："唯辩而谨敬也。"

《新注》曰："说话滔滔不绝，但是很谨慎。"《全注》曰："辩辩

（pián）：善于言谈的样子。《论语·乡党》作'便便'。唯：仅，只。尔：而已，罢了。朱熹曰：'宗庙，礼法之所在；朝廷，政事之所出，言不可以不明辩，但谨而不放尔。'"

④訚訚如也〔一〕

〔一〕集解孔安国曰："中正之貌也。"

《全注》曰："訚訚（yín）：和悦而敢于直言的样子。"

⑤侃侃如也〔一〕

〔一〕集解孔安国曰："和乐貌。"

《全注》曰："侃侃：和谐快乐的样子。如：意同用作词尾的'然'……的样子。"

⑥公门

《全注》曰："君门，朝门。"

⑦鞠躬如也

《笺证》曰："恭敬的样子。"

【研讨】

鞠躬如也

《新注》曰："孔子进入国君之门，就保持低头弯腰的恭敬姿态；快到国君跟前小步快走，两臂后伸如鸟翼，极端恭敬的样子。"杨伯峻曰："'鞠躬'不能当'曲身'讲，这是双声字，用以形容谨慎恭敬的样子。"按：杨氏之说不妥。孔子先祖正考父"三命兹益恭"，故鼎铭云："一命而偻，再命而伛，三命而俯。"官位越高，弯腰程度越低以示恭谦。不弯腰，何以"翼如也"。

⑧趋进，翼如也〔一〕

〔一〕集解孔安国曰："言端好也。"

《笺证》曰："趋：小步疾行，这是古代臣子在君父面前行走的一种特定的礼节性姿势。翼：恭敬的样子。俞樾曰：'非必取象于鸟也。'"

⑨君召使傧〔一〕，色勃如也〔二〕

〔一〕集解郑玄曰："有宾客，使迎之也。"

〔二〕集解孔安国曰："必变色。"

《新注》曰:"奉君命迎接宾客,表情十分庄重。"《全注》曰:"傧(bìn):接引宾客。"

⑩君命召,不俟驾行矣〔一〕

〔一〕集解 郑玄曰:"急趋君命也,行出而车驾随之。"

《新注》曰:"国君召见,闻声而动,等不及驾好车就开步走。"《全注》曰:"俟(sì):等,等待。驾:系马于车。按:以上孔子在各种不同场合的不同表现,见《论语·乡党》"

⑪鱼馁,肉败,割不正,不食〔一〕

〔一〕集解 孔安国曰:"鱼败曰馁也。"

《全注》曰:"馁(něi):指鱼类臭烂。"杨伯峻曰:"'割'指宰杀牛羊时肢体的分解,古人有一定的分解方法,不按那方法分解的便叫'割不正'。"(《论语译注》)

⑫席不正,不坐

刘宝楠曰:"'不正'者谓设席有所移动偏斜也。夫子于席之不正者必正之而后坐也。"(《论语正义》)《笺证》曰:"以上孔子的吃、坐习惯见《论语·乡党》。"

⑬食于有丧者之侧,未尝饱也

朱熹曰:"临丧哀,不能甘也。"(《四书集注》)

⑭是日哭,则不歌

朱熹曰:"哭,谓吊哭,一日之内,余哀未忘,自不能歌也。"《全注》曰:"按自'食于有丧者之侧'至此,见《论语·述而》。"

⑮见齐衰、瞽〔一〕者,虽童子必变

〔一〕集解 包氏曰:"瞽,盲。"

《笺证》曰:"见到穿孝服的或是见到瞎子,即使他们是小孩子,也立刻变色显出同情的样子。齐衰:丧服的一种,以熟麻布为之,以其缉边,故曰'齐衰'(斩衰不缉边)。按:《论语·子罕》作'子见齐衰者、冕衣裳者与瞽者,见之,虽少必作(站起);过之,必趋'。"

"三人行,必得我师①。""德之不修,学之不讲②,闻义不能徙③,不善不能改,是吾忧也④。"使人歌,善,则使复之,然后和之⑤。

子不语：怪，力，乱，神⑥。

①三人行，必得我师〔一〕

〔一〕集解 何晏曰："言我三人行，本无贤愚，择善而从之，不善而改之，无常师。"

杨伯峻曰："几个人一块走路，其中便一定有可以为我所取法的人。"（《论语译注》）《全注》曰："按：《论语·述而》作：'三人行，必有我师焉。'且其下又有：'择其善者而从之，其不善者而改之。'"

②学之不讲

《笺证》曰："讲：研求，《史记》中常用为'精通'之义。《刺客列传》：'惜哉，其不讲于刺剑之术也。'"

③闻义不能徙

《笺证》曰："听到别人有长处自己不能学过来。徙：谓改不善以就善。"

④是吾忧也〔一〕

〔一〕集解 孔安国曰："夫子常以此四者为忧也。"

《全注》曰："按此语见《论语·述而》。"

⑤使人歌，善，则使复之，然后和之〔一〕

〔一〕集解 何晏曰："乐其善，故使重歌而自和也。"

《全注》曰："按《论语·述而》作：'子与人歌而善，必使反之，而后和之。'"《笺证》曰："则使复：让他再唱一遍。和：跟着学唱。"

⑥子不语：怪，力，乱，神〔一〕

〔一〕集解 王肃曰："怪，怪异也。力谓若奡荡舟，乌获举千钧之属也。乱谓臣弑君，子弑父也。神谓鬼神之事。或无益于教化，或所不忍言也。"李充曰："力不由理，斯怪力也。神不由正，斯乱神也。怪力，乱神，有与于邪，无益于教，故不言也。"

朱熹引谢氏曰："圣人语常而不语怪，语德而不语力，语治而不语乱，语人而不语神。"（《四书集注》）《全注》曰："怪：怪异。力：强力，暴力。乱：乖乱，祸乱。神：鬼神。按此语见《论语·述而》。"

子贡曰："夫子之文章，可得闻也①；夫子言天道与性命，弗可得闻也已②。"颜渊喟然叹曰："仰之弥高，钻之弥坚。瞻之在前，忽焉在后③。夫子循循然善诱人④，博我以文，约我以礼，欲罢不能⑤。既竭我才，如有所立，卓尔。虽欲从之，蔑由也已⑥。"达巷党人⑦曰："大哉孔子，博学而无所成名⑧。"子闻之曰："我何执⑨？执御乎？执射乎？我执御矣⑩。"牢曰："子云'不试，故艺'⑪。"

①夫子之文章，可得闻也〔一〕

〔一〕集解何晏曰："章，明。文彩形质著见，可以耳目循也。"

《全注》曰："文章：文辞，此指孔子整理的文献典籍。"

②夫子言天道与性命，弗可得闻也已〔一〕

〔一〕集解何晏曰："性者，人之所受以生也。天道者，元亨日新之道。深微，故不可得而闻之。"

按：子贡此语见《论语·公冶长》。

③仰之弥高，钻之弥坚〔一〕；瞻之在前，忽焉在后〔二〕

〔一〕集解何晏曰："言不可穷尽。"

〔二〕集解何晏曰："言忽恍不可为形象。"

《全注》曰："仰：抬头，抬头看。弥（mí）：更加。钻：穿，此引申为钻研。瞻（zhān）：视，望。"《笺证》曰："四句形容孔子学说的伟大精深，同时也是形容孔子形象人格的不可企及。"

④夫子循循然善诱人〔一〕

〔一〕集解何晏曰："循循，次序貌也。诱，进也。言夫子正以此道进劝人学有次序也。"

《笺证》曰："循循然：有步骤、有次序的样子。诱：引导。"

⑤博我以文，约我以礼，欲罢不能

《笺证》曰："以文化文学教导我，使我得以发展、扩大、提高。"《新注》曰："夫子用知识（文）开拓我的胸襟（博闻），用礼义约束我的情志，激发了我的热情，虽然想暂停一下都不可能。"《全注》曰："约：约束，规范。"《笺证》曰："想停止学都停不下来。"

⑥既竭我才，如有所立，卓尔。虽欲从之，蔑由也已〔一〕

〔一〕集解孔安国曰："言夫子既以文章开博我，又以礼节节约我，使我欲罢不能。已竭吾才矣，其有所立，则卓然不可及。言己虽蒙夫子之善诱，犹不能及夫子所立也。"

杨伯峻曰："已经用尽我的才力，似乎能够独立地工作，但要想再向前迈进一步，又不知如何着手了。"（《论语译注》）《新注》曰："我竭尽了心力，好像有所成就，但老师的学问依然高高地耸立在面前，我想攀登上去，却总是找不到路径。谓孔子的人品学问，不可企及。蔑：通'莫'，没有，找不到。"《全注》曰："卓尔：特立的样子，卓越超群的样子。蔑：无，没有。由：从。"《笺证》曰："以上颜渊对孔子的赞叹见《论语·子罕》。"

⑦达巷党人〔一〕

〔一〕集解郑玄曰："达巷者，党名。五百家为党。此党之人美孔子博学道艺，不成一名而已。"

《笺证》曰："达巷：旧注为乡党名。今人杨伯峻译'达巷党'为'达街'，以为'巷党'犹言'里巷'。按：黄本于此作'达巷党人童子'，钱穆以为旧本之'童子'二字未必不是史公原文，正因有此'童子'二字，汉魏时人遂附会出'项橐七岁为孔子师'的故事。"

⑧博学而无所成名

《笺证》曰："学识渊博，无所不通，使人无法再说他是哪一门的专家。"

⑨我何执

《全注》曰："做，干。"《笺证》曰："掌握什么，干什么。执，做，干。"

⑩执御矣〔一〕

〔一〕集解郑玄曰："闻人美之，承以谦也。吾执御者，欲明六艺之卑。"

《新注》曰："我不是还有点赶车的专长吗！这是孔子对达巷乡下小青年议论的轻松回答，好一笑置之。"《笺证》曰："御：通'驭'，赶车。我掌握了赶车的技术。按：古代称人生本领有所谓'六艺'，即礼、乐、射、御、书、数，这六种技术中以'御'为最低下。孔子说他只掌握了赶车的本事，这是一种谦虚的说法。"

⑪牢曰："子云'不试，故艺'"〔一〕

〔一〕集解郑玄曰："牢者，弟子子牢也。试，用也。言孔子自云我不见用故多伎艺也。"

《新注》曰:"孔子学生子牢说:孔子说过,因不见用于世,所以有时间学了些技艺。"《全注》曰:"牢:人名,孔子弟子。《孔子家语·七十二弟子》云:'琴牢,卫人,字子开,一字张。'当为此人。"《笺证》曰:"不试,故艺:由于没有被执政者所任用,所以在下层学了许多技艺。《论语·子罕》有云:'吾少也贱,故多能鄙事。'可与此条相发明。试:用,用之于官场。杨伯峻引《论衡·正说篇》云:'尧曰:"吾其试哉。"说《尚书》曰:"试者用也。"'按:以上'达巷党人'与弟子'牢'之论孔子,皆见《论语·子罕》,两条之间原无联系,今史公将其归并于一处。"

鲁哀公十四年春①,狩大野②。叔孙氏车子鉏商获兽,以为不祥③。仲尼视之,曰:"麟也。"取之④。曰:"河不出图,洛不出书,吾已矣夫⑤!"颜渊死,孔子曰:"天丧予⑥!"及西狩见麟,曰:"吾道穷矣⑦!"喟然叹曰:"莫知我夫⑧!"子贡曰:"何为莫知子⑨?"子曰:"不怨天,不尤人⑩,下学而上达⑪,知我者其天乎⑫!"

①鲁哀公十四年春

《笺证》曰:"公元前481年,是年孔子七十一岁。"

②狩大野〔一〕

〔一〕集解 服虔曰:"大野,薮名,鲁田圃之常处,盖今钜野是也。"
正义 《括地志》云:"获麟堆在郓州钜野县东十二里。《春秋》哀十四年《经》云'西狩获麟'。《国都城记》云'钜野故城东十里泽中有土台,广轮四五十步,俗云获麟堆,去鲁城可三百余里'。"

《新注》曰:"大野:广阔的原野。鲁哀公所猎大野,在今山东巨野北。按:狩(shòu):打猎。"

③叔孙氏车子鉏商获兽〔一〕,以为不祥

〔一〕集解 服虔曰:"车子,微者也;鉏商,名也。"索隐 《春秋传》及《家语》并云"车子鉏商",而服虔以"子"为姓,非也。今以车子为主车车士,微者之人也。人微故略其姓,则"子"

非姓也。正义佚文鉏，音锄。服虔云："车，车士，微者也。子，姓；锄商，名。"按：姓锄，名商。车子，御车之人也。

《笺证》曰："叔孙氏车子鉏商：叔孙氏家族的乘车武士名曰鉏商。车子：犹言'车士'，乘车的武士。不祥：样子奇特，人皆不识其名，故以为不祥。"

④仲尼视之，曰："麟也。"取之〔一〕

〔一〕集解服虔曰："麟非时所常见，故怪之，以为不祥也。仲尼名之曰'麟'，然后鲁人乃取之也。明麟为仲尼至也。"

《笺证》曰："谓狩猎者乃将其收管起来。《左传》哀公十四年曰：'十四年，春，西狩于大野。叔孙氏之车子鉏商获麟。以为不祥，义赐虞人。'仲尼观之，曰：'麟也'。然后取之。"

【研讨】
《春秋》绝笔于获麟

胡仔曰："春，西狩于大野。叔孙氏之车子鉏商获麟，折其前左足，载以归。叔孙以为不祥，以赐虞人。孔子观之，曰：'麟也！胡为来哉！胡为来哉！'乃反袂试面涕泣沾襟。叔孙闻之，然后取之。子贡问曰：'夫子何泣尔？'孔子曰：'麟之至，为明王也，出非其时而见害，吾是以伤焉！'先是，孔子因《鲁史记》作《春秋》……及是西狩获麟。孔子伤周道之不兴，感嘉瑞之无应，遂以此绝笔焉。"（《孔子编年》卷五）

⑤河不出图，洛不出书，吾已矣夫〔一〕

〔一〕集解孔安国曰："圣人受命，则河出图，今无此瑞。吾已矣夫者，〔伤〕不得见〔也〕。河图，八卦是也。"

《笺证》曰："黄河里不再出图，洛水里不再出书（意即当今的世上没有圣王），我可算是完啦。据说伏羲氏的时代曾有龙马背着图出于黄河，伏羲氏就是根据此图画了八卦。又说大禹时代曾有灵龟背着书出于洛水，禹就是根据此书作了《九畴》。后世遂常以'河出图，洛出书'来称说时代清平、国有圣王。按：《论语·子罕》有所谓'子曰："凤鸟不至，河不出图，吾已矣夫。"'原不知此语为何而发，今史公乃将其与西狩获麟联系了起来。"

⑥天丧予〔一〕

〔一〕集解何休曰："予，我也。天生颜渊为夫子辅佐，死者，是天将亡夫子之证者也。"

《笺证》曰:"犹言'老天爷这可要了我的命了'。按:孔子称颜渊死曰'天丧予'见《论语·先进》。颜渊是孔子最得意的门生,突然死亡,故孔子有此伤心之叹。但颜渊去世甚早,是十一年前的事,史公为突出孔子晚年的悲剧性,故依《公羊传》将其彼时之叹也集中到了这里。凌约言曰:'孔子追思颜渊,而子长系之获麟之下,其意至矣。'"

⑦吾道穷矣[一]

[一] 集解何休曰:"麟者,太平之兽,圣人之类也。时得而死,此天亦告夫子将殁之证,故云尔。"

匡亚明曰:"试想,世界上能有这种所谓'仁兽'吗?没有的。这显然是幻想出来而加以神话渲染的结果。近人蔡尚思认为所谓麟,不过是'今东北尚存的四不像'(《孔子思想体系》第59页)。很对。既然是世界上不存在的东西,为什么历代儒生要这样绘声绘色地加以编造呢?这有两种可能:一种是历代儒生为了抬高孔子,把孔子当作神化了的圣人,然后把'四不像'的野兽神化为仁兽,以所谓仁兽的'出非其时'而被获,来衬托孔子(圣人)的'吾道穷矣'、'生非其时'的景况。如果这样,责任不在孔子,而在编造这个神话故事的后世腐儒。另一种可能是孔子到了晚年,屡屡碰壁,在'乐以忘忧'的心情深处,迷信'天命'的宿命思想仍在一定程度起作用,因而违背自己'不语怪、力、乱、神'的主张,睹物伤情,在看到一只被猎获的'四不像'野兽时,便把它幻想为传说中的神物——麟,好像找到什么客观依据和借口,从而发了一通牢骚,《春秋》的写作,就此搁笔了。孔子开了个头,后世腐儒就肆无忌惮地加以夸大和宣传,于是,幻想中编造出来的故事,便当作历史'事实'流传下来。如果这样,责任就在孔子,孔子是这个神秘的关于麟的故事的'始作俑者'。"(《孔子评传》)《笺证》曰:"我的路子已经绝了,言政治理想再无由实现了。按:孔子因颜渊死而称'天丧予',因西狩获麟而称'吾道穷矣',见《春秋公羊传》哀公十四年。"

⑧莫知我夫

《笺证》曰:"没有人理解我呀!"

⑨何为莫知子[一]

[一] 集解何晏曰:"子贡怪夫子言何为莫知己,故问之。"

《笺证》曰:"为什么没有人理解您?"

⑩不怨天，不尤人[一]

[一] 集解 马融曰："孔子不用于世，而不怨天；不知己，亦不尤人。"

《新注》曰："尤：抱怨。"

⑪下学而上达[一]

[一] 集解 孔安国曰："下学人事，上达天命。"

《全注》曰："下：天下，人间，此指人事。上：上天，此指天道、天命。下学人事，上通天命。"

⑫知我者其天乎[一]

[一] 集解 何晏曰："圣人与天地合其德，故曰唯天知己。"

《笺证》曰："按：以上孔子之叹'莫己知'，见《论语·宪问》，原文不知因何而发，史公乃将其与西狩获麟牵合在一起。"

"不降其志，不辱其身，伯夷、叔齐乎①！"谓"柳下惠、少连降志辱身矣②"。谓"虞仲、夷逸隐居放言③，行中清，废中权④。""我则异于是，无可无不可⑤。"

①不降其志，不辱其身，伯夷、叔齐乎[一]

[一] 集解 郑玄曰："言其直己之心，不入庸君之朝。"

②谓"柳下惠、少连降志辱身矣"

《新注》曰："降志辱身：降低了志节，身体受玷污。柳下惠，名展禽，鲁之贤大夫，但仕途坎坷，曾三次被废黜，比起不食周粟的伯夷、叔齐要低一等了。少连，又名季连，以孝行著称。"

③虞仲、夷逸隐居放言[一]

[一] 集解 包氏曰："放，置也。置不复言世务也。"

《全注》曰："虞仲、夷逸：皆春秋时隐士。夷逸见《尸子》，《尸子》云：'或劝夷逸仕。'逸曰：'吾譬则牛，宁服轭以耕于野，岂忍被绣入庙为牺。'"《新注》曰："危言高论，不避忌讳。"

④行中清，废中权[一]

[一] 集解 马融曰："清，纯洁也。遭世乱，自废弃以免患，合于权也。"

《笺证》曰:"行中清:立身行事合于廉洁的准则。废中权:废身不仕合于居乱世的权变之道。权:临时通融。"

⑤我则异于是,无可无不可〔一〕

〔一〕 集解马融曰:"亦不必进,亦不必退。唯义所在。"

《笺证》曰:"谓既不像伯夷、叔齐表现得那么与人水火不相容,也不像柳下惠那样乱邦浊世也能处;也不像虞仲、夷逸那样洁身自好地离开人世去当隐士。按:以上孔子言其处世态度,见《论语·微子》。"

子曰:"弗乎弗乎①,君子病没世而名不称焉②。吾道不行矣,吾何以自见于后世哉③?"乃因史记作《春秋》④,上至隐公,下讫哀公十四年⑤,十二公⑥。据鲁,亲周,故殷,运之三代⑦。约其文辞而指博⑧。故吴楚之君自称王,而《春秋》贬之曰"子"⑨;践土之会实召周天子⑩,而《春秋》讳之曰"天王狩于河阳"⑪。推此类以绳当世。贬损之义,后有王者举而开之⑫。《春秋》之义行,则天下乱臣贼子惧焉⑬。

①弗乎弗乎

《笺证》曰:"不是吗,不是吗?反问语,以起下句。"

②君子病没世而名不称焉

《笺证》曰:"害怕死后而名字得不到后人称道。病:用如动词,害怕,不愿意。按:孔子'病没世而名不称'见《论语·卫灵公》,史公《报任安书》有所谓'鄙陋没世而文采不表于后',意思与此相同。"

③吾道不行矣,吾何以自见于后世哉

《笺证》曰:"谓个人的理想、主张不能实现,只有写出著作让后人认识、了解自己。崔述曰:'其言似急于求名者,殊失圣人之意。'中井积德曰:'冀见于后世而著作焉,是司马迁以下伎俩,非孔子意,此文臆度失当。'按:崔述、中井积德之言是矣,此处史公抒愤之意甚明。"

④乃因史记作《春秋》

《笺证》曰:"借助于旧有的鲁国史料而撰写了《春秋》一书。"《全注》曰:"因:利用。史记:史官的记载,泛指史籍。《春秋》:鲁国史官撰写的春秋编年史,起于鲁隐公元年(公元前722年),终于鲁哀公十四年(公元前481年),以极其简练的文字记载二百四十二年间的史事。汉人多以为经孔子整理修订而成，被奉为儒家经典之一。汉代解释传授《春秋》的主要有左氏、公羊氏和穀梁氏三家，分别有《传》流存。"

⑤上至隐公，下讫哀公十四年

《笺证》曰："至：应作'自'，盖谓《春秋》起自隐公元年。讫：止，结束。《春秋》与《公羊传》、《穀梁传》均结束于鲁哀公十四年（公元前 481 年）。按：至：到，起始到鲁隐公，不必改字为'自'。"

⑥十二公

《全注》曰："指鲁国春秋时期的十二位国君，即隐公、桓公、庄公、闵公、僖公、文公、宣公、成公、襄公、昭公、定公、哀公。"

⑦据鲁，亲周〔一〕，故殷，运之三代〔二〕

〔一〕索隐言夫子修《春秋》，以鲁为主，故云据鲁。亲周，盖孔子之时周虽微，而亲周王者，以见天下之有宗主也。正义佚文夫子修《春秋》，据鲁十二公年月，而视周及诸侯行事也。

〔二〕正义殷，中也。又中运夏、殷、周之事也。

《新注》曰："以鲁为主体，以周为宗主，以殷为参考，汇通考察夏、商、周三代典章制度的损益改革，阐明其继承的兴革关系。"《全注》曰："据鲁：以鲁国为根据。亲周，以周王室为亲承的前朝。"故殷：《全注》曰："以殷代为隔朝的故旧。'运'，通，贯通。'三代'，指鲁、周、殷。或谓夏、商、周，不确。按此'据鲁，亲周，故殷，运之三代'，系司马迁撷取董仲舒'三统说'，采用了《春秋》公羊家。《春秋繁露·三代改制质文》云：'王者改制作科奈何？曰：当十二色，历各法而正色，逆数三而复。……故《春秋》应天作新王之事，时正黑统。王鲁，尚黑，绌夏，亲周，故宋。'《春秋公羊传》'隐公第一'徐彦《疏》引何休《文谥例》有'三科九旨'之说，云'新周，故宋，以《春秋》当新王，此一科三旨也'。"

⑧约其文辞而指博

《新注》曰："使文辞含蓄而旨意深远。"《笺证》曰："犹言'其辞约，其指博'。约：简明。指：同'旨'，文章的思想。叶玉麟曰：'约其文辞而旨博，史公称屈子亦然，正其自况作史之旨。'"

⑨吴楚之君自称王，而《春秋》贬之曰"子"

《笺证》曰："西周建国，唯周天子称'王'，其他各国诸侯只能称

'公'。但是楚国和吴国不遵从这一规定，而独自称王，如楚庄王、吴王夫差是也。但孔子不管他们自称什么，写《春秋》时乃称他们为'子'，如宣三年云'楚子（庄王）伐陆浑之戎'；定四年云'蔡侯以吴子（阖庐）及楚人战于柏举'。中井曰：'吴楚称"子"，称其本爵也，非"贬"。'按：不认可吴楚已称王，当然是贬义，何况史公如此之理解，有其作史的思想在。"

⑩践土之会实召周天子

《全注》曰："践土：郑国地名，在今河南原阳西南。践土之会：公元前632年晋文公挟在城濮之战中打败楚国之势，在践土与诸侯会盟，名义上在此朝见周襄王。实际上是晋文公召来周襄王，借此来确定自己的霸主地位。"

⑪《春秋》讳之曰"天王狩于河阳"

《全注》曰："天王：周天子，即周襄王。河阳：晋国邑名，在今河南孟县西。按此事本《左传》僖公二十八年，云：'是会也，晋侯召王，以诸侯见，且使王狩。'仲尼曰：'以臣召君，不可以训。故书曰"天王狩于河阳"，言非其地也，且明德也。'"

⑫推此类以绳当世。贬损之义，后有王者举而开之

《笺证》曰："绳：标准、尺度，这里用为动词。贬损：批评、褒贬。"《全译》曰："举，称举。开，推广。按：此三句意谓：孔子推演'天王狩于河阳'的这一写作方法，为现实社会判断是非立一个标准，寓含褒贬的大义，等待日后的圣王来弘扬和推广。"

⑬《春秋》之义行，则天下乱臣贼子惧焉

《笺证》曰："《孟子·滕文公》云：'昔日禹抑洪水而天下平，周公兼夷狄、驱猛兽从而百姓宁，孔子成《春秋》而乱臣贼子惧。'按：此史公用《孟子》文以褒扬孔子之《春秋》，兼述自己之作史思想。"

孔子在位听讼①，文辞有可与人共者，弗独有也②。至于为《春秋》，笔则笔，削则削③，子夏之徒不能赞一辞④。弟子受《春秋》⑤，孔子曰："后世知丘者以《春秋》，而罪丘者亦以《春秋》⑥。"

①在位听讼

《全注》曰："在位：指孔子在鲁司寇之位。听：听理，审理。讼：

诉讼，指打官司的两造讼词。按：听讼，即审理案件。"

②文辞有可与人共者，弗独有也

《笺证》曰："书写判辞时凡是应该与人商量的地方，绝不独自专断。"《全注》曰："文辞：此指判词。共：相同。独有：独自占用，独自决断。按：《淮南子·主术》云：'孔子为鲁司寇，听狱必师断。'《春秋繁露·五行相生》云：'为鲁司寇，断狱屯屯，与众共之，不敢自专。'《说苑·至公》所言较详，云：'孔子为鲁司寇，听狱必师断，敦敦然皆立，然后君子进曰："某子以为何若？"某子曰云云。又曰："某子以为何若？"某子曰云云。辨矣，然后君子（曰）："几当从某子云云乎。"……文辞有可与人共之者，君子不独有也。'另又见《孔子家语·好生》、《公羊》僖公二十八年《解诂》。"

③笔则笔，削则削

《全注》曰："笔：用笔书写，记载。削：用刀消除。古时以竹木为书写材料，删改时用刀刮去竹木上的字，故叫作削。"《笺证》曰："孔子修《春秋》，自己要写就写，要删就删，别人不能参与意见。"

④子夏之徒不能赞一辞

《笺证》曰："子夏：姓卜名商，孔子的学生，以长于文学著称，事迹见《史记·仲尼弟子列传》。不能赞一辞：不能改动一个字。赞：助，加。"

⑤弟子受《春秋》

《笺证》曰："学生听孔子讲《春秋》。受：受教、受业。"

⑥后世知丘者以《春秋》，而罪丘者亦以《春秋》〔一〕

〔一〕集解刘熙曰："知者，行尧舜之道者也。罪者，在王公之位见贬绝者。"

《全注》曰："按语见《孟子·滕文公下》云：'孔子曰："知我者其惟《春秋》乎！罪我者亦惟《春秋》乎！"'徐孚远曰：'前既总叙删述之事，此专言作《春秋》者，以孔子所自作，故推而尊之，又以自寓也。'"

【研讨】
《春秋》大义

钱穆曰："孔子作《春秋》，即其生平重礼的一种表现。孔子《春秋》因于鲁史旧文，故曰其文则史。然其内容不专着眼在鲁，而以有关当时列国共通大局为主，故曰其事则齐桓晋文。换言之，孔子《春秋》已非一部国别史，而实为当时天下一部通史。其史笔亦与当时史官旧文有不同。如贬吴楚为子，讳诸侯召天子曰'天王狩于河阳'。于记事中寓大义，故曰'其义则丘窃取之'。此义，当推溯及于西周盛时王室所定之礼，故曰'《春秋》天子之事也'。孔子以私人著史，而自居于周王室天子之立场，故又曰'知我者其惟《春秋》乎！罪我者亦惟《春秋》也'。其实孔子亦非为尊王室，乃为遵承西周初年周公制礼作乐之深心远意，而提示出其既仁且智之治平大道，特于《春秋》二百四十年之历史事实中寄托流露之而已。"

明岁①，子路死于卫②。

孔子病，子贡请见。孔子方负杖逍遥于门③，曰："赐，汝来何其晚也？"孔子因叹，歌曰："太山坏乎④！梁柱摧乎⑤！哲人萎乎⑥！"因以涕下。谓子贡曰："天下无道久矣，莫能宗予⑦。夏人殡于东阶⑧，周人于西阶⑨，殷人两柱间⑩。昨暮予梦坐奠两柱之间⑪，予始殷人也⑫。"后七日卒⑬。

①明岁

《笺证》曰："鲁哀公十五年，公元前480年，是年孔子七十二岁。"

②子路死于卫

《笺证》曰："子路死于卫太子蒯聩叛乱夺权，推翻其子出公辄之役。时子路为卫大夫孔悝之邑宰，孔悝之母乃卫太子蒯聩之姊，姊弟勾结逼孔悝驱逐出公而改立蒯聩，子路为讨贼而死。过程详见《左传》哀公十五年与《卫世家》及《仲尼弟子列传》。"

③孔子方负杖逍遥于门

《新注》曰："孔子扶着手杖在门外无拘无束地散步。"《全注》曰："负杖：倚恃手杖，拄着手杖。按：《礼记·檀弓上》、《孔子家语·终记》作'负手曳杖'，则意为反剪双手拖着手杖。'逍遥'，悠闲自在的样子。"

④太山坏乎〔一〕

〔一〕集解郑玄曰："太山，众山所仰。"

《全注》曰："太山：即泰山。古时被奉为众山之首。坏：败坏，崩溃。"

⑤梁柱摧乎

《全注》曰："梁柱：梁木，栋梁。摧：折，折断。"

⑥哲人萎乎〔一〕

〔一〕集解王肃曰："萎，顿也。"

《全注》曰："哲人：才识出众的人。萎：枯萎，死亡。"

⑦莫能宗予〔一〕

〔一〕集解王肃曰："伤道之不行也。"

《新注》曰："没有人信仰我的主张。王慎中曰：'此段见孔子死而不忘用世之志，有无限凄怆悲惋之态。'"《笺证》曰："没有哪一个统治者能以我为宗师，能信仰并实行我的学说。宗：尊，以之为本，以之为师。"

⑧夏人殡于东阶

《笺证》曰："殡：停棺，指人死成殓后，停棺受吊。东阶：古代贵族厅堂的台阶分三道，西阶供客人行走，东阶供主人行走。"

⑨周人于西阶

《全注》曰："西阶：西边的台阶，为客人升堂所走的台阶。《礼记·檀弓上》作'周人殡于西阶之上'。"

⑩殷人两柱间

《笺证》曰："谓殷人之停棺乃停于正堂的两柱之间。"《全注》曰："柱：此指楹，厅堂前部的柱子。按：'柱'，《礼记·檀弓》作'两楹之间'，此为堂上最尊之位，面向南方。"

⑪梦坐奠两柱之间

《笺证》曰："梦见自己坐在正厅的两柱之间享人进食。奠：祭祀，这里指进食。孔颖达《礼记·檀弓》疏：'盖以夫子梦在两楹而见馈食，知是凶相。'"

⑫予始殷人也

《笺证》曰："孔子的祖先是宋国人，宋国是殷朝的后代，殷人停棺受祭的地方是在两柱之间，于是想到可能是自己要死了。按：以上孔子因梦想到自己要死的事，见《礼记·檀弓下》。"

⑬后七日卒〔一〕

〔一〕集解郑玄曰："明圣人知命也。"正义《括地志》云："汉封夫子十二代孙忠为褒成侯；生光，为丞相，封侯；平帝封孔霸孙莽二千户为褒成侯；后汉封十七代孙志为褒成侯；魏封二十二代孙羡为崇圣侯；晋封二十三代孙震为奉圣亭侯；后魏封二十七代孙为崇圣大夫；孝文帝又封三十一代孙珍为崇圣侯，高齐改封珍为恭圣侯，周武帝改封邹国公，隋文帝仍旧封邹国公，炀帝改为绍圣侯；皇唐给复二千户，封孔子裔孙孔德伦为褒圣侯也。"

《全注》曰："按自'孔子方负杖逍遥于门'至此，详见《礼记·檀弓上》、《孔子家语·终记》。"

孔子年七十三，以鲁哀公十六年四月己丑卒①。

哀公诔之曰②："旻天不吊③，不慭遗一老④，俾屏余一人以在位⑤，茕茕余在疚⑥。呜呼哀哉！尼父⑦，毋自律⑧！"子贡曰："君其不没于鲁乎⑨！夫子之言曰：'礼失则昏，名失则愆；失志为昏，失所为愆⑩。'生不能用，死而诔之，非礼也。称'余一人'，非名也⑪。"

①以鲁哀公十六年四月己丑卒〔一〕

〔一〕 索隐 若孔子以鲁襄二十一年生，至哀十六年为七十三；若襄二十二年生，则孔子年七十二。《经传》生年不定，致使孔子寿数不明。

《全注》曰："'鲁哀公十六年四月己丑'，按此准算，相当于公元前479年三月九日。孔子卒日，司马迁采《左氏》经、传。"

【研讨】

孔子卒年

匡亚明曰："孔子生死的年月，二千年来经生学子一向争论不休。……孔子死年、月、日从《左传》：'哀公十六年四月己丑，孔丘卒'，即哀公十六年夏历二月十一日孔子死。近人钱穆说：'今谓孔子生前一年或后一年，此仅属孔子私人之年寿，与世运之升降，史迹之转换，人物之进退，学术之流变，无足轻重如毫发。而后人于此，月之，日之，考证不厌其详'，是'劳且拙'（见《先秦诸子系年考辨·孔子生年考》）。说得很好。"（《孔子评传》）

②哀公诔

《笺证》曰:"诔(lěi):悼念死者,累列死者德能的祭文。"

③旻天不吊[一]

[一] 集解 王肃曰:"吊,善也。"

《笺证》曰:"犹言'老天爷不体怜我'。旻(mín)天:秋季之高天,这里即泛指天。吊:怜悯,体恤。"

④不慭遗一老[一]

[一] 集解 王肃曰:"慭,且也。一老谓孔子也。"

《笺证》曰:"不愿意给我留下这么一个老人。不慭(yìn):不肯,不愿。"

⑤俾屏余一人以在位

《笺证》曰:"犹言'抛下我一个人在这个位子上'。俾:让,使。屏:通'摒',抛弃。余一人:天子用以自称,诸侯则曰'寡人'。今哀公自称'余一人',是非礼行为。"

⑥茕茕余在疚[一]

[一] 集解 王肃曰:"疚,病也。"

《笺证》曰:"犹言'我孤孤单单,痛若无已'。茕茕(qióng):孤独的样子。疚:病痛。"

王观国曰:"《诗经·节南山》:'不吊旻天';《十月之交》:'不慭遗一老,俾守我王';《闵予小子》:'嬛嬛在疚。'哀公盖集《诗》辞而为诔辞耳。"(《学林》)

⑦尼父[一]

[一] 集解 王肃曰:"父,丈夫之显称也。"

《全注》曰:"尼父:对'仲尼'的尊称。犹如称'姜尚'为'尚父',称'管仲'为'仲父'。"杨伯峻曰:"称尼父者,孔丘字仲尼,父犹仲山甫之甫也。……哀公即位时更小,至此时不过二十余耳,于一七十余老翁,宜其以父称之。"

⑧毋自律[一]

[一] 集解 王肃曰:"律,法也。言毋以自为法也。"

《笺证》曰:"毋:通'无',自己无法树立法度。盖深叹孔子一没,世更无人,自己失去依靠、失去楷模。"

⑨不没于鲁

《笺证》曰:"不能在鲁国得到善终。不没:不得善终。"《新注》曰:"后来哀公因三桓作乱亡于邹、鲁、卫、越等国,死于鲁大夫有山氏之家。事见《鲁世家》。"

⑩礼失则昏,名失则愆;失志为昏,失所为愆〔一〕

〔一〕索隐失礼为昏,失所为愆。《左传》及《家语》皆云"失志为昏,失礼为愆",与此不同也。

《新注》曰:"对国家来说,丧失礼义,就要混乱;丧失名分,就有错误。对一个人来说,丧失志气,就是混乱;失去分寸,就是差错。林尧叟曰:'昏乱者必失其志,愆过者必失其所。'按:'失志'指哀公日后的失国,'失所'指哀公日后的出奔。"

⑪称"余一人"〔一〕,非名也。

〔一〕集解服虔曰:"天子自谓'一人',非诸侯所当名也。"

《全注》曰:"按本节见《左传》哀公十六年,又见《礼记·檀弓上》、《孔子家语·终记》。"《新注》曰:"'余一人',乃天子自称,鲁哀公诸侯而称'余一人',就是非礼。不过天子自称乃谦称,鲁哀公伤痛时自称,乃孤独一人之义,后来,果然落得孤家寡人的下场,乃不用贤之过。"

孔子葬鲁城北泗上①,弟子皆服三年②。三年心丧毕③,相诀④而去,则哭,各复尽哀;或复留。唯子赣庐于冢上⑤,凡六年⑥,然后去。弟子及鲁人往从冢而家者百有余室⑦,因命曰孔里⑧。鲁世世相传以岁时奉祠孔子冢⑨,而诸儒亦讲礼乡饮大射于孔子冢⑩。孔子冢大一顷⑪。故所居堂、弟子内,后世因庙,藏孔子衣冠琴车书⑫,至于汉二百余年不绝⑬。高皇帝过鲁,以太牢祠焉⑭。诸侯、卿、相至⑮,常先谒,然后从政⑯。

①孔子葬鲁城北泗上〔一〕

〔一〕集解《皇览》曰:"孔子冢去城一里。冢茔百亩,冢南北广十步，东西十三步，高一丈二尺。冢前以瓴甓为祠坛，方六尺，与地平。本无祠堂。冢茔中树以百数，皆异种，鲁人世世无能名其树者。民传言'孔子弟子异国人，各持其方树来种之'。其树柞、枌、洛离、安贵、五味、毚檀之树。孔子茔中不生荆棘及刺人草。"索隐洛离，各离二音，又音落藜。藜是草名也。安贵，香名，出西域。五味，药草也。毚音谗。毚檀，檀树之别种。

《全注》曰："泗：水名。在今山东中部，发源于山东泗水县东蒙山麓，因四水并源而得名。泗上：泗水之滨。"《笺证》曰："葬于曲阜城北的泗水边上，即今'孔林'的位置。"

②弟子皆服三年

《笺证》曰："服：服丧，守丧。据《礼记·檀弓》云：'孔子之丧，门人疑所服。'子贡曰：'昔者夫子之丧颜渊，若丧子而无服；丧子路亦然，请丧夫子若丧父而无服。'朱熹曰：'事师者心丧三年，其哀如父母而无服。'"

③三年心丧毕

《全注》曰："心丧：不穿丧服，在心中哀悼。这是古代弟子对老师去世的服丧形式。按《礼记·檀弓上》云：'事师无犯无隐，左右就养无方，服勤至死，心丧三年。'又云：'孔子之丧，门人疑所服。子贡曰："昔者夫子之丧颜渊，若丧子而无服。丧子路亦然。请丧夫子若丧父而无服。"'"

④诀〔一〕

〔一〕索隐诀音决。诀者，别也。

《全注》曰："诀（jué）：决绝，告别。"

⑤庐于冢上〔一〕

〔一〕索隐按：《家语》无"上"字。且《礼》云"适墓不登陇"，岂合庐于冢上乎？盖"上"者，亦是边侧之义。

《笺证》曰："庐于冢上：在墓旁搭个小蓬子守墓。按：'庐于墓上'之'上'字欠妥，盖与古礼'适墓不登陇'相背。'上'字应作'侧'，今'孔林'之孔子墓东侧十余步有'子贡庐墓处'，其南又有'子贡手植柏'云。以上子贡等为孔子守墓事，见《孟子·滕文公上》。蒋建侯曰：'孔子弟子，子贡最富，疑孔子之葬得力于子贡者最多。'按：冢上，即墓旁之义，不必改'上'字作'侧'。"

⑥凡六年

《全注》曰："按自'弟子皆服三年'至此，见《孟子·滕文公上》。"

⑦弟子及鲁人往从冢而家者百有余室

《笺证》曰："从冢而家：搬到孔子的坟墓旁边去住。百有余室：意即一百多家。"《全注》曰："家：用作动词，意为安家。室：家。"

⑧孔里

《笺证》曰："即今之'孔林'，为孔子及其后代子孙之墓地，在曲阜市城北，为我国的重要文物保护单位。"

⑨以岁时奉祠孔子冢

《笺证》曰："每年每季都按时祭祀孔子墓。岁：年关；时：四时，四季。"

⑩诸儒亦讲礼乡饮大射于孔子冢

《笺证》曰："大射：诸侯于祭祀前和臣下举行的射箭仪式，射中者参加祭祀，不中者不得参加。"《新注》曰："孔门弟子在祭祀孔子时举行各种礼仪活动。讲礼：讲论孔子的政治主张。乡饮：即乡饮酒。古代乡校毕业时，乡大夫招待饮酒，考察荐举人才。大射：诸侯举行祭祀时与群臣习射观礼，称为大射。"

⑪孔子冢大一顷

《笺证》曰："孔子冢即今所谓'孔府'。孔府在汉代'大一顷'，约当今之数十亩；到今时之孔府占地已至二百四十余亩。按：此句'冢'字亦应作'家'。"

⑫故所居堂、弟子内，后世因庙，藏孔子衣冠琴车书〔一〕

〔一〕索隐谓孔子所居之堂，其弟子之中，孔子没后，后代因庙藏夫子平生衣冠琴书于寿堂中。

《新注》曰："故所居堂，指孔子故居；弟子内，指弟子住所，后人把宅改成孔子的庙。"《笺证》曰："后代遂将'孔府'变为祭祀孔子的庙宇，将孔子生前的衣冠、车服、琴书等收集珍藏起来。按：据今日曲阜古迹的格局，乃'孔庙'在前（南），'孔府'在后，并非将'孔府'

当作'孔庙'。"

⑬至于汉二百余年不绝

《全注》曰:"绝:断绝,毁灭。"《笺证》曰:"按:孔子死于公元前479年,至刘邦灭项称帝(公元前202年)为二百七十七年;至武帝即位(公元前140年)则为三百三十九年。"

⑭高皇帝过鲁,以太牢祠焉

《全注》曰:"高皇帝:指汉高祖刘邦。'太牢',牛、羊、猪齐备的祭祀供品。"《笺证》曰:"事在高祖十二年,前195年。《汉书·高帝纪》云:'十一月,行自淮南还,过鲁,以太牢祠孔子。'祠:祭祀。"

⑮诸侯、卿、相至

《全注》曰:"诸侯:汉朝所封的诸侯王。卿、相:诸侯王国的卿、相。按孔子冢、庙在汉代地属鲁国,则此'诸侯、卿、相'应指鲁国的诸侯、卿、相。"《笺证》曰:"诸侯卿相:指凡是被封在鲁地的王侯或是来鲁上任的行政官员。"按:《笺证》说畅达。

⑯先谒,然后从政

《全注》曰:"谒:拜谒。"《笺证》曰:"先拜见孔子庙与孔子墓,而后才过问、处理政事。"

孔子生鲤,字伯鱼①。伯鱼年五十,先孔子死②。

伯鱼生伋③,字子思,年六十二④。尝困于宋⑤。子思作《中庸》⑥。

子思生白⑦,字子上,年四十七。子上生求,字子家⑧,年四十五。子家生箕,字子京⑨,年四十六。子京生穿,字子高,年五十一⑩。子高生子慎⑪,年五十七,尝为魏相⑫。

子慎生鲋⑬,年五十七,为陈王涉博士,死于陈下⑭。

鲋弟子襄⑮,年五十七。尝为孝惠皇帝博士⑯,迁为长沙太守⑰。长九尺六寸⑱。

子襄生忠⑲,年五十七。忠生武,武生延年及安国⑳。安国为今皇帝㉑博士,至临淮太守㉒,蚤卒㉓。安国生卬,卬生驩㉔。

①孔子生鲤，字伯鱼〔一〕

〔一〕索隐按：《家语》孔子年十九，娶于宋之亓官氏之女，一岁而生伯鱼。伯鱼之生，鲁昭公使人遗之鲤鱼。夫子荣君之赐，因以名其子也。

《全注》曰："关于孔鲤名、字的由来。《孔子家语》云：'鱼之生也，鲁昭公以鲤鱼赐孔子，荣君之贶，故因以名鲤，而字伯鱼。'"

②伯鱼年五十，先孔子死〔一〕

〔一〕集解《皇览》曰："伯鱼冢在孔子冢东，与孔子并，大小相望也。"

泷川《考证》曰："伯鱼先孔子卒，见于《论语·先进篇》。但曰年五十者，未审其所据。"《全注》曰："按《孔子家语·本姓》云：'至十九岁娶于宋之亓官氏，一岁而生伯鱼。'则由此可推得孔鲤生于公元前532年，死于公元前483年。"

③伯鱼生伋

《全注》曰："伋（jí）：为鲁穆公师。"

④年六十二

《笺证》曰："毛奇龄引王复礼说，以为'六十二'应作'八十二'。"

⑤尝困于宋

《笺证》曰："具体情节不详。"

⑥子思作《中庸》〔一〕

〔一〕集解《皇览》曰："子思冢在孔子冢南，大小相望。"正义佚文《中庸》一卷，在《礼记》中；又作《子思子》八卷。为鲁穆公师。

《笺证》曰："《中庸》是《礼记》中的一篇，至宋代，朱熹把它与《大学》一起从《礼记》中提出，使之与《论语》、《孟子》合称'四书'，从此在中国风行数百年。按：史公将'子思作《中庸》'置于'尝困于宋'下，或与'文王拘而演《周易》，仲尼厄而作《春秋》，屈原放逐乃赋《离骚》，左丘失明厥有《国语》'同一意乎？《汉书·艺文志》谓子思曾'为鲁穆公师'。"

⑦子思生白

《全注》曰："白：《汉书·孔光传》作'帛'，《新唐书·宰相世系表》云曾任齐威王相。"

⑧子上生求，字子家

梁玉绳曰："按《孔子家语后序》，子家名'傲'，后名'永'。"（《史记志疑》）

⑨子家生箕，字子京

《全注》曰："子京：按《史记》别本及《汉书·孔光传》作'子真'，《孔子家语后序》作'子直'，名橿。《新唐书·宰相世系表》云曾为魏相。"

⑩年五十一

《全注》曰："按《孔子家语后序》作'五十七'。"

⑪子高生子慎

《全注》曰："按《汉书·孔光传》作'顺'；《孔丛子·陈士义篇》作'子顺'；《孔子家语后序》云名武，又名微，又名斌，字子顺；《阙里文献考》云名谦，或作武，后名斌；《新唐书·宰相世系表》云名斌，又名胤。"

⑫尝为魏相

梁玉绳《志疑》曰："《唐书·世系表》谓'斌相魏，封文信君'。"按：《唐书》为《新唐书》。

⑬子慎生鲋〔一〕

〔一〕集解徐广曰："孔子八世孙，名'鲋'字'甲'也。"

《全注》曰："鲋：字甲，见《汉书·儒林传》。"

⑭为陈王涉博士，死于陈下

《全注》曰："陈王涉：即陈涉，秦末农民起义领袖，详见《史记·陈涉世家》。博士：官名，博通古今，掌典故文献，以备皇帝咨询。按：汉武帝兴太学，博士为太学教师，秩六百石。"《笺证》曰："《儒林列传》云：'陈涉之王也，而鲁诸儒持孔氏之礼器往归陈王。于是孔甲为陈涉博士，卒与陈涉俱死。'按：孔甲之死，仅此一见。盖陈涉被章邯破于'陈下'后，陈涉即被叛徒庄贾所杀，而陈涉政权亦随之覆灭，故此谓孔甲'死于陈下'。陈下：陈郡（今河南淮阳县）城下，陈郡当时是陈涉'张楚'国的都城。"

⑮子襄

《全注》曰："名腾。"

⑯孝惠皇帝

《全注》曰:"即汉惠帝,名盈,汉高祖刘邦之子,公元前194年至公元前188年在位,详见《史记·吕太后本纪》及《汉书·惠帝纪》。"

⑰长沙太守

《全注》曰:"长沙:郡名,秦置,治所在临湘(今湖南长沙),辖境相当于今湖南东部、南部和广西全州,广东连县、阳山等地。西汉高祖五年(公元前202年)改郡为国。长沙太守:按惠帝时长沙为国,不应有太守,当依《汉书·孔光传》作'长沙太傅',则此'守'系'傅'之误。按:长沙国的都城临湘,即今湖南长沙市。太傅:诸侯王的辅导官,秩二千石。"

⑱长九尺六寸

《笺证》曰:"约当于现今的两米二十二,和孔子一样高。"

⑲子襄生忠

《全注》曰:"忠:按《孔子家语后序》作'季中',《书序》、《疏》作'中'。《新唐书·宰相世系表》云字子贞,博士。"

⑳忠生武,武生延年及安国

《全注》曰:"武:《阙里文献考》云字子威。"《笺证》曰:"安国:即当时著名的经学家孔安国,过去认为《尚书》、《论语》等许多书的古注都是出自孔安国之手,司马迁也曾向他学习'古文'。"

【考辨】
孔武与孔安国为兄弟

《全注》曰:"'忠生武,武生延年及安国',按《汉书·孔光传》、《孔子家语后序》、《新唐书·宰相世系表》,安国为忠之子,系武之弟。此处司马迁误记。"

㉑今皇帝

《全注》曰:"指汉武帝刘彻。"

㉒临淮

《注译》曰:"郡名,郡治徐县,在今江苏省泗洪县南。"

㉓蚤卒

《全注》曰:"蚤:通'早'。"

㉔安国生卬，卬生驩

泷川《考证》曰："此盖天汉以后事，后人补记之。"按："安国生卬，卬生驩"，为后人旁注窜入之衍文。

【研讨】
孔子传记为何名"世家"

徐孚远曰："历叙后世，与王侯同，此所谓'世家'也。"

太史公曰：《诗》有之："高山仰止，景行行止①。"虽不能至，然心乡往之②。余读孔氏书，想见其为人。适鲁，观仲尼庙堂车服礼器③，诸生以时习礼其家，余祗回留之不能去云④。天下君王至于贤人众矣，当时则荣，没则已焉。孔子布衣⑤，传十余世⑥，学者宗之。自天子王侯，中国言"六艺"者折中于夫子⑦，可谓至圣矣⑧！

①高山仰止，景行行止

《新注》曰："这两句诗见《诗经·小雅·车辖》，喻孔子的道德学问像高山一样使人瞻仰，像大路一样导人遵循。仰，瞻望。景行（háng），大路，喻行为光明正大。止，表示肯定的句尾语助词。"

【研讨】
太史公叙孔子

凌约言曰："太史公叙孔子，自少至老必历详其出处，而必各记之曰时孔子年若干岁；其卒也则又叙其葬地与弟子之哀痛，叙鲁人之从冢而聚居与高皇帝之过鲁而祠，若曰孔子生而关世道之盛衰，没而为万世之典型，故其反复侧怛如此。及其赞孔子则曰'高山仰止，景行行止，虽不能至，然心乡往之。天下君王与贤人众矣，当时则荣，没则已焉'。若曰自开辟以来唯孔子一人，故其尊慕称颂如此。孔子虽不待此而尊，然太史公之知尊孔子可概见矣。"（《史记评林》引）

②心乡往之

《全注》曰："乡：通'向'，向往。"

③观仲尼庙堂车服礼器

高步瀛曰："按汉初，礼学在鲁。史公讲业齐鲁之都，观孔子之遗

风,乡射邹峰,皆与礼学有关。则其渊源所自,亦略可见焉。"(《史记举要笺证》)

④祗回留之〔一〕

〔一〕索隐 祗,敬也。言祗敬迟回不能去之。有本亦作"低回",义亦通。

《笺证》曰:"犹言'往返留连',徘徊不忍离去的样子。祗:敬也。按:'祗回'有作'低回',意思略同。梁启超曰:'作史者能多求根据于此等目睹之事物,史之最上乘也。'"

⑤布衣

《全注》曰:"麻布衣服,为平民服装,故指代平民。"

⑥传十余世

《新注》曰:"孔子第十二代孙孔安国是司马迁的古文《尚书》老师,所以儒学至汉已传十余世。按:孔子上溯至黄帝55代,下迄至今81代,孔氏世系从黄帝至今136代,有典籍谱系可查,实乃世界之奇观,无愧圣人之称也。"

【研讨】

孔氏世系

钱穆曰:"孔子开私家讲学之先声,战国百家竞起。然至汉室,不少皆仅存姓氏。其平生之详多不可考。独孔子一人,不仅其年数行历较诸家为特著,而其子孙世系四百年绵延,曾无中断。此下直迄于今,自孔子以来已两千年七十余代,有一嫡系相传,此唯孔子一家为然。又若自孔子上溯,自叔梁纥而至孔父嘉,又自孔父嘉上溯至宋微子,更自微子上溯至商汤,自汤上溯至契,盖孔子之先世代代相传,可考可稽者又可得两千年。是孔子一家自上至下乃有四千年之谱牒,历代递禅而不缀,实可为世界人类独特仅有之一例。"(《孔子传》)

⑦言"六艺"者折中于夫子〔一〕

〔一〕索隐《离骚》云:"明五帝以折中。"王师叔云:"折中,正也。"宋均云:"折,断也。中,当也。"按:言欲折断其物而用之,与度相中当,故以言其折中也。

《笺证》曰:"六艺:此指《诗》、《书》、《易》、《礼》、《乐》、《春秋》六种儒家经典。折中于夫子：以孔子的思想观点作为衡量是非的标准。折中：取正，判断。盖犹折木者必相度其中而后两折之。"

⑧可谓至圣矣

李景星曰："《孟子》称孔子为'圣之时者'，已是创论；史公《世家》更称之为'至圣'，尤为定评。自是以后，遂永远不能易矣。"（《四史评议》）

泷川引斋藤正谦曰："首泛言夫子之德可仰止；次言适鲁观其庙堂留不能去；次言其布衣传十余世，胜天下君王；终言其道为天子王侯所折中，仰止之意一节进一节。首曰'孔氏'，其词泛；次曰'仲尼'，其词亲；次曰'孔子'，其言谨；次曰'夫子'，其言更谨，尊敬之言一节进一节。"（《考证》）

【索隐述赞】 孔子之胄，由于商国。弗父能让，正考铭勒。防叔来奔，邹人挶足。尼丘诞圣，阙里生德。七十升堂，四方取则。卯诛两观，摄相夹谷。歌凤遽衰，泣麟何促！九流仰镜，万古钦躅。

语　译

孔子出生在鲁国昌平乡陬邑。他的祖先是宋国人，叫孔防叔。孔防叔生了儿子伯夏，伯夏又生了叔梁纥。叔梁纥与颜家的一个女子违礼结合生了孔子，事前他们曾到尼丘山做过祷告，后来就生了孔子。孔子出生那年，正是鲁襄公二十二年。孔子生下来时，头顶呈凹形，四边高隆如丘，所以就命名为丘，字仲尼，姓孔氏。

孔子出生以后，他的父亲叔梁纥就死了，并被安葬在防山。防山在鲁国的东边，当时孔子还小，母亲没有把父亲的墓地告诉他，所以孔子怀疑防山就是他父亲的安身之地。孔子小时候与同伴们做游戏，就经常把玩具当作祭器摆弄，模仿大人的祭礼仪式。后来孔子的母亲死了，孔子把母亲的灵柩停放在五父之衢没有正式安葬，这大概是因他没找到父亲的墓地而谨慎等待的缘故吧。以后，陬邑人輓父的母亲把孔子父亲的墓地告诉了孔子，然后孔子就把自己的父母一起合葬在防山。

孔子腰上还系着孝麻为母亲守孝，这时鲁国贵族季氏宴请士人，孔子也去参加了。季氏的管家阳虎挡在门口说："季氏所宴请的是士人，而没有请你。"孔子只好退了回去。

孔子十七岁那年，鲁国大夫孟釐子病得快要死了，孟釐子告诫他的大儿子孟懿子说："孔丘是圣人的后代，他的先祖孔父嘉是在宋国被杀的。孔父嘉的曾祖弗父何本来应该享有宋国而他却让给了弟弟宋厉公。孔父嘉的父亲正考父先后辅佐过宋戴公、宋武公、宋宣公三代，三次得到任命，地位越来越高而为人处事的态度却一次比一次恭敬谦逊。因此在他家的一个鼎上镌刻着的纪念文字说：'我第一次得到任命时低着头接受，第二次得到任命时弯着腰接受，第三次得到任命时就弓着身子接受，走路沿着墙根不到正中，不过也没有人敢来欺侮我。我每天吃一碗稀饭一碗粥，就这样过日子。'他恭敬节俭到了这个地步。我听说圣人的后代，即使做不了大官，也一定会出现显达于世的人。现在孔子年纪轻轻就遵守礼仪，他可能就是那个能闻名于世的人。我如果死了，你一定要拜他做老师！"等到孟釐子死了以后，孟懿子和他的兄弟南宫敬叔都一起去跟孔子学习周礼了。这一年，季武子死了，他的孙子季平子代替他做了国卿。

孔子家境贫寒，社会地位低下。等到长大以后，先是给季氏做管理仓库的小官，在掌握粮物出入方面很是准确公平。后来又做过管理牲口的小官，牲畜养得很壮，繁殖很快。因此被提拔做了鲁国司空。（但是不久又离开了鲁国，到齐国也遭到了排斥，还受到宋国和卫国的驱逐，在陈国和蔡国之间也被围困了一阵子，最后只好返回鲁国。）孔子身高九尺六寸，人们都说他是个高个子，觉得他与众不同。（因为鲁国又对孔子改变了态度，所以他才重返鲁国。）

鲁国的南宫敬叔对鲁昭公说："请让我陪孔子到周王室去一趟。"鲁昭公就给了他们一辆车子，两匹马，及一个童仆一起出发。他们到周国后，就开始学习周朝的礼仪，还拜见了老子。孔子离开时，老子在送行时对孔子说："我听说富贵的人拿钱财来给人送行，仁人送人时只说几句临别赠言。我不是富贵的人，姑且冒用那仁人的称号，送你几句话吧：聪明深察的人易遭杀身之祸，因为他好评论人；博学善辩的人易危害自身，因为他好揭发人的短处；为人子、人臣不要有这些事而立身以尽孝尽忠。"孔子从周国返回鲁国以后，跟他学习的人就日益增多了。

这时候，晋平公荒淫无道，六卿掌握了大权，经常向东攻打诸侯国；南方的楚灵王也兵强马壮，经常出兵欺凌中原各国；在东方则有强大的齐国，紧紧靠在鲁国边上。鲁国又小又弱，依附楚国的话，晋国会不高兴；依附晋国的话，楚国就来讨伐；对齐国的防备稍有疏忽，齐国立即出兵来侵略鲁国。

鲁昭公二十年，孔子已经有三十岁了。这一年，齐景公和晏婴一起来到了鲁国，齐景公问孔子说："从前秦穆公的国土很小，又处于偏僻之地，他怎么能够称霸呢？"孔子回答说："秦国虽然国土很小，但是他们志向远大；地理位置虽然偏僻，但是秦王的行为却公正无私。他亲自提拔百里奚，让百里奚做了大夫，而不在乎百里奚是个犯人。秦王同他交谈了三天，就把国事交给他去处理了。由此可见，秦国即使称王都可以，称霸又算得了什么。"齐景公听了十分高兴。

（以上为第一段，记叙孔子的身世及青少年时代的成长过程。）

孔子三十五岁那年，季平子和郈昭伯因为斗鸡的缘故，得罪了鲁昭公。鲁昭公就率领部队攻打季平子，季平子与孟孙氏、叔孙氏三家联合起来反击鲁昭公。结果鲁昭公的部队吃了败仗，鲁昭公被迫逃往齐国。齐国把鲁昭公安置在干侯。此后不久，鲁国又发生了内乱。于是孔子离开鲁国去了齐国，做了齐国世卿高昭子的家臣，想通过高昭子见到齐景公。有一次，孔子与齐国的太师谈论音乐，有幸听到了虞舜时的《韶》乐，就非常认真地加以学习，专心致志的程度到了一连三个月连肉是什么滋味都没有吃出来，齐国人都很佩服他。

齐景公曾经向孔子请教如何治理国家，孔子说："做国君的要像做国君，做大臣的要像做大臣，做父亲的要像做父亲，做儿子的要像做儿子。"齐景公说："讲得太好了！要是真的国君不像国君，大臣不像大臣，父亲不像父亲，儿子不像儿子，即使粮食堆成山，我又怎么能吃得到呢？"过了几天，齐景公又向孔子询问治国的道理，孔子说："治理国家首先在于节用财物。"齐景公听了很高兴，打算把尼溪的一片土地封给孔子。晏婴进谏说："儒这种人巧于言论，不遵守法律，骄傲自大，自以为是，难以驾驭，不宜做臣下；他们特别讲究办丧事，长期哀痛不肯节制，埋葬时倾家荡产也在所不惜，这样的做法不能让它形成风俗；他们以游说为业，生活仰仗于人，不能用来治国。自从周文王、周武王及周公这些大贤去世以后，周王朝就日益衰落，礼乐残缺由来已久。如今孔子追求繁文缛节，给各种聚会定出了升堂、下阶、作揖、叩头的烦琐礼仪。这些东西一个人一辈子也学不好，多少年也学不透。您想用他这一套来改变齐国的风俗，恐怕不是关心平民的要求吧！"之后齐景公见到孔子，尽管还很客气，但是再也不向孔子请教礼仪方面的事了。改天，齐景公对孔子讲留用条件说："要让我像鲁国对待季孙氏那样对待你，我是做不到的。但我可以用低于季孙氏而又高于孟孙氏的待遇来安置你。"后来，齐国大夫想谋害孔子，孔子也知道。这时齐景公却对孔子说："我老了，不能再用你干大事了！"孔子只好又离开了齐国，返回鲁国。

孔子四十二岁那年，鲁昭公死在了乾侯，鲁定公继位。鲁定公即位后五年，在夏天里，季平子也死了，季桓子继承了他的职位。

季桓子在打井时得到了一个土缶，其中有个像羊的东西。他故意到孔子那里欺骗说，得到一条狗。孔子说："据我估计，应该是只羊。因为我听说，林中的怪兽是单脚的夔和山精罔阆；水中的怪物叫龙和罔象；土精叫坟羊。"

吴国攻打越国，拆除会稽城墙时，得到的骨头很长，装满了一辆车。吴国派人去问孔子："什么人的骨头最长？"孔子说："当初夏禹召集各地部落酋长到会稽山开会，防风氏迟到了，夏禹就把他杀掉示众，他的骨头一节就有车子那样长，这大概是最长的骨头。"吴国使者又问："谁是神呢？"孔子说："山川之神是用来管理天下的，主持祭山川的诸侯就是神，只主持祭土神、谷神的就是公侯，都属王的统治。"吴国使者问："防风氏是哪个地方的部落？"孔子说："防风氏是汪罔氏部族的君主，主持封山、禹山的祭祀，为釐姓。在虞舜、夏朝、商朝时称作汪罔氏，在周朝叫作长翟，现在称为大人。"吴国使者问："他们身高有多少？"孔子说："焦侥氏只有三尺长，这是最矮的人；最长的人也不过是它的十倍，就到顶了。"于是吴国使者说："说得很好，不愧为圣人！"

季桓子有个宠臣叫仲梁怀，他跟阳虎有矛盾。阳虎打算驱逐仲梁怀，公山不狃出面加以阻止。到了秋天，仲梁怀的气焰更加嚣张了，阳虎就把他抓了起来。季桓子大怒，阳虎就把季桓子也关押了起来，两人达成盟约后，阳虎释放了季桓子。从此以后，阳虎就更加看不起季氏了。季氏做事也常常僭越礼制不守本分。鲁国出现了陪臣执政的局面，所以从大夫以下的各级官员通通越职逾权胡作非为，偏离了正道。在这种情况下，孔子也不想出来做官了。他回到家里，专门从事《诗》、《书》、《礼》、《乐》的整理，弟子也越来越多，有的甚至从远方赶来，所有的人都向孔子学习知识。

（以上为第二段，写孔子中年时已有渊博学识，因仕途不通而办教育。）

鲁定公八年，公山不狃在季氏那里感到很不如意，就利用阳虎作乱，想废掉季孙、叔孙、孟孙三家的嫡系继承人，改立阳虎平时所喜欢的庶子。他们抓住了季桓子，但季桓子耍了一个骗术，脱离了危险。定公九年，阳虎叛乱失败，只好逃往齐国。这时孔子已经五十岁了。

公山不狃在费县背叛了季氏，派人来召孔子。孔子怀抱着远大理想已经很久了，但是郁郁不得志，没有地方一试身手，没有人重用他。所以他说："从前周文王、周武王不是从丰、镐这样小的地方起家而在后称王的吗？现在费县虽然小了点，差不多也可以干一下吧！"说着就想前往费县。子路对此很不满意，极力劝阻孔子。孔子说："那些请我去的人，难道没有一点考虑吗？如果他们真的用我，我将在东方推行周道！"不过最后还是没有去。

这以后，鲁定公曾经让孔子做了中都地方官，一年以后，四方各县都来效法他的治理方法了。不久孔子就由中都地方官升为朝廷司空，接着又由司空升为司寇。

鲁定公十年春天，孔子参加了鲁国和齐国的友好盟会。这年夏天，齐国大夫黎鉏对齐景公说："鲁国重用孔子，这样下去一定会对齐国构成威胁。"于是齐景公就派人告诉鲁定公，准备举行一次友好相会，相会的地点设在夹谷。鲁定公将真的不带武装乘便车去友好相会。孔子当时代理司仪，他劝鲁定公说："我听说，办文事要有武力作后盾，办武事也要准备文的一手。古代诸侯出国，都要文武齐备。请求配备护卫左右司马官。"鲁定公说："好的。"于是配备了护卫左右司马。鲁定公到达夹谷时，那里已经筑起盟会高台，设立位次，土台阶共有三级。鲁定公与齐景公依据会盟的礼节见面后，就互相推让着登上了高台。彼此互赠礼品，互相敬酒之后，齐国的主管官员突然快步走上前来请示说："请允许表演四方的歌舞。"齐景公说："好吧。"于是齐国的乐队拿着旌旗、弓弩、矛戟等兵器道具，大呼小叫地蜂拥而上。孔子见情况不妙，立即快步上前，一脚一级地登上台阶，但留有分寸没登上最后一级台阶，挥动袖子对下面喝道："我们两国国君正在进行友好会见，这些夷狄的乐舞到这里干什么？请齐景公命主管者把武乐队撤下去。"这时齐国的主管者让武乐队退下去，可是他们不肯。孔子就转过头来看看晏子，又看看齐景公。齐景公心里惭愧，就挥挥手让他们下去。过了一会儿，齐国的主管官员又快步走到前面说："请允许演奏宫中的乐舞。"齐景公又说："好的。"于是一些能说会唱的艺人与侏儒，就边歌边舞地来到了大家面前。孔子又快步上前，两脚登上台阶，但没有踏到最上面一级，大声说："凡匹夫小人迷惑戏弄诸侯的，罪当斩首。请命令主管者对他们施刑。"于是齐国主管者只好依法斩了侏儒，顿时手脚分了家。齐景公看了大为震动，自知在道义上输给了对方，回国以后，他们感到心有余悸，就埋怨手下的大臣们说："鲁国的孔子是用君子之道来辅佐国君的，而你们却用夷狄那一套来教导我，害得我得罪了鲁国国君，现在怎么办呢？"有个官员走到前面说："君子做错了事，就老老实实地赔礼道歉；小人做错了事，才花言巧语文过饰非。如果您真的感到担心，那就在实际行动上表示一下。"于是齐景公就把过去从鲁国侵占来的郓、汶阳、龟阴等地都归还了鲁国，以示歉意。

鲁定公十三年夏天，孔子对鲁定公说："大臣不应该有私人武装，大夫不应该有超过三百丈的城墙。"于是孔子派子路到季氏家做总管，准备毁掉季孙氏、孟孙氏和叔孙氏三家封邑的城墙。因此叔孙氏首先把自己的封邑郈城拆掉了，接着季孙氏也准备拆掉费城的城墙。可是公山不狃和叔孙辄不同意，他们率领费城的人来袭击鲁定公。鲁定公和季氏、孟孙氏、叔孙氏三人一起躲进了季氏家里，爬上了季武子的台上。费城人四面攻打，尽管没有取胜，但是叛者进入季氏之宅，已经攻打到鲁定公所登的台旁。孔子闻讯即命大夫申句须、乐颀下去反击叛乱者，费城人败退了。鲁国奋力追杀，到姑蔑彻底打败了叛乱者。公山不狃和叔孙辄二人逃跑到了齐国，于是就拆掉了费城的城墙。接着准备去拆孟孙氏之都成邑的城墙，公敛处父对孟孙氏说："如果成邑的城墙被毁了，那么齐国人一定会毫无阻挡地到达鲁国国都的北门了。况且成邑是孟氏的保障，没有了它，也就没有了孟氏。我希望不要毁了它。"到了十二月，鲁定公出兵围攻成邑，但没有取胜。

鲁定公十四年，孔子当年五十六岁，由大司寇代理鲁相事，不免喜形于色。他的学生说："听说君子在大祸临头的时候面无惧色，在福禄降临的时候也面无喜色。"孔子说："是有这样的话。不过还有另外一句话：有了高位依然能够礼贤下士，不也是令人高兴的吗？"于是孔子就杀了干扰鲁国政令的大夫少正卯。孔子治理鲁国的政务才三个月，那些贩卖羊羔和生猪的商人就不再抬高物价了；男人和女人在路上分开走路，不相混杂；路上丢了东西也不会被人捡走；四面八方来到鲁国的客人，不用再打点官府，都能得到照顾，好像回到自己家里一样。

　　齐国人听到这些就害怕了，他们说："孔子真的掌握了鲁国政权，一定会称霸的；鲁国一旦称了霸，离它最近的齐国，将首先被它兼并。为什么不早些割块地给鲁国以搞好关系呢？"黎鉏说："请先试一试用计除掉孔子，不行的话再割地给鲁国，这也不算迟！"于是就在齐国国内挑选了八十名美貌绝伦的女子，穿上华丽的衣服，学会跳《康乐》舞；又挑选了毛色斑斓的马一百二十匹，把它们一起送给了鲁国国君。到鲁国后，齐人把美女和名马都陈列在鲁国城南高门外展览。季桓子穿着便服先后前去观看了三次，心里想接受下来，为此他让鲁定公以环城周边游的名义，又到城南去观看了一整天，以致耽误了政事。子路看到这种情况就对孔子说："老师可以离开这个国家了。"孔子说："鲁国即将举行郊祭天地的大典，如果还能分送祭肉给大夫，那我还可以留下来再干一下。"不久，季桓子终于还是接受了齐国美女，一连三天都没有过问政事；到郊祭大典以后，又没有把祭肉分送给诸大夫。这样，孔子就离开鲁国了，当晚在鲁国南郊的屯地住宿。这时鲁国的乐师师己来给孔子送行，他说："先生您并没有什么错啊！"孔子说："我给你唱首歌好不好？"他唱道："那些长舌妇人会使得贤人被迫出走，也能使国家灭亡，我大概只好过闲散日子，了此余生。"师己返回国都以后，季桓子问他："孔子说了些什么？"师己照实说了。季桓子叹了口气说："他是在责怪我，因为我接受了这批美女啊！"

　　（以上为第三段，写孔子五十岁前后在鲁国从政的经过和业绩。）

　　孔子到了卫国，寄住在子路的妻兄颜浊邹家里。卫灵公问孔子："你在鲁国时所得到的俸禄是多少？"孔子回答说："俸禄是六万小斗粟米。"于是卫灵公也给了孔子六万小斗粟米。孔子在卫国住了不久，就有人在卫灵公那里说孔子的坏话。卫灵公就派公孙余假进进出出监视孔子。孔子害怕在卫国获罪，住了十个月，就离开了卫国。

孔子准备到陈国去，途中经过卫国的匡邑。当时颜刻替孔子赶车，他拿马鞭指着城墙说："过去我到过这里，就是从那个缺口进城的。"匡邑人听他这一说，误认为是鲁国的阳虎又来了。因为阳虎曾经践踏匡邑人，所以匡邑人就阻止孔子进城。孔子的相貌有些类似阳虎，因此被匡邑人扣押了五天。颜渊后来才到，孔子说："我还以为你已经死了呢！"颜渊说："老师还活着，我怎么敢先死呢！"匡邑人对孔子的看管更紧了，学生们都很担心。孔子说："自从周文王死了以后，周代的礼乐制度不是都保存在我这里吗？如果老天爷要让周代的礼乐制度丧失殆尽，就不会让我掌握了这些东西；如果老天爷不会让周代的礼乐制度丧失，那么匡邑人又能拿我怎么样呢？"后来孔子让一个学生去给卫国的宁武子做家臣，然后才得以离开匡邑。他们离开匡邑就去了蒲邑，一个多月以后，又返回卫国都城，寄居在卫国大夫蘧伯玉家中。

卫灵公的夫人叫南子，她派人来对孔子说："四方各国来到卫国的名人，凡是想和我们国君称兄道弟友好相处的，都一定要见过南子夫人。现在她也想见见你。"孔子赶紧推辞，但是谢绝不了，无可奈何只好去见南子。南子坐在细葛布的帷帐后面，孔子进门以后，就向着北面叩头。南子也在帷帐后面回拜，她身上佩戴的玉器相击发出了清脆悦耳的声响。孔子回来以后对他的学生们说："我本来不想去见她；既然已经去了，就要按礼节行事。"子路听了仍然很不高兴。孔子就发誓说："我说得不实，天将抛弃我！天将抛弃我！"在卫国住了一个多月以后，有一天，卫灵公和南子同坐一辆车出门，宦官雍渠做参乘陪同，让孔子坐在副车上，大摇大摆地走在闹市上。孔子说："我还没有见过爱好道德像爱好女色那样的人。"因此感到非常羞耻。于是就离开卫国，到了曹国。这一年，鲁定公死了。

孔子离开曹国，又到了宋国，曾在大树下面演习所学过的礼仪。宋国的司马桓魋想杀掉孔子，就派人先把那棵大树砍掉。孔子只好赶快离开宋国。学生们说："我们走快一点吧！"孔子说："老天把道德品格给了我，那桓魋又能把我怎么样？"

孔子到达郑国时，跟学生们走散了，他孤零零地一个人站在郑国的东门口。郑国有人对子贡说："东门口有个人，他的头有点像唐尧，他的脖子有点像皋陶，他的肩膀有点像子产，但是他的腰部以下比禹短三寸。他那有气无力的样子活像一只丧家狗。"后来子贡找到孔子，就把那个郑国人的话如实告诉了孔子。孔子听了满面笑容地说："他所描述的我的形象，不完全对。但说我像丧家狗，真是对极了，对极了！"

孔子又到了陈国，寄居在司城贞子家里。一年以后，吴王夫差领兵攻打陈国，夺走了三座城邑。赵鞅又出兵攻打卫国都城朝歌。楚国也围攻蔡国，迫使蔡国把国都迁到了吴国境内。吴王夫差在会稽山打败了越王句践。

有一天，一只鹫鸟落到陈国宫廷中死了，有支楛木箭穿在鸟身上，箭头是石制，箭长一尺八寸。陈湣公派人来问孔子。孔子说："这只鹫鸟是从很远的地方来的，这支箭是肃慎制造的。从前周武王灭掉商朝以后，跟四面八方许多部族都有了来往，让他们进贡各地的土特产品，叫他们别忘了各自的职责和义务。因此肃慎就进献了楛木箭和石制箭头，箭长一尺八寸。当时周武王想表彰自己的功德，就把肃慎贡献的这种箭分给大女儿作陪嫁，嫁给了虞胡公，分封在陈国。周武王还把珍宝玉器分给同姓的诸侯，以示关系亲密；把边远的土特产品分给异姓诸侯，让他们永远别忘了服从周王朝。所以当时把肃慎箭分给了陈国。"陈湣公听后就派人到仓库中去查找，果然看到了肃慎箭。

孔子在陈国住了三年，正碰上晋国和楚国争霸，它们轮流攻打陈国。等到吴国来侵犯陈国，陈国更是经常挨打。孔子说："回国吧！回国吧！留在家乡的学生们，志向远大，很有进取心，还保持着本始的善性。"于是孔子就离开了陈国。

经过蒲这个地方时，正碰上公叔氏凭借蒲地造反，蒲人因此不让孔子走了。孔子有个学生叫公良孺，带了五辆车子跟着孔子。他长得人高马大，不仅贤能，而且魁梧有力，他对孔子说："我以前跟着老师在匡地遇难，现在又在这里遇难，难道是命该如此吗！我与老师第二次遇难，不如和他们拼个你死我活！"公良孺和蒲人打得很凶狠，蒲人害怕了，对孔子说："如果你不到卫国去，我们就释放你。"孔子就与他们订了盟约，他们这才放孔子出了东门。可是孔子违背诺言到了卫国。子贡问孔子："盟约可以违背吗？"孔子说："被胁迫订立的盟约，神是不来管的。"

卫灵公听说孔子来了，很高兴，马上到郊外迎接，并问孔子："蒲地可以讨伐吗?"孔子回答:"完全可以。"卫灵公说:"我的那班大夫都认为不能去讨伐。现在的蒲地,是卫国用来防御晋国和楚国的,我们去攻打它,恐怕不太好吧!"孔子说:"蒲地的男人宁死也不愿改变志向,蒲地的女人也决心保卫卫国西境沿河一带地区,我们所讨伐的只不过公叔氏等四五个叛贼罢了。"卫灵公听了以后说:"讲得很好!"但是仍然没有讨伐蒲地。

卫灵公年纪大了,懒得过问政事,就不再重用孔子了。孔子叹了口气说:"如果有人用我,保证一年初见成效,三年大功告成。"孔子又离开卫国上路了。

晋国大夫中行氏的家臣佛肸做中牟宰时,赵简子出兵攻打范氏和中行氏,并连带讨伐中牟。佛肸趁机叛乱,派人来请孔子,孔子打算去。子路说:"我听老师您说过:'凡是亲自为非作歹的人,君子是不去跟他同流合污的。'现在佛肸占据中牟造反,您却要去,这是为什么呢?"孔子说:"我是说过这样的话。但是我也说过,真正坚硬的东西是磨不薄的,真正洁白的东西是染不黑的。我难道是长老了不可吃的瓜吗?只能吊着供人观赏!"

有一天,孔子正在敲打着石制的乐器磬。一个背负草包的人路过孔子家门口,他听了以后说:"那个敲磬的人,有心思啊!沉重的磬声,感叹没有人了解自己。既然这样,那就拉倒吧!"

孔子向鲁国的乐官师襄子学习弹琴,学了十天,还是在弹同一支曲子。师襄子说:"可以弹点新曲子了。"孔子说:"我孔丘虽然学会了曲调,但是还没有掌握它的节奏度数。"过了些时候,师襄子说:"你已掌握了节奏度数,可以换新曲子。"孔子说:"我孔丘还没有领会乐曲表达的思想感情。"又过了些时候,师襄子说:"你已领会了乐曲所表达的思想感情了,可以换新曲了。"孔子说:"我孔丘还没有体会出作曲者是怎样的为人。"再过了些时候,孔子先是领悟到并表现出沉静深思的样子,接着又体会并表现出心旷神怡志向远大的样子,然后他说:"我孔丘体会到作曲者是怎样的人了,黑黑的皮肤,高高的个子,眼如汪洋,胸襟可以包容天下,除了文王,别人没有这样的气质。"师襄子听了以后,赶紧站起来拜了拜说:"我们老师就说这首曲子叫《文王操》啊!"

孔子既然得不到卫国的重用,就准备西行到晋国去见赵简子。等到了黄河边上时,就听说赵简子杀了窦鸣犊和舜华这两位晋国大夫。孔子站在黄河边上叹息说:"多么美好的河水啊,浩浩荡荡地奔流着!我不过河了,这是命中注定的。"子贡走到前面问孔子,说:"敢问老师这是什么意思?"孔子说:"窦鸣犊和舜华,都是晋国贤能的大夫。赵简子不得志的时候,全靠这两个人的帮助才掌了大权;等到他得志以后,就把这两个人都杀死了。我听说:剖开兽腹杀死胎兽,那麒麟就不会来到郊外;排干河水把鱼捉光,那蛟龙就不会调和阴阳、风调雨顺;打翻鸟巢毁坏鸟蛋,那凤凰就不会飞来。为什么呢?因为君子忌讳伤害他的同类。那鸟兽对于不义的事情尚且知道回避,更何况是我呢?"于是就返回到了陬邑,停下来作了首《陬操》,表示哀悼。接着就又回到了卫国,仍然寄居在蘧伯玉家里。

有一天,卫灵公向孔子请教行军打仗的事。孔子说:"祭祀的礼节,我曾听说过;至于行军打仗,我还没有学过。"第二天,卫灵公跟孔子交谈时,看见大雁从头上飞过,立即抬头观看,心思根本不在孔子身上。这样,孔子就离开了,来到了陈国。

夏天,卫灵公死了,他的孙子辄继位,这就是卫出公。六月,赵简子设法把逃亡在晋国的卫灵公的太子蒯聩送回了卫国的戚邑。阳虎让太子蒯聩头扎孝箍,又派另外八人穿着带麻的丧服,假装是从卫国出来迎接太子蒯聩的,他们一起哭着进入了卫国国境,并住了下来。这年冬天,蔡昭侯把国都迁到州来。这一年,是鲁哀公三年,孔子已经六十岁了。齐国帮助卫国包围了戚邑,因为卫国太子蒯聩在那里。

夏天,鲁国桓公和釐公的宗庙遭到了火灾,南宫敬叔前去救火。孔子当时还在陈国,听到这个消息以后,说:"一定是鲁桓公和鲁釐公的庙里遭了灾。"后来果然如此。

秋天,季桓子生病了,有一天他坐着车子出门,看到鲁国国都的城墙,长叹一声说:"从前这个国家几乎兴旺起来了,因为我得罪了孔子,所以兴旺不起来了。"他回过头来对他的继承人季康子说:"我死了以后,你一定会做鲁国宰相;你做了宰相以后,一定要把孔子请回来。"过了几天,季桓子就死了,季康子继承了他的职位。安葬了季桓子以后,季康子就准备去请孔子回国。季孙氏的家臣公之鱼说:"过去我们的先君没有自始至终任用孔子,终于成了诸侯的笑柄。现在又起用他,如果不能有始有终,又会被诸侯取笑。"季康子问:"那么把谁召来好呢?"公之鱼说:"一定要召的话就召孔子的学生冉求吧!"于是季康子就派人去请冉求。冉求将要动身时,孔子对他说:"鲁国来人召你回去,不是小用你,而是会大用你的。"这一天,孔子又对其他学生说:"回去吧!回去吧!我那些学生志向远大,又很有文采,我都不知道怎样指导他们了。"子贡知道孔子想回归鲁国了,就在为冉求送行时,趁机告诫冉求:"如果做了大官,就把孔子请回去。"

冉求走了以后,第二年,孔子从陈国到了蔡国。这时蔡昭公将要到吴国去,因为吴王要召见他。以前,蔡昭公欺骗大臣,把国都迁到了州来,后来他又要去吴国,大夫们怕他又会迁都,公孙翩就把蔡昭公射死了。楚国也在这时出兵侵犯蔡国。这年秋天,齐景公死了。

过了一年,孔子又从蔡国到了楚国的叶县。叶公向孔子问如何治理国家,孔子说:"为政最要紧的是能够使远者来,近者附。"改天,叶公向子路打听孔子是怎样一个人,子路没有回答。孔子知道后,就对子路说:"子路,你为什么不回答说:'孔子的为人,学习不知道疲倦,教人不怕厌烦,发奋起来会忘了吃饭,快乐时会忘了忧愁,不知道自己一天天老了'为何不这样说呢?"

不久孔子又离开叶地,返回蔡国。路上看见长沮和桀溺两人结伙拉犁耕田,孔子以为他们是隐士,就叫子路去向他们问渡口在哪里。长沮说:"那个赶车的人是谁?"子路说:"是孔子。"长沮又问:"是鲁国的孔丘吗?"子路说:"正是。"长沮说:"那他应该知道渡口在哪里的。"这时桀溺也对子路说:"你是谁?"子路说:"我是仲由。"桀溺又问:"你是孔丘的学生吗?"子路说:"是的。"桀溺说:"悠悠天下,到处都混乱不堪,谁能改变这世道!与其跟着这种避开恶人择善而仕的人到处跑,还不如跟着我们这些避世的隐者耕田。"一边说一边不停地干活。子路回去把这些情况告诉了孔子,孔子哀伤地说:"飞鸟和走兽是不可能很好地相互在一起的。如果天下太平无事,我就不会到处奔波地想改变世道了!"

改天,子路在路上行走时,碰到一个肩背草筐的老人,问他说:"你看到我老师了吗?"老人说:"四体不勤,五谷不分,谁是你老师?"说完就把手杖插在地上拔起草来。后来子路把这事告诉了孔子,孔子说:"这是位隐士。"等他们回头再去看他,这位老人早已走了。

孔子迁居到蔡国三年以后,吴国出兵攻打陈国。楚国派兵援救,军队驻扎在陈国的城父。听说孔子住在陈国和蔡国之间,楚国派人来聘请孔子。孔子准备去接受聘礼。这时陈、蔡两国大夫商量说:"孔子是个才华出众的贤人，所批评的都能击中各国的弊病。现在他长期住在陈国和蔡国之间，两国大夫的所作所为，都不符合孔子的心意。眼下楚国是大国，前来聘请孔子。如果孔子在楚国得到重用，那么陈国和蔡国的执政大夫就危险了。"于是他们就共同商定发动私家兵员，把孔子包围在野外。孔子和他的学生无法行动，又断了粮食，有些学生病倒了，站都站不起。可是孔子照常给学生讲学、弹琴、唱歌，情志没有一点衰落。子路很不高兴地来见孔子，说："君子也有倒霉的时候吗？"孔子说："君子在穷困时仍能坚守志节，小人在穷困时就乱来了。"

子贡听了变了脸色。孔子说："赐啊，你以为我是博学多识的人吗？"子贡说："是的。难道不是吗？"孔子说："的确不是，我只是坚守正道，始终如一罢了。"

孔子知道学生们心里有气，就把子路叫来问道："《诗经》上说：'不是犀牛，不是老虎，为什么巡行在旷野之中？'是不是我的主张错了？我为什么会落到这种地步呢？"子路说："我猜想，或许是我们还不够仁德，人们还不肯相信我们。或许是我们还不够聪明，人们还不愿意跟我们走。"孔子说："是这样的吗？仲由啊，假如有了仁德就能让别人相信，那伯夷、叔齐还会饿死在首阳山吗？要是聪明的人就能畅通无阻，那王子比干还会被剖腹挖心吗？"

子路出来以后，子贡进去见孔子。孔子又问："赐啊，《诗经》上说：'不是犀牛，不是老虎，为什么巡行在旷野之中？'是不是我的主张错了？我为什么会落到这种地步呢？"子贡说："由于老师的志向和主张太伟大了，所以天下都容纳不了老师。老师是否能把原则和主张放低一点？"孔子说："赐啊，一个好的农夫能辛勤耕作，但不一定有好的收获；良工虽然制造精巧，但不一定人人满意；君子能让自己的理想趋于完善，纲举目张，有条有理地发表出来，但不一定让人都能接受。现在你不是千方百计地完善你的理想主张，却只想别人能接纳你。赐啊，你的志向太低了！"

子贡出来以后，颜回又进去见孔子。孔子再问："颜回，《诗经》上说：'不是犀牛，不是老虎，为什么巡行在旷野之中？'是不是我的主张错了？我为什么会落到这种地步呢？"颜回说："老师的理想主张太伟大了，所以天下没有人容纳它。虽然如此，老师仍然坚定不移地推行它，不被容纳也没有关系嘛！不被容纳才显示出您作为君子的伟大。如果我们的理想主张不完善，这是我们的耻辱；如果我们的理想主张已经尽善尽美而没有人用，那就是各国当权者的耻辱了。不被容纳有什么关系，正因为不被接受，才显示出您的伟大！"孔子听了很高兴，笑着说："颜家小子真有你的！如果你是个大富翁，我情愿帮你去管家。"

于是孔子派子贡到楚国报告了情况，楚昭王出兵前来迎接孔子，孔子师徒才脱离了包围。

楚昭王准备把有民户的富庶之地七百里封给孔子。楚国令尹子西说："大王派到诸侯各国的使者有像子贡那样善于外交辞令的吗？"楚昭王说："没有。"子西又问："大王的大臣有像颜回这样德才兼备的吗？"楚昭王说："也没有。"子西再问："大王的将帅有像子路这样勇猛的吗？"楚昭王还是说："没有。"子西又问："大王的地方官员有像宰予这样能干的吗？"楚昭王仍然说："没有。"子西接着说："楚国的祖先受封于周朝，当时封为子男一级爵位的，封地不过五十里。现在孔子遵循三皇五帝的遗规，发扬周公、召公的德业，大王如果用了他，那么楚国的子孙万代还能够一直享有这方圆几千里大的地方吗？当初周文王在丰地，周武王在镐地，仅仅是百里大小的国君，最后都统一了天下。现在孔子要是得到七百里土地，加上有一批能干的学生辅佐，那对楚国来说肯定不是件好事！"楚昭王这才打消了原来的想法。这年秋天，楚昭王死在了城父。

楚国一个装疯的隐者叫接舆，唱着歌经过孔子的身边。他说："凤凰啊，凤凰！道德风尚为什么这样坏啊！已经过去的事是无法挽回了，未来的事还来得及补救，算了吧，算了吧，现今的从政者都是危险人物。"孔子下了车子，想跟他谈一谈。可是接舆快步离开了，孔子没办法同他交谈。

这以后，孔子就从楚国返回卫国。这一年，孔子六十三岁，正是鲁哀公六年。

第二年，吴国与鲁国国君在缯邑相会，吴国向鲁国索取一百牢祭典用的牲畜。吴国太宰伯嚭召季康子去面谈，季康子派子贡前去交涉，事情才顺利解决。

孔子说："鲁国和卫国的政治局势，就像兄弟一样好坏差不多。"这时，卫出公姬辄的父亲蒯聩没有被立为国君，还流亡在外，诸侯各国多次拿这件事责备卫国。而孔子的不少学生都在卫国做官，卫出公也想让孔子参与政事。子路因此问孔子："如果卫国国君让你执政，你打算先干什么？"孔子说："一定先整顿纲纪，确定名分。"子路说："真是这样吗？你太迂腐了，现在还正什么名分？"孔子说："仲由你太缺乏教养了！那名不正就言不顺，言不顺事情就办不成，事情办不成就无法提倡礼乐，礼乐搞不好刑罚就会不公正，刑罚不公正人民就不知道如何行动了。君子所做的事，都能讲出一番道理；君子说了话就要做到。君子对于他们言论，是不能随便说的。"

第二年，冉有为季氏统率军队，与齐国在郎这个地方交战，取得了胜利。季康子就问冉有："你对于打仗的才能，是学来的呢？还是天生就会的？"冉有说："是从孔子那里学来的。"季康子又问："孔子是怎样一个人呢？"冉有回答说："孔子办事讲究名正言顺，他办什么事都是透明的，可以摆出来给老百姓看，可以对证鬼神也没有缺欠。如把孔子像对我冉有一样来使用，让他去打仗，即使给他一千个社的土地，孔子也不会为了这点利益来干的。"季康子说："我想把他请来，不知道行不行？"冉有说："你想请他来，只要不要用小人束缚他的手脚，就可以了。"这时，卫国的孔文子将要攻击太叔，向孔子讨教怎么样做。孔子推说不知道，回到住处就叫人准备好车子上路了，他说："鸟能够选择树木，树木怎么能够选择鸟呢？"孔文子坚决挽留孔子，孔子还是走了。这时季康子刚好赶走了身边的公华、公宾、公林三个小人，派人送礼物给孔子，想接他回去，孔子因此回了鲁国。

孔子离开鲁国，经过十四年游历生活，又返回了鲁国。

鲁哀公向孔子请教如何治国，孔子说："为政的关键是选好大臣。"季康子又向孔子请教如何治国，孔子说："举用正直的人，赶走邪枉的人，那么邪枉的人也会正直起来。"季康子担心盗贼横行，孔子说："如果在上位的你没有贪欲，即使悬赏，人们也不会去偷窃。"可是鲁国始终没有重用孔子，孔子也没有伸手要官。

（以上为第四段，写孔子周游列国求仕的经过及种种遭遇。）

在孔子生活的那个时代，周王室已经衰微，礼崩乐坏，《诗》、《书》也残缺不全。于是孔子一方面考察研究夏、商、周三代的礼仪制度，一方面为《尚书》作了序，并把上起唐尧、虞舜，下至秦穆公的所有《尚书》篇章，按先后顺序编排了起来。他说："夏朝的制度我能讲出来，但不能从杞国找足证据；殷商的制度我也能讲出来，但不能从宋国找足证据。如果有足够的文献，那我就可以证明它的对错了。"孔子考察了殷、夏两代的礼仪发展变化以后说："以后即使过了一百代，它的礼制也可以推断出来了，就是文质交替使用。周朝借鉴于夏、商两代而建立本朝的典章制度，真是丰富多彩啊！我赞成用周朝的礼制。"所以《书传》、《礼记》都是孔子整理编定的。

孔子对鲁国的太师说："音乐的演奏规律是可以掌握的。开始演奏时，各种声音要互相协调，随着演奏的深入，各种声音要和谐悦乐，要音节明快，连续不断，这样，一直到演完。"孔子又说："我从卫国返回鲁国以后，就开始对乐曲进行审订，使《雅》、《颂》两部分诗歌恢复了原来的乐调。"

古时候，《诗》有三千多篇，到了孔子那时，孔子删掉了其中重复的内容，挑选出那些可以对人进行礼义教育的，重新加以编定。其中有歌颂契和后稷事迹的诗篇，也有叙述殷、周兴盛时的诗篇，还有批评周幽王、周厉王过失的诗篇，编排时还以男女夫妇的伦常为起点。所以说："《关雎》是《国风》的第一篇，《鹿鸣》是《小雅》的第一篇，《文王》是《大雅》的第一篇，《清庙》是《颂》的第一篇。"《诗经》三百零五篇，孔子都一一给它们配上乐谱演唱，并力争让它们和《韶》、《武》、《雅》、《颂》之乐相一致。礼乐从此可以知道它的基本内容，这是治理天下不可少的，以后成了六艺之一。

孔子晚年特别喜欢钻研《周易》，还写了《上彖》、《下彖》、《上系》、《下系》、《上象》、《下象》、《说卦》、《序卦》、《杂卦》、《文言》等十篇阐述易理的文章。孔子读《周易》这本书时，系竹简的皮带曾多处折断。他说："让我多活几年，这样，我对于《周易》的内容就完全吃透了。"

孔子拿诗、书、礼、乐教育学生，先后接受过教育的大约有三千人，其中精通六艺的有七十二人。像颜浊邹那样受过孔子的教导但不算正式弟子的人就更多了。

孔子从文化知识、社会实践、忠于职守、言而有信四个方面教育学生。孔子认为学习要杜绝四种恶习：不要凭空臆测，不要主观武断，不要固执己见，不要自以为是。孔子最重视三件事：斋戒、战争、疾病。孔子很少谈生意经，却大讲天命与仁德。他教育学生时，学生没到急于要明白而又未得之时，就不去启发他。如果这个学生不能举一反三，孔子就不再重复教他了。

孔子在乡亲之中，态度温和谦逊，就像不会讲话的人一样；但是在国家的宗庙和朝廷上，他说话滔滔不绝，而又很谨慎。他在朝廷上与上大夫们说话，非常文雅端庄；跟下大夫交谈时又显得慷慨正直。

孔子进入国君之门，就保持低头弯腰的恭敬姿势；快到国君跟前小步快走，两臂后伸如鸟翼，极端的恭谦。奉君命迎接宾客，表情十分庄重。国君召见，闻声而动，等不及驾好车就开步走了。

腐烂的鱼、变味的肉，或者没有按礼正常宰杀的禽畜，孔子通通不吃。席位摆得不合规矩，他也不坐。

吃饭时，如果身边有人在服丧，那他从来都不吃饱。

孔子只要在这一天哭过了，就一整天都不会再唱歌了。他看到穿着丧服或双目失明的人，即使是小孩，也立即呈现出悲戚同情的表情。

他曾经说过："只要三个人同行，其中一定有人可以做自己的老师。"又说："品德修养不够，书念得不好，知道好的东西不去学，知道错了又不改正，这是我最担心的。"孔子让人唱歌时，如果那人唱得很好，就叫那人再唱一遍，然后，他自己也跟着人家一起唱。

孔子从来不谈论怪异、暴力、叛乱、鬼神这四个方面的问题。

子贡说："我们老师的文章，都已经耳闻目睹了，但是老师所讲的天道和性命方面的问题，我还没有听得很懂。"颜渊也无限敬佩地说："先生的道德文章，我仰着脸越看越高，低着头越是钻研越是钻研不透。一会儿觉得在眼前，一会儿又好像在身后。先生对我们进行循序渐进的诱导，用知识开拓我的胸襟，用礼义约束我的情志，激发了我的热情，即使想暂停一下都不可能。我竭尽了才力，好像有所成就，但老师的学问依然高高地耸立在面前！我想攀登上去，却总是找不到路径！"达巷有人评论孔子说："孔子真是伟大啊！他知识渊博，但不知道究竟属于哪一家。"孔子听到这种议论以后说："我干的是哪一行呢？是赶车呢？还是射箭？我不是还有点赶车的专长吗！"孔子的学生子牢说："孔子说过，因为不见用于世，所以有时间学了些技艺。"

鲁哀公十四年春天，鲁哀公在大野泽打猎。这时叔孙氏车上的武士鉏商捕获了一只怪兽，大家都认为是不祥之物。孔子看了以后说："这是一只麒麟啊！"于是就把它要了回去。孔子说："黄河里没有出现八卦图，洛水里也没有出现龟兽的文书，我将要去矣！"后来颜渊死了，孔子更是伤心地说:"老天要我的命了!"等到鲁哀公在西边打猎抓获了麒麟,孔子说:"我的理想破灭了!"叹了口气又说:"没有人了解我啊!"子贡问道:"为什么说没有人了解您呢?"孔子说:"我不抱怨天,也不抱怨人,下学人事,上达天命,了解我的只有天了!"

孔子说:"不降低自己的志节,也不让自己的身体受玷污的,大概只有伯夷和叔齐吧!"又说:"至于柳下惠和少连,那是降低了志节,身体也受了玷污的。"又说:"虞仲和夷逸因为避世隐居,所以敢危言高论,不避忌讳,做到行为清正,抛弃名位,权变处世。""我和他们不一样,没有什么可以或不可以的。"

孔子说:"不行呀,不行呀!君子所担忧的,就是死后不能把好的名声留传到后世。我的理想实现不了了,我还拿什么扬名后世呢?"于是就根据史料编纂了《春秋》,上起鲁隐公,下及鲁哀公十四年,记载了鲁国十二个国君的历史。以鲁为主体,以周为宗主,以殷为参考,汇通考察夏、商、周三代典章制度的损益沿革,阐明文化的继承兴革关系,文辞含蓄而旨意深远。所以吴国和楚国国君自己称王,孔子在《春秋》中就贬称作"子"。践土会盟时,实际上是晋文公召见周天子,可是《春秋》中却故意写成"周襄王到河阳打猎"。孔子就是用这种写法,来为当时社会判断是非立一个准绳。《春秋》这种褒贬的深义,后世有些当权者就加以提倡推行。《春秋》的微言大义推广以后,那天下的乱臣贼子都害怕起来了。

孔子做官期间,决狱断案,经常同人一起商量,并不独断专行。到了写《春秋》时,该记载的就记载,该删削的就删削,即使像子夏这样的文学高材也不能增损一个字。孔子对学生们讲《春秋》时说:"后代赞扬我的是《春秋》,怪罪我的也是《春秋》。"

第二年,子路死在了卫国。

孔子生病了,子贡前来探望。孔子正扶着手杖在门前无拘无束地散步,他对子贡说:"端木赐,你为什么来得这么迟呢?"孔子因此感叹唱道:"太山崩塌了!梁柱折断了!哲人快死了!"唱着就流下了眼泪。孔子对子贡说:"天下无道已经很久了,没有人信仰我的主张。夏人死了,灵柩停放在东边的台阶上;周朝人死了,灵柩停放在西边的台阶上;殷朝人死了,灵柩停放在两根柱子中间。昨天晚上我做梦在两根柱子中间受人祭奠,说明我的始祖是殷朝人啊。"过了七天,孔子就死了。

孔子活了七十三岁，是在鲁哀公十六年四月己丑那天死的。

鲁哀公在哀悼孔子的悼文中说："老天爷不怜悯人，连这样一个老人也不肯为我留下，把我一个人甩在这个位子上，心里孤独痛苦的不得了，呜呼哀哉！孔子啊，我也顾不得礼法了！"子贡说："鲁哀公恐怕不能善终于鲁国了！老师曾经说过：'对国家来说，丧失礼义就要混乱；丧失名分就有错误。对一个人来说，丧失志气就是昏乱；失去分寸就是差错。'对孔子活着的时候不用，死后才来伤心说好话，这不符合礼义；他还自称'予一人'，这也不符合名分。"

孔子被安葬在鲁国都城北面的泗水旁边，他的学生都服丧三年。三年丧期结束以后，大家互相告别就要各奔东西了，临行前，又到孔子坟前哭了一回，大家都哭得很伤心。后来还有学生继续留在那里守孝。尤其是子贡，他在孔子的墓地里搭了个简易房子，前后住了六年，然后才离开。以后孔子的学生及鲁国人，自愿搬到孔子墓地旁边去安家的，有一百多户，人们因此把这个地方叫作孔里。从此鲁国世代相传，每年都按时到孔子坟上去祭奠。孔门弟子也在祭祀孔子时进行讲礼、乡饮、大射等各种礼仪活动。孔子的墓地有一顷大小。孔子的故居，以及弟子住所，后人把它改成了孔子的庙。里面收藏着孔子身前用过的衣服、帽子、琴、车子、图书。对孔子的祭祀，一直到了汉代，二百多年来从未断绝过。汉高祖刘邦当年路过鲁国时，曾用太牢之礼祭过孔庙。诸侯卿相到鲁国来时，都要先拜谒孔子的祠庙以后，才开始办理政务。

孔子的儿子叫孔鲤，字伯鱼。伯鱼终年五十岁，比孔子先死。

伯鱼的儿子叫孔伋，字子思，终年六十二岁。孔伋曾在宋国遇到过挫折，他还写了《中庸》一书。

子思的儿子叫孔白，字子上，终年四十七岁。子上的儿子叫孔求，字子家，终年四十五岁。子家的儿子叫孔箕，字子京，终年四十六岁。子京的儿子叫孔穿，字子高，终年五十一岁。子高的儿子叫子慎，终年五十七岁，曾经做过魏国的宰相。

子慎的儿子叫孔鲋，终年五十七岁，做过陈涉的博士，死在了陈郡。

孔鲋的弟弟叫孔襄，终年五十七岁，曾经做过汉惠帝的博士，后来迁为长沙太守，身高九尺六寸。

孔襄的儿子叫孔忠，终年五十七岁。孔忠的儿子叫孔武。孔武生了孔延年和孔安国两个儿子。孔安国是当今皇上的博士，后来又做了临淮太守，死得比较早。孔安国的儿子叫孔印。孔印的儿子叫孔驩。

（以上为第五段，写孔子晚年致力于整理文献和身体力行办教育的业绩。）

太史公说：《诗经》上有这样的话："巍巍高山供人瞻仰，宽宽大路导人遵循。"我的道德学问虽然没有达到这样的境地，然而心里十分向往着这个目标。我读孔子的书，想到他的为人。我到鲁国，看到了孔子的庙堂，他乘坐过的车子，穿过的服装，用过的礼器。儒生学者们按时在孔庙里演习礼仪，使我徘徊深思，流连忘返。天下的国君王侯活着的时候很荣耀，死后名字就湮没无闻了。而孔子只是一个普通的平民，他的名字和学问却传了十几代了，有学问的人都尊敬他。从古到今的天子、王侯，以及讲论《六经》的人，都以孔子的学说作为准则，可以说他是一个最伟大的人。

（以上为作者论赞，高度评价孔子的道德学问，称为至圣。）

集　评

【论宗旨】

太史公曰："周室既衰，诸侯恣行。仲尼悼礼废乐崩，追修经术，以达王道，匡乱世反之于正，见其文辞，为天下制仪法，垂《六艺》之统纪于后世。作《孔子世家》第十七。"（《太史公自序》）

丁晏曰："史公极尊圣人之道，故列之世家，若老子则仍为列传。班氏谓其先黄老而后六经，非也。《太史公自序》述其父谈推崇老氏道德，谈尚黄老之学，非迁意也。史迁崇圣尊儒，《自序》引董生仲舒之言，极重孔子《春秋》，又云仲尼追修经术，以达王道，匡乱世反之于正，为天下制仪法，垂《六艺》之统纪于后世，其推尊宣圣至矣。"（《史记余论》）

凌约言曰："太史公叙孔子，自少至老，历详其出处，而必各记之曰时孔子年若干岁。其卒也，则又叙其葬地与弟子之哀痛，叙鲁人之从冢而聚居，与高皇帝之过鲁而祠，若曰夫子生而关世道之盛衰，没而为万世之典刑，故其反复恻怛如此，虽不能至，然心向往之。'天下君王至贤人众矣，当时则荣，没则已焉。'若曰自开辟以来，唯孔子一人，故其尊慕称诵如此。孔子虽不待此而尊，然太史公之知尊孔子可概见矣。"（《史记评林》引）

王韦曰："《世家》末引子贡、颜渊语，甚有见。乃获麟与颜渊死相次，自此以后叙夫子卒时，读之令人凄怆，起千载之感。"（《史记评林》引）

陈仁锡曰："史迁可谓知圣人之道者矣，班氏谓其先黄老而后六经非也。观其作《史记》，于孔子则立《世家》，于老氏则立《传》。至论孔子，则曰'可谓至圣'，论老氏，但曰'隐君子'。非知足以知圣人而能若是乎？或谓迁非知孔子之至者，必述其道德精微，然后谓之至，噫，道德精微，虽夫子亦自难言也，而欲责迁言之欤？愈言而愈远矣。"（《陈评史记》）

王治皞曰："太史公虽未深知孔子之道，而能尊孔子于黄老纷纭之日，其识盖卓矣。昌黎之前，知尊孔子，此其首也。"（《史汉权参》）

林伯桐曰："大圣人之德，如乾坤之容，日月之光，岂人所能绘画耶？故《孔子世家》所载皆博学多能之事，盖其外之所见者如此而已。"（《史记蠡测》）

尚镕曰："赞以至圣作结，遂为万世称孔子之定号，迁其智足以知圣人者矣。"（《史记辨证》）

储欣曰："余读太史公书，其间考信《六艺》，推尊孔子，可谓至矣。先黄老者谈也，非迁也。谈习道论，以虚无为宗，迁博极群书，又与董生辈往来究切，师友渊源，超出其父。以其父诋其子，不亦奇乎！"（《史记选》卷三《孔子世家赞》）

张大可曰："'折中于夫子'是司马迁述史的一条原则。司马迁推尊孔子为无冕之王，称'素王'，特为之作世家。由于班彪、班固父子批评司马迁尊黄老而薄《五经》，于是使后世学者争论不已。论证司马迁尊黄老者，奉班氏父子之言为经典；论证司马迁崇儒者，以《孔子世家》为铁证；或为之折中，说司马谈、司马迁父子异趣，司马谈尊黄老，司马迁崇儒。其实诸说皆非。司马迁继父之志述史，自成'一家之言'，兼容并包百家之学，以道家之无为为主导思想，而实际作法更倾向于儒家。《史记》效《春秋》而作，乃是司马谈发凡起例，可见司马谈并非不尊儒。以《论六家要旨》与《孔子世家》对照，司马谈尊道的色彩较浓厚，而司马迁更尊儒，这是父子两人的差异。但这种差异，并不是父子分途，而是'一家之言'的发展。《论六家要旨》也是父子两人共同的思想结晶。司马谈、司马迁父子都富有极强的批判精神。司马迁虽然尊崇孔子，但并不把他作为偶像崇拜，也不把孔子的每一句话当作金科玉律，这是研究《史记》所必须把握的尺度。"(《史记论赞辑释》)

【论书法】

陈仁锡曰："《孔子世家》以年为叙，曰'年十七'，曰'年三十'，曰'年三十五'，曰'年四十二'，曰'年五十'，曰'年五十六'，曰'年六十'，曰'年六十三'，曰'年七十二'，此提掇法也。又以'不用'二字为关键，曰'弗能用'，曰'莫能用'，曰'不用孔子'，曰'既不行用于卫'，曰'鲁终不能用孔子'，皆叹夫子之道不行也。"(《陈评史记》)

林春溥曰："后世尊孔子，自史迁始，故布衣也，而列之世家。考圣迹者，舍是无从焉。顾迁所采辑，不外《论语》、《三传》、《国语》、《檀弓》、《家语》、《晏子》诸书，而以己意牵合之，往往与《年表》不相应。"(《竹柏山房十五种》)

丁晏曰："案世家通篇以'不用'二字为眼目：曰'弗能用'，曰'莫能己用'，曰'不用'，曰'既不能用于卫'，曰'鲁终不能用'。史公于世家三致意焉。深慨圣道之不行也。"(《史记余论》)

吴汝纶曰："此篇史公以摹天绘海之能为之，其大要以道不行而自见于后为归宿，亦与己事相感发也。"(《桐城吴先生点勘史记》)

吴见思曰："世家序事，总用简法。此篇只于会夹谷处、学琴处、困陈蔡处著意写，而其大段，则枝叶扶疏，根株盘错，不必讨好，而体局自大。"(《史记评议》)

罗根泽曰："史公于孔子为《世家》详记言行，于孟子则仅与诸子共传，寥寥百余言，略而且误。"("孟子传论自序"载《古史辨》第六册)

梁启超曰："司马迁作《孔子世家》，自言：'适鲁，观仲尼庙堂车服礼器，诸生以时习礼其家，祗徊留之不能去焉。'作史者能多求根据于此等目睹之事物，史之最上乘也。"(《中国历史研究法》)

韩兆琦曰："《孔子世家》是司马迁根据《论语》、《左传》、《孟子》、

《礼记》等书中的旧有资料加以排比、谱列而成的。其原始材料虽然多数为旧有，但其谱列工作在很大的程度上则是出于司马迁的独创，因为迄今为止，我们还没有发现先秦的古籍中有过孔子的传记或是年谱一类的东西，因此《孔子世家》就成了远从汉代以来研究孔子思想生平的最重要的依据之一，在我国学术史上有着极其重要的地位。"（《史记笺证》）

【论史公立孔子世家】

司马贞曰："孔子非有诸侯之位，而亦称系家者，以是圣人为教化之主，又代有贤哲，故称系家焉。"（《史记索隐》）

张守节曰："孔子无侯伯之位，而称世家者，太史公以孔子布衣传十余世，学者宗之，自天子王侯，中国言《六艺》者宗于夫子，可谓至圣，故为世家。"（《史记正义》）

王安石曰："太史公叙帝王则曰本纪，公侯传国则曰世家，公卿特起则曰列传，此其例也。其列孔子为世家，奚其进退无所据耶！孔子，旅人也，凄凄衰季之世，无尺土之柄，此列之于传宜矣，曷为世家哉？岂以仲尼躬将圣之资，其教化之盛，曷奕万世，故为之世家以抗之，又非极挚之论也。夫仲尼之才，帝王可也，何特公侯哉？仲尼之道，世天下可也，何特世其家哉？处之世家，仲尼之道不从而大；置之列传，仲尼之道不从而小，而迁也自乱其例，所谓多所牴牾者也。"（《临川先生文集》卷七一《孔子世家议》）

郝敬曰："胙土世禄，谓之世家，孔子家无尺土，以比于诸侯，立世家，尊师重道也。唐宋以来，追尊王号，亦本《世家》之义。"（《史汉愚按》）

黄淳耀曰："太史公作《孔子世家》附诸侯国之后，此特笔也。"（《史记论略》）

何良俊曰："人谓太史公为孔子立世家非是，盖以为论道德，则孔子为帝王师，不当在诸侯之列，语其位，则孔子未尝有封爵，不当与有土者并，是大不然。盖方汉之初，孔子尚未尝有封号，而太史公逆知其必当有褒崇之典，故遂为之立世家。夫有土者以有土而世其家，有德者以德而世其家，以土者土去则爵夺，以德者德在与在。今观自战国以后，凡有爵土者，孰有能至今存耶？则世家之久，莫有过于孔子者。《史记》又以孔门七十二弟子与老子、孟子、荀卿并列为传，则其尊之

至矣。孰谓太史公为不知孔子哉!"(《四友斋丛说》)

李景星曰:"太史公作《孔子世家》,其眼光之高,胆力之大,推崇之至,迥非汉唐以来诸儒所能窥测,故刘知幾、王安石辈,皆横加讥刺,以为自乱其例,不知史公之不可及处,正在此也,揭其要旨,厥有三端。孔子以布衣为万世帝王师,泽流后裔,史代罔替,任何侯王,莫之能比,史公列之于世家,是绝大见识,其不可及者一也。天地日月,难以形容,圣如孔子,亦难以形容,孟子称为圣之时,已是创论,而史公世家,更称之为至圣,尤为定评,自是之后,遂远不能易矣,其不可及者二也。王侯世家,各以即位之年纪,孔子无位,则以本身之年纪,等匹夫于国君,俾德行于爵位,尚德若人,是之谓矣,其不可及者三也。至其叙次,摭润群书,自成体段,既不病疏,亦不伤繁,尤是史公天才独擅,承学之士,能读此者,尚难其人,况于作乎!赞语,精微澹远,于平易中见风神,令人读之,不觉肃然起敬。"(《史记评议》)

金俶基曰:"赵瓯北《陔余丛考》云,孔子无公侯之位,而《史记》独列于世家,尊孔子也。凡列国世家,与孔子毫无相涉者,亦皆书是岁孔子相鲁,孔子卒,以其系天下之重轻也。此则深得史公之微旨。"(《学海堂四集》)

郭嵩焘曰:"高帝始以太牢礼孔子;太史公适鲁得观孔子庙堂,诸生以时习礼其家;《儒林传》亦称'陵夷至秦,天下并争于战国,然齐鲁间学者独不废',是孔子之道因是以自世其家,不待后世之追崇也。史公列孔子于'世家',自纪其实而已,儒者或誉之,或毁之,皆未达其旨也。"(《史记札记》)

王骏图曰:"《史记》列孔子于'世家',此正马迁特识,未可非也。夫孔子之德固足世天下,然位在人臣,万无列入'本纪'之理。若置之'列传',则与诸子等夷,无区别矣。况汉初未知崇儒,直至成帝时始封其嗣,平帝时始追谥为'宣尼公';而迁于此时已入'世家'之列,为封爵之先声,其识抑何伟与?大有德者以德世其家,有爵者以爵世其家,于迁之例本无所乱,况德与爵世家之远其有如孔子者哉?"(《史记旧注评议》)

【论孔子诛少正卯】

李梦阳曰:"居上不宽,孔子以为不足观。然摄政七日而即诛乱大夫卯,故曰宽于良,敢于猾。"(《史记评林》引)

《说苑》云:"孔子曰夫王者之诛有五,而盗窃不与焉。一曰心辨而险,二曰言伪而辨,三曰行辟而坚,四曰志愚而搏,五曰顺非而泽。此五者,皆有辨知聪达之名而非其真也。苟行以伪,则其知足以移众,强足以独立,此奸人之雄也,不可不诛。夫有五者之一,则不免于诛,今少正卯兼之,定以先诛之。"(《史记评林》引)

柯维骐曰:"孔子诛少正卯其说出于荀卿,朱子以《论语》、《左氏》不载,子思、孟子不言,疑之。然荀卿去孔子未远,或得其实也。"(《史记评林》引)

苏轼曰:"孔子为司寇七日诛少正卯,或以为太速。孔子盖自知必不久在相位,故及其未去发之,使更迟疑,已为少正卯所图尔。"(《史记评林》引)

【五四运动时期革命家论孔子】

李大钊曰:"孔子为历代帝王专制之护符,闻者骇然,虽然,无骇也。孔子生于专制之社会、专制之时代,自不能不就当时之政治制度而立说。故其说确足以代表专制社会之道德,亦确足为专制君主所利用资以为护符也。历代君主莫不尊之祀之,奉为先师,崇为至圣;而孔子云者,遂非复个人之名称,而为保护君主政治之偶像矣。""故余之抨击孔子,非抨击孔子之本身,乃抨击孔子为历代君主所雕塑之偶象权威也;非抨击孔子,乃抨击专制政治之灵魂也。"(《自然的伦理观与孔子》)

陈独秀曰:"孔子的第一个价值是非宗教迷信的态度,自上古以至东周,先民宗教神话之传说,见之战国诸子及纬书者,多至不可殚述,孔子一概摈弃之。""孔子的第二个价值是建立君、父、夫三权一体的礼教。""孔子以后的礼和儒都有特殊的意义,儒是以礼治国的人,礼是君权、父权、夫权三纲一体的治国之道,而不是礼节仪文之末。不懂得这个便不懂得孔子。科学与民主,是人类社会进步之两大主要动力,孔子不言神怪是近于科学的,孔子的礼教是反民主的。人们把不言神怪的孔子打入了冷宫,把建立礼教的孔子尊为万世师表,中国人活该倒霉。"(《孔子与中国》)

【现当代学者论孔子】

蒋建侯曰:"孔子虽从政,而终未能实现其政治理想;虽尝著述,终是述而不作;故孔子一生最伟大之事业实在教育,最伟大之精神实在'学不厌,教不倦'六个字。孔子之所以为'大圣'在此,弟子之所以心悦诚服亦以此。"(《诸子通考》)

蒋伯潜曰:"孔子与闻鲁政为时至暂,周游列国,不得志于诸侯,卒归鲁以布衣终老,故在当时政治上之关系甚小,但开私人讲学、私家著述之风,而诸子承之,故其及于后世教育、学术之影响则甚大也。"(《诸子通考》)

钱穆曰:"孔子周游,其抱负并不在某一家、某一国,故曰'天下有道,丘不与易'。孔子实已超出当时狭义的国家与民族观念之上,而贡献其理想为当时之所谓'天下'。此种游仕精神为后起学士所仍袭,到底造成了一个大一统的中国。孔子的政治活动失败了,而孔子的教育事业却留下一个绝大的影响。孔子是开始传播贵族学到民间来的第一个,孔子是开始把古代贵族宗庙里的知识来变换成人类社会共有共享的学术事业之第一个。"(《国史大纲》)

钱穆曰:"孔子周游求仕,乃孔子之自由,亦孔子之成功。道不行,则非孔子之失败,故曰'杀身成仁','舍生取义'。'杀身舍生'非失败,'成仁'、'取义'则成功。全部中国史乃一部成功史,在个人则成'圣'成'贤',为'孝子'为'忠臣';在大群则五千年来成为一广土众民大一统之民族国家,此即其成功矣。"(《现代中国学术论衡》)

范文澜曰:"孔子生在东周,还只好寄统一的希望于名义上为天下共主的周天子,虽不可能成为现实,但中央集权的思想开始萌芽,实含进步意义。孔子和儒家学说无可置辩地是中国封建文化的主体,他学说的某些部分表现了汉民族在文化特点上的某些精神形态。他的学说也影响了中国境内外非汉族的各族,在汉族与各族间起着精神联系的作用。孔子基本上是个大教育家,他一生在学习,在思想,在温故知新,在诲人不倦。他积累了丰富的经验,特别是教育和行为方面的经验。"(《中国通史简编》)

梁漱溟曰:"往者夏曾佑著《中国古代史》云:'孔子一身直为中国政教之原,中国历史直孔子一人之历史而已。'柳诒徵著《中国文化史》有云'孔子者中国文化之中心也,无孔子则无中国文化。自孔子以前,数千年之文化赖孔子而传;自孔子以后,数千年之文化赖孔子而开'。两先生之言几若一致,而柳先生所说却较明确。说'孔子以前数千年之文化赖孔子而传'者，古先的文化不能不靠典籍文字以保存传递于后，而传递于后的这些典籍如《诗》、《书》、《礼》、《乐》、《易》、《春秋》不全是经孔子之手整理一过，用以教人而传下来的吗？说'孔子以后数千年文化赖孔子而开'者，其根本点就在二千五百年来大有异乎世界各方，不以宗教为中心的中国文化端赖孔子而开之，或认真说：二千五百年来中国文化是不以环绕某一宗教为中心而发展的，寻其所从来者甚早甚早，而其局面之得以开展、稳定则在孔子。再申言之：一贯好讲情理，富有理性色彩的中国社会文化生活，端由孔子奠其基础。"（《孔子研究论文集》）

张岱年曰："孔子是一个继往开来的人物，一方面对过去的文化进行了一次系统的总结；另一方面又开创了文化发展的新局面。从孔子开始私人讲学蔚然成风，到战国时代百家争鸣的盛况蓬勃兴起了。"又说："孔子的哪些思想观点为中国文化的发展提供了思想基础呢？这主要有三点：第一，积极乐观的有为精神；第二，对于道德价值的高度重视；第三，开创了重视历史经验的优良传统。"（《孔子研究论文集》）

匡亚明曰："孔子是中国封建社会时期最伟大的封建主义思想家，他的哲学思想（以仁为核心的人本思想）、政治思想（仁政德治思想）、伦理思想（贯穿了以仁德为纲的道德思想）和教育思想（人人可受教的有教无类思想），基本上反映和适应了封建社会时期的等级社会发展规律，所以在二千余年长期封建社会处于螺旋性以至一定程度有似循环性的缓慢发展中，他的思想一直是占主导地位的指导思想，这是任何别的思想（包括诸子百家和佛教、道教、基督教等思想）所不可和它比拟的。别的思想都只是在一定范围和一定时间内有一定影响，而孔子思想则在二千余年在全国范围内长期起着决定性作用。"（《孔子评传》）

韩兆琦曰："《孔子世家》记述了孔子一生所从事的种种活动，介绍并高度评价了他的思想学说，对其坎坷周游、困顿不遇的一生，寄寓了极大的惋惜和同情。司马迁对孔子顽强刻苦、虚心好学的精神和他那种渊博的知识学问，以及他为研究整理古代文献所付出的巨大努力与他所取得的丰富成果，表现了极大的敬仰与赞佩之情。司马迁认为孔子是我国古代足以称为'周公第二'的大圣人、大学者，并立志以孔子为楷模，要写'第二部《春秋》'，要做'孔子第二'。孔子有他宏伟的政治理想，并有将这种理想付诸实践的政治才干，作品中对此是有充分表现的。但客观形势总是对孔子不利,以至于使他到处碰壁,其处境与司马迁笔下的吴起、屈原等相同,这是使司马迁非常悲哀的,司马迁对此表现了无比的愤慨与同情。《孔子世家》的悲剧气氛与整个《史记》的悲剧气氛相一致。司马迁对孔子那种百折不挠、锲而不舍,宁知其不可为而为之,以及他那种不改变信念,不降低目标,绝不与恶势力同流合污的奋斗精神极为赞赏。司马迁正是从孔子这种处逆境而势不回头的精神中受到了鼓舞。'文王拘而演《周易》,仲尼厄而作《春秋》,屈原放逐乃赋《离骚》,左丘失明厥有《国语》',这已经成为司马迁一生奋斗力量的源泉。在这篇作品里,司马迁既是写孔子,也是在借写孔子以抒发自己之情,以塑造一个他心目中所理想的古代士人的悲剧形象。"(《史记笺证》)

【西方学者论孔子】

黑格尔说:"孔子只是一个实际的世间智者,在他那里思辨的哲学是一点也没有的。只有一些善良的、老练的、道德的教训,从里面我们不能获得什么特殊的东西。""我们根据他的原著可以断言,为了保持孔子的名声,假使他的书从来不曾有过翻译,那倒是更好的事。"(《哲学史讲演录》)

张继尧介绍法国启蒙思想家伏尔泰说:"(伏尔泰)曾精读各种儒家经典以及关于孔子思想论著的译本,思想深受孔子及中国传统文化影响,对孔子及其思想极为崇拜。称孔子为智者,并赋诗称颂孔子:'子所言者唯理性,天下不惑心则明。实乃贤者非先知,国人世人俱笃信。'还把孔子的画像挂在自己的礼拜堂中以表示敬仰。认为孔子的哲学是一套完整的伦理学说,教人以德,使普遍的理性抑制人们利己的欲望,从而建立起和平与幸福的社会。指出孔子的思想绝非空洞的教条,而是人们的行动准则。他以伦理道德为主要内容的哲学思想具有巨大的威力。孔子一整套的伦理道德规范指导着从统治者到平民百姓去修身、齐家、治国、平天下,使中国两千余年来国泰民安;甚至万里长城也未能阻止的入侵民族在入主中原以后,无一不被中原固有的文明所征服。这种世界仅见的历史现象,其原因盖在于孔子思想的强大威力。"(摘自张岱年编《孔子大辞典·海外评孔》)

杨焕英介绍美国历史家、哲学家威尔·杜兰对孔子的看法说:"中国的历史就是孔子思想的影响史。中国虽屡遭侵略,但其文化不仅能屹立不饶,而且还能同化异族的文化。孔子思想不仅深刻地影响了日本等东方国家,而且对欧洲,尤其对欧洲的启蒙运动也产生过积极影响。孔子有博雅的学识与一颗仁慈的心,是智者、学者,也是德智兼备的人。孔子是致用求治的圣人,其儒家思想长期统治中国,使中国发展出一种和谐的社会生活。即使在今天,要医治由于知识的爆发、道德的堕落、个人及国家的品格衰弱,以及那使个人遭至混乱而引起的痛苦,实在没有比孔子的学说和教条更好的了。但孔学不是万灵药,它对于抑制混乱和衰退很有效,但在求新求变的国际竞争压迫下,对于一个国家的发展是个桎梏。孔子的教条彻底地束缚了人类自然而充沛的冲动。儒家的思想是保守的,用古代的规范限制了青年人的理想。"(摘自张岱年编《孔子大辞典·孔子外评孔》)

杨焕英介绍美国历史学家、汉学家费正清对儒学的看法说:"儒家的人生观是重老而不重幼,重古而不重今,重既有的权威而不重革新,曾经是一切保守思想体系中最成功的一个,是一种单一不变、来自一个古圣先贤的思想。儒学的中心问题是人类社会和人与人之间的关系问题,而不是人怎样征服自然;说两千年来中国政治生活根深蒂固的儒家学说中的惰性,足以说明为什么中国的近代革命痛心地拖了这么久。并指出儒家思想对中国历史和现代的中央政府体制、政府官员和知识分子具有持久的影响。甚至认为孔子思想与毛泽东思想差别虽大,类似之处也很多。"(摘自张岱年编《孔子大辞典·海外评孔》)

帕特里克·曼汉姆说:"诺贝尔奖获得者建议,人类要生存下去,就必须回到二十五个世纪以前去汲取孔子的智慧。这是上周在巴黎召开的主题为'面向21世纪'的第一届诺贝尔奖获得者国际大会上参会者经过四天的讨论所得出的结论之一。""在会议的新闻发布会上,最精彩的是汉内斯·阿尔文博士(瑞典,1970年物理学奖获得者)的发言,他在其等离子物理学研究领域中的辉煌生涯将近结束时,得出了如下结论:人类要生存下去,就必须回到二十五个世纪以前去汲取孔子的智慧。"(《堪培拉时报》1988年1月24日)

史记疏证
仲尼弟子列传

补　白

《训儿童八首》之一　　（宋）陈淳

洙泗三千众，何人得正传。
省身有曾子，克己独颜渊。

《子贡》　　（唐）周昙

救鲁亡吴事可伤，谁令利口说田常。
吴亡必定由端木，鲁亦宜其运不长。

《子路》　　（宋）林同

食蔡殊列鼎，负米异重茵。
不待今朝养，伤哉昔日贫。

题 评

【题解】

张大可曰：本篇载孔子弟子七十七人，事迹最显者并非颜回、曾参，而是子路、子贡。子路死难、子贡救鲁两事，是本篇的精彩段落。子贡不仅善经商，还是一个纵横大家，他一出，存鲁，乱齐，破吴，强晋而霸越，驰说之伎不亚于苏秦、张仪，而却比苏、张早一百多年。由此可见，战国时纵横家的兴起，由来远矣。

【评说】

韩兆琦曰：孔子是一位大教育家，其生活的时代正值贵族社会衰落，"礼崩乐坏"，而孔子博文知礼，又主张"有教无类"，遂将古代贵族独占的诗书礼乐传播到民间去，他是促成文化下移的关键人物。这篇传记记载了孔子的"受业身通"弟子七十七人，其中三十五人有事迹记述，四十二人只留有姓名，同时还附见孔子的师友如老子、蘧伯玉、子产、晏婴、柳下惠等人。司马迁在《太史公自序》中说"孔子述文，弟子兴业；咸为师傅，崇仁厉义"，又称仲尼弟子为"异能之士"，文章的旨归即在于表扬孔门的道德风范与才智，以及其对后世的深远影响。

这篇传记的写法也比较特别，"以弟子名姓文字悉取《论语》弟子问，并次为篇，疑者阙焉"，风格跟《孔子世家》相类，其用意大致有两点：

其一是它标明了一种"信则传信，疑则传疑"的求实原则。司马迁不满当时的学者称引七十子之传的时候，"誉者或过其实，毁者或过其真"，认为择用"孔氏古文"更为真实，更为妥当，并且不应妄加增删、附会；其二是它表现了司马迁对孔子学术活动的敬仰。"述而不作"本来是孔子对待周代文化的态度，本身就包含了一种肯定。司马迁对折中"六艺"的孔子也持同样态度，在这篇文章中，尤其突出了孔子的循循善诱，因材施教。例如好勇力而性情粗鄙的子路就被教化成彬彬君子并以身殉道。司马迁在联缀材料的同时也把他对孔子及其门人的活动的认识与感情表达出来了。

　　元人戴表元认为司马迁作《仲尼弟子列传》，"务在推尊孔子而欲广其道"（《剡源集》）。这是没有问题的，但文章中记载了子贡游说齐、晋、吴、越之事尤详，"子贡一出，存鲁、乱齐、破吴、强晋而霸越。子贡一使，使势相破，十年之中，五国各有变"。这完全是一种战国策士的作风，因而引起了后人的聚讼纷纭。宋代王安石则提出怀疑："齐伐鲁，孔子问之曰：'鲁，坟墓之国，国危如此，二三子何为莫出？'子贡因行，说齐伐鲁，说吴以救鲁，复说越，复说晋，五国由是交兵，或强或破，或乱或霸，卒以存鲁。观其言，迹其事，乃与夫仪、秦、轸、代无以异也。嗟乎！孔子曰：'己所不欲，勿施于人。'己以坟墓之国，而欲全之，则齐吴之人岂无是心哉？奈何使之乱欤？"（《王文公文集》）清人梁玉绳说："《弟子传》皆短简不繁，独《子贡传》榛芜不休，疑是后人阑入，非《史》本文也。"（《史记志疑》）指出这段文字的风格与全篇扞格不入。清人周树槐说："吾意子贡在弟子中，与宰我并列言语之科，又结驷游诸侯，名闻天下，适有为鲁说齐之事，而其词不传，战国游士因以意补之，罗织当时事迹，以自试其揣摩之术，而伸其捭阖之说。"（《壮学斋文集》）这里连造假的动机都琢磨出来了。这段文字不见于《论语》，也不见于《左传》，而且与《左传》所载子贡的其他思想与行动颇多不合，因而引起人们的怀疑是很自然的。但孔门诸高足在当时社会地位最高，而又参与当时政治活动最多的就是子贡。而在《史记》中最受司马迁欣赏的孔门弟子也莫过于子贡，这是应该引起我们注意的。在本篇司马迁引用了这些可能是出于战国人之手的言辞，赞扬了子贡的外交才干，其本领甚至不是苏秦、张仪所能比；单以文章而言，其言辞滚滚，逻辑周严，意气风发，置于《战国策》中也绝对属于佼佼者；在《货殖列传》里司马迁又将本文里的"子贡好废举，与时转货赀"，"家累千金"云云加以发挥，说子贡"废著鬻财于曹、鲁之间，七十子之徒，赐最饶益"。不仅如此，司马迁甚至还说"使孔子名布扬于天下者，子贡先后之也"。这种写法一方面表现了司马迁高度肯定商业活动的进步思想，同时也是对以孔子为代表的历代儒生鄙视、诋毁商业活动的一种嘲弄。应该说，这两段的史实都颇有疑问，但它们所表现的司马迁的感情，却又都是非常真实的。

集 注

　　孔子曰："受业身通者七十有七人①"，皆异能之士也②。德行：颜渊、闵子骞、冉伯牛、仲弓③。政事：冉有、季路④。言语：宰我、子贡⑤。文学：子游、子夏⑥。师也辟，参也鲁，柴也愚，由也喭，回也屡空⑦。赐不受命，而货殖焉，亿则屡中⑧。

　　孔子之所严事⑨：于周则老子⑩；于卫，蘧伯玉⑪；于齐，晏平仲⑫；于楚，老莱子⑬；于郑，子产⑭；于鲁，孟公绰⑮。数称臧文仲、柳下惠、铜鞮伯华、介山子然，孔子皆后之，不并世⑯。

　　①孔子曰："受业身通者七十有七人"〔一〕

　　〔一〕索隐《孔子家语》亦有七十七人，唯文翁《孔庙图》作七十二人。

　　《新注》曰："《孔子世家》云：'身通六艺者七十有二人。'"《会注考证》引郑环曰："宋大观四年议体局言，《史记弟子传》曰：'受业身通六艺者七十有七人。'据此，今本说'六艺'二字。《注译》曰："受业身通者：受教育身通六艺的。礼、乐、射、御、书、数谓六艺。七十有七人：有，通'又'，用在整数和个数之间。"按"孔子曰"，泷川谓"孔子盖无此语，'曰'字疑改为弟子"，录以备考。

【考辨】
孔子高足弟子人数

　　梁玉绳曰："案弟子之数，有作七十人者，《孟子》云：'七十子。'《吕氏春秋遇合篇》：'徒达七十人。'《淮南子·泰族》及《要略训》具言'七十'。《汉书艺文志序》、《楚元王传》所称'七十丧而大义乖'，是已；有作七十二人者，《孔子世家》、文翁《礼殿图》、《后书蔡邕传》鸿都画像、《水经注》八汉鲁峻冢壁象、《魏书李平传学堂图》，皆七十二人。《颜氏家训诫兵篇》所称'仲尼门徒升堂者七十二',是已;有作七十七人者,此《传》及《汉地理志》是已。《孔子家语》七十二弟子解实七十七人。今本脱颜何,止七十六,其数无定,难以臆断。"(《史记志疑》)

《斠证》曰:"弟子之数,《韩子五蠹篇》称'七十人'。《伯夷列传》、《儒林列传》、《货殖列传》亦皆称'七十子'。《汉书·货殖传》、《盐铁论·殊俗篇》并同,《论衡·率性篇》亦称'七十之徒'。《汉书艺文志序》师古注:'七十子,谓弟子达者七十二人,举其成数,故言七十。'刘向《战国策叙录》称'七十二人,皆天下之后'。《新序杂事》一称'七十二人,自远方至'。陶渊明《读史述》九章,有七十二弟子章。黄侃《论语义疏序》云:'达者七十有二。'皆与《孔子世家》言'七十有二人'合。惟此《传》所载弟子,实七十七人。"按:此传载孔子高足弟子七十七人,尚遗漏二人,一为弟子牢(见《论语》),一为颜浊邹(见《孔子世家》),合之为七十九人。言"七十子",系举其成数,言"七十二",系五行之一行数目,为神圣习用语。因之,孔门高足言"七十",言"七十二",言"七十七",言"七十九",在不同语境下都是一个意思,统而言之"七十子"是也。

②皆异能之士也

《全注》曰:"异能:特殊才能,才能出众。"

③德行:颜渊、闵子骞、冉伯牛、仲弓

《全注》曰:"德行(xíng):道德行为。自'德行'至'子夏'当是孔子对这十个弟子的评价。"

④政事:冉有、季路

《全注》曰:"政事:行政事务。"

⑤言语:宰我、子贡[一]

[一] 索隐 《论语》一曰:"德行";二曰:"言语";三曰"政事";四曰"文学"。今此文,"政事"在"言语"上,是其记有异也。

《全注》曰:"言语:言辞口才。"

⑥文学:子游、子夏

《新论》曰:"文学:西周的文献典籍。"

【研讨】
德行、政事、言语、文学四行次第

《全注》曰:"德行、政事、言语、文学四行,皆是孔子对十位高足弟子特长所做的分类归纳。孔子之言见《论语·先进》,次序为一曰德行,二曰言语,三曰政事,四曰文学。"《斠证》曰:"《抱朴子·文行篇》:'德行者,本也。文章者,末也。故四科之序,文不居上。''德行'为人生之本(黄侃《疏》,故当居首),《政事》为治国之要,诚重于'言语'。史公以'政事'继'德行'之后,于义为优。刘宝楠《论语正义》云:'弟子传,先"政事"于"言语"当出《古论》。'"

⑦师也辟〔一〕,参也鲁〔二〕,柴也愚〔三〕,由也喭〔四〕,回也屡空

〔一〕集解马融曰:"子张才过人,失于邪辟文过。"正义音僻。

〔二〕集解孔安国曰:"鲁,钝也。曾子迟钝。"

〔三〕集解何晏曰:"愚直之愚。"

〔四〕集解郑玄曰:"子路之行,失于吸喭。"索隐《论语》先言柴,次参,次师,次由。今此传序之亦与《论语》不同,不得辄言其误也。正义吸音畔。喭音岸。

《新注》曰"颛孙师偏激(辟),曾参迟钝,高柴憨厚,仲由鲁莽,颜回长久贫困。喭(yàn):莽撞。空:贫困。"《全注》曰:"师:颛孙师。辟(pì):通'僻',偏激。参:曾参。鲁:钝挫,迟钝。柴:高柴。愚:愚笨。由:仲由,即子路,季路。喭(yàn):粗鲁。"施之勉云:"师也辟:景祐本南宋补版、黄善夫本、《殿本》正文、《集解》辟皆作僻。《论语先进篇》皇《疏本》、高丽本正文、《注》文亦并作僻。辟、僻古通。"(《会注考证订补》)

⑧赐不受命,而货殖焉,亿则屡中〔一〕

〔一〕集解何晏:"言回庶几于圣道,虽数空匮而乐在其中。赐不受教命,唯财货是殖,亿度是非。盖美回所以励赐也。一曰屡犹每也,空犹虚中也。以圣人之善道,教数子之庶几,犹不至于知道者,各内有此害也。其于庶几每能虚中者唯回,怀道深远。不虚心不能知道。子贡无数子之病,然亦不知道者,虽不穷理而幸中,虽非天命而偶富,亦所以不虚心也。"正义佚文

意,音亿。

《新注》曰:"端木赐不听命运的安排,而去经商,猜测行情,总是猜中。"《会注考证》曰:"《正义本》亿作意。"《斠证》曰:"皇本、高丽本亿作憶,《注》同。亿、憶皆意之俗字。亿:猜测。"

⑨孔子之所严事

《新论》曰:"严事:敬礼的人。"

⑩于周则老子

周:朝代名,即三代之周朝,公元前11世纪周武王灭商所建,史称西周。公元前770年周平王东迁洛阳,史称东周。这里,周指东周洛阳。老子:即老聃,姓李名耳,字伯阳。孔子入周问礼于老子,事详《老庄申韩列传》。

⑪于卫,蘧伯玉〔一〕

〔一〕集解 外宽而内直,自设于隐括之中,直己而不直人,汲汲于仁,以善自终,盖蘧伯玉之行。索隐 按:《大戴礼》又云"外宽而内直,自娱于隐括之中,直己而不直人,汲汲于仁,以善存亡,盖蘧伯玉之行也"。

《全注》曰:"卫:国名,西周初封国。蘧(qú)伯玉,氏蘧。'蘧'或作'璩',名瑗,字伯玉,谥成,蘧庄子无咎之子,卫国大夫。"《笺证》曰:"今河南获嘉县之巨柏村北有蘧伯玉墓,墓前有碑曰:'先贤蘧伯玉先生墓。'墓土近平,占地约一百平方米。"

⑫于齐,晏平仲〔一〕

〔一〕集解 君择臣而使之,臣择君而事之。有道顺命,无道衡命,盖晏平仲之行也。索隐《大戴记》曰:"君择臣而使之,臣择君而事之。有道顺命,无道衡命(1),盖晏平仲之行也。"

(1) 衡命:今本《大戴礼》"衡"作"横",两字通。《笺证》曰:"晏平仲,即晏婴,春秋后期齐国名臣,事迹见《左传》、《齐世家》、《管晏列传》。"《论语·公冶长》载孔子称道晏婴说:"晏平仲善与人交,久而敬之。"

⑬于楚,老莱子〔一〕

〔一〕索隐《大戴记》又云:"德恭而行信,终日言不在悔尤之内,贫而乐也,盖老莱子之行也。"

《全注》曰:"老莱子:楚人,隐居耕作蒙山下,楚王闻其贤,打算起用，他又至江南隐居，终身不仕，撰作十五篇。《汉书·艺文志》道家有《老莱子》十六篇，其逸已久。参看本书《老子韩非列传》。"按孔子与老莱子有何关涉，史无明载。

⑭于郑，子产

《全译》曰："子产：即公孙侨，又名公孙成子。春秋时郑国政治家，公元前554年为郑卿，实行改革；曾创立按'丘'征'赋'制度，并将刑书铸于鼎，公布于众。"

⑮于鲁，孟公绰

《全注》曰："孟公绰：鲁国大夫。"按《论语·宪问》云："子曰：'孟公绰为赵、魏老则优，不可以为滕、薛大夫。'"

⑯数称臧文仲、柳下惠〔一〕、铜鞮〔二〕伯华、介山子然，孔子皆后之，不并世〔三〕

〔一〕集解 孝恭慈仁，允德图义，约货去怨，盖柳下惠之行。索隐《大戴记》又云："孝恭慈仁，允德图义，约货亡怨，盖柳下惠之行也。"

〔二〕索隐《地理志》县名，属上党。正义鞮，丁奚反。按：铜鞮，潞州县。

〔三〕集解《大戴礼》曰："孔子云'国家有道，其言足以兴，国家无道，其默足以容，盖铜鞮伯华之所行。观于四方，不忘其亲，苟思其亲，不尽其乐，盖介山子然之行也'。"《说苑》曰："孔子叹曰'铜鞮伯华无死，天下有定矣'。"《晋太康地记》云："铜鞮，晋大夫羊舌赤之邑，世号赤曰铜鞮伯华。"索隐按：自臧文仲已下，孔子皆后之，不并代。其所严事，自老子及公绰已上，皆孔子同时人也。按：戴德撰《礼》，号曰《大戴礼》，合八十五篇，其四十七篇亡，见今存者有三十八篇。今裴氏所引在《卫将军篇》。孔子称祁奚对晋平公之辞，唯举铜鞮、介山二人行耳。《家语》又云："不克不忌，不念旧怨，盖伯夷、叔齐之行；思天而敬人，服义而行信，盖赵文子之行；事君不爱其死，谋身不遗其友，盖随武子之行。"

《全译》曰："臧文仲：又称臧孙辰，春秋时鲁国大夫。柳下惠：姓展，名获，字禽，春秋时鲁国大夫。柳下为其食邑，惠为谥号。铜鞮伯华：即晋国大夫羊舌赤。铜鞮为其食邑名，在今山西沁县南。伯华为其字。介山子然：即晋国大夫介子推，又称介之推、介推。曾随晋文公出亡十九年，后与母隐居绵上山中，在今山西介休县东南。"《新注》曰："孔子皆后之，不并世：孔子比上述的人生得晚，不是同时的人。并世：同一时代。"

颜回者，鲁人也，字子渊①，少孔子三十岁②。
颜渊问仁，孔子曰："克己复礼，天下归仁焉③。"
孔子曰："贤哉回也④！一箪食，一瓢饮⑤，在陋巷，人不堪其忧，回也不改其乐⑥""回也如愚⑦；退而省其私，亦足以发，回也不愚⑧""用之则行，舍之则藏，唯我与尔有是夫⑨！"
回年二十九，发尽白，蚤死⑩。孔子哭之恸⑪，曰："自吾有回，门人益亲⑫。"鲁哀公问⑬："弟子孰为好学⑭？"孔子对曰："有颜回者好学，不迁怒，不贰过⑮。不幸短命死矣，今也则亡⑯。"

①颜回者，鲁人也，字子渊
《全注》曰："颜回：氏颜，名回，孔子最得意的弟子，被后世尊为'亚圣'、'复圣'。"泷川曰："古人'名'与'字'相因。渊：回水也，故颜回字子渊。"(《会注考证》)
②少孔子三十岁〔一〕
〔一〕正义 少，戍妙反。
少：小。颜回小孔子三十岁，孔子生于鲁襄公二十二年，公元前551年，依此类推，颜回生于鲁昭公二十一年，公元前521年。

【考辨】
崔适《史记探源》考证颜回应"小孔子四十岁"，"三"为"四"之讹。据此，则颜渊当生于鲁昭公三十一年，公元前511年。依据之一，孔子二十生子伯鲤，伯鲤五十岁死，在公元前481年。颜渊死于伯鲤之后，死年三十二，以死于公元前480年计算，正好小于孔子四十岁。阎若璩《四书释地》谓"少孔子三十岁"，"三十"下脱"七"字，颜回应

"少孔子三十七岁"，据此则颜回生于鲁昭公二十八年，公元前514年。泷川氏《会注考证》引枫山本、三条本"岁"上有"七"字，与阎氏说合。以史实验证，崔适说是也。

③克己复礼，天下归仁焉〔一〕

〔一〕集解 马融曰："克己，约身也。"孔安国曰："复，反也。身能反礼，则为仁矣。"

《新注》曰："克制自己，一切循复周礼而行，做到这一步，天下的人都归服你的仁德。"按：语见《论语·颜渊》。原作："颜渊问仁。孔子曰：'克己复礼为仁。一日克己复礼，天下为仁焉。为仁由己，而由人乎哉？'"司马迁此处约取其语。杨伯峻《论语译注》译"为仁"为"称赞你是仁人"。司马迁改"为仁"为"归仁"。归，亦可释为"称许"。

④贤哉回也〔一〕

〔一〕集解 卫瓘[1]曰："非大贤乐道，不能若此，故以称之。"索隐 卫瓘字伯玉，晋太保，亦注《论语》，故裴引之。

(1) 卫瓘：黄侃《论语义疏序》，称江熙所集《论语》十三家《注》，有晋大保河东卫瓘，字伯玉。

按："贤哉回也"六句，语见《论语·雍也》。

⑤一箪食，一瓢饮〔一〕

〔一〕集解 孔安国曰："箪，笥也。"

《笺证》曰："一筐饭，一瓢汤，极言其生活条件之俭约、贫寒。箪：圆形竹器。"《全注》曰："瓢（piáo）：剖开葫芦做成的舀水器或盛酒器。饮：饮料，汤水。"

⑥在陋巷，人不堪其忧，回也不改其乐〔一〕

〔一〕集解 孔安国曰："颜回乐道，虽箪食在陋巷，不改其所乐也。"

《全注》曰："陋：狭小，狭窄。"陋巷：狭窄的街巷、里弄。杨伯峻《论语译注》："人不堪其忧：别人都受不了那贫苦生活所带来的忧愁。堪，忍受。"《新注》曰："不改其乐：安然处之，不改变原有的快乐。"

⑦回也如愚〔一〕

〔一〕集解 孔安国曰："于孔子之言，默而识之，如愚也。"

《注译》曰:"指孔子跟颜渊讲学时,颜渊默不作声,像个愚笨的人。"按:言其专注如痴。

⑧退而省其私,亦足以发,回也不愚〔一〕

〔一〕集解 孔安国曰:"察其退还与二三子说释道义,发明大体,知其不愚。"

《新注》曰:"颜回默默求学,好像很笨,可是下课后考察他私下的言行举止,却能发挥所学的知识,颜回并不愚笨。"按:退:下课后。省(xǐng):省察,考察。"回也如愚"四句见《论语·为政》,文略小异。

⑨用之则行,舍之则藏,唯我与尔有是夫〔一〕

〔一〕集解 孔安国曰:"言可行则行,可止则止,唯我与颜回同也。"栾肇曰:"用己而后行,不假隐以自高,不屈道以要名,时人无知其实者,唯我与尔有是行。"正义 肇字永初,高平人,晋尚书郎,作《论语疑释》十卷、《论语驳》二卷。

《新注》曰:"孔子对颜回说:能用世就行吾之道,不能用世就宝藏在身,乐天知命,大概只有我和你才能做到。"《全译》曰:"舍:舍弃,不用。藏:隐蔽。尔:指颜回。"按:语见《论语·述而》。孔子言此,视颜渊为知己。孔子认为,只有"笃信好学,守死善道"的人,才能达到"天下有道则现(出仕),无道则隐"的境界。(《论语·泰伯》)

⑩回年二十九,发尽白,蚤死〔一〕

〔一〕索隐 按:《家语》亦云"年二十九而发白,三十二而死"。王肃云"此久远之书,年数错误,未可详也。校其年,则颜回死时,孔子年六十一。然则伯鱼年五十先孔子卒时,孔子且七十也。今此为颜回先伯鱼死,而《论语》曰颜回死,颜路请子之车,孔子曰'鲤也死,有棺而无椁'[(1)],或为设事之辞[(2)]"。

(1) 语出《论语·先进》,此为鲤死于颜渊前之证。

(2) 或为设事之辞:按颜渊"少孔子三十岁"之说,则颜渊死于鲤久前数岁,故谓"鲤死有棺无椁"为"设事之辞",即假说,不合逻辑之甚。

梁玉绳曰:"《史》不书回死之年,《索隐》及《文选·辨命论》注引《家语》并作'三十二'。"(《史记志疑》)按:即颜回年二十九发白,三十二岁死。郭嵩焘曰:"孔子十九生伯鱼,伯鱼年五十卒,则孔子当六十九。颜渊之卒尚在伯鱼后,其年当及四十。"按:郭氏以颜渊"少孔子三十岁"立说所推，谓颜渊死于伯鲤之后，年岁至少四十岁。若按崔适说，颜渊"少孔子四十岁"，死年三十即在伯鲤后也。"早死"：早，原文作假借字"蚤"，今改用正字。

【访古】

《笺证》曰："颜回墓在曲阜城东二十里，防山之阳。宋代以颜回、曾子、子思、孟子四人配享孔庙，人称'四配'。明代嘉靖时颜回被追称'复圣'。今曲阜市北部之'陋巷街'有'颜庙'，也称'复圣庙'。中有'仰圣门'、'复圣殿'等诸多建筑。据说颜当年所居的'陋巷'就在今之'复圣门'内。颜庙最初为刘邦所建，其后历代都有修葺。"

⑪孔子哭之恸

《全注》曰："恸（tòng）：极其悲痛，悲痛之极。按语见《论语·先进》。"

⑫自吾有回，门人益亲〔一〕

〔一〕 集解 王肃曰："颜回为孔子胥附之友，能使门人日亲孔子。"

《新注》曰："孔子哭颜回，动情地说：由于颜回带头，弟子们更加亲近我。"《会注考证》引《尚书大传》曰："文王得胥附、奔凑、先后、御侮，谓之'四邻'，以免羑里之难。懿子曰：'夫子亦有四邻乎？'孔子曰：'文王得四臣，丘亦得四友焉：自吾得回也，门人加亲，是非胥附邪？自吾得赐也，远方之士日至，是非奔辏邪？自吾得师也，前有辉，后有光，是非先后邪？自吾得由也恶言不入于门，是非御侮邪？'"按：《尚书大传》云云，又见《孔丛子论书篇》。此文"有回"。《尚书大传》、《孔丛子》并作"得回"。有、得同义。《公羊》哀十四年《传》引《家语》有亦作得。

⑬鲁哀公问

《全注》曰："鲁哀公：名蒋（或作"将"），鲁定公之子，母定姒，公元前494至前467年在位。"

⑭弟子孰为好学

《全注》曰："孰：谁，那个。好（hào）：爱好。"

⑮有颜回者好学，不迁怒，不贰过〔一〕

〔一〕 集解 何晏曰："凡人任情，喜怒违理。颜回任道，怒不过分。迁者移也，怒当其理，不移易也。不贰过者，有不善未尝复行。"

《新注》曰:"不迁怒:发怒时不转移到别人身上。不贰过:知过则改,不再犯。"

⑯不幸短命死矣,今也则亡[一]

《全注》曰:"亡:通'无'。自'哀公问'至此见《论语·雍也》。'今也则亡'下。《论语》还有'未闻好学者也'一句。"

【考辨】

颜渊之生卒年

《全注》曰:"颜回年寿,《孔子家语·七十二弟子》作'三十一';《史记索隐》、《文选·辨命论》、《注》所引《家语》和《列子·力命》,均作'三十二';而钱穆《先秦诸子系年考辨》卷一《孔鲤颜回卒年考》则以为当作'四十一'。"关于颜回的生卒年,主要有以下四说:1.公元前512至前490年。依《史记》颜回小孔子三十岁,与别本《家语》颜回寿"三十二"而作的推算。此说流行较广,如《辞源》、《辞海》均采此说。其实最不可信。前人据《论语》本身材料已有驳正,可参看《史记志疑》。2.公元前514年至前483年。此为阎若璩说(见《四书释地又续》)。3.公元前511年至前481年。此为毛奇龄说(见《论语稽求篇》)。4.公元前521年至前481年。此为钱穆说。后三说皆有可能,但目前无法论定。按:以崔适颜回"少孔子四十岁为说,年寿三十二,则颜回生于511年,卒于480年,最为近之。"

闵损,字子骞,少孔子十五岁①。

孔子曰:"孝哉,闵子骞!人不间于其父母昆弟之言②。"不仕大夫,不食污君之禄③。"如有复我者,必在汶上矣④。"

冉耕,字伯牛⑤。孔子以为有德行。

伯牛有恶疾⑥,孔子往问之,自牖执其手⑦,曰:"命也夫!斯人也而有斯疾,命也夫⑧!"

冉雍,字仲弓⑨。

仲弓问政⑩,孔子曰:"出门如见大宾,使民如承大祭。在邦无怨,在家无怨⑪。"

孔子以仲弓为有德行,曰:"雍也可使南面⑫。"

仲弓父,贱人。孔子曰:"犁牛之子骍且角⑬,虽欲勿用，山川其舍诸⑭?"

①闵损，字子骞〔一〕，少孔子十五岁

〔一〕集解 郑玄曰："《孔子弟子目录》云鲁人。"索隐《家语》亦云"鲁人。少孔子十五岁"。

《注译》曰："闵损（公元前 536—公元前 487 年），鲁国人。在孔门中以德行和颜渊并称。"按："少孔子十五岁"，据此，闵子骞生于公元前 537 年。

【研讨】

闵子不名

孔子对闵损称字不称名。泷川引中井积德曰："《论语》中无名闵子骞者，岂以字行乎?"（《史记考证》）

洪迈曰："《论语》所记孔子与人语及门弟子，并对其人问答，皆斥其名，未有称字者。虽颜、冉高弟，亦曰回、曰雍。唯至闵子，独云子骞，终此书无损名。昔贤谓《论语》出于曾子、有子之门人。予意亦出于闵氏，观所言闵子侍侧之辞，与冉有、子贡、子路不同，则可见矣。"（《容斋随笔》三笔卷十二）

②孝哉，闵子骞! 人不间于其父母昆弟之言〔一〕

〔一〕集解 陈群曰："言子骞上事父母，下顺兄弟，动静尽善，故人不得有非间之言。"

《新注》曰："闵子骞真是个孝子，人们在他父母兄弟面前从没有非议。间：说闲话，非议。"

③不仕大夫，不食污君之禄〔一〕

〔一〕索隐《论语》："季氏使闵子骞为费宰，子骞曰：'善为我辞焉。'"是不仕大夫，不食污君之禄也。

《新注》曰："不给权臣作家臣，不食贪残国君的俸禄。"

④如有复我者〔一〕，必在汶上矣〔二〕

〔一〕集解 孔安国曰："复我者，重来召我。"

〔二〕集解 孔安国曰："去之汶水上，欲北如齐。"

《新注》曰："《论语·雍也》载，季氏派人请闵子骞为费邑宰，闵子骞说：'善为我辞焉，如有复我者，则吾必在汶上矣。'此即不仕大夫，不食污君之禄。汶，即山东大汶河，为齐鲁之间界河。季氏如迫闵子骞出仕，则闵将逃到汶水那边去，即到齐国去。"《注译》曰："汶上：汶水的北面。汶，水名，即山东省的大汶河。水的北面叫'阳'，汶上即汶水的北面。这里暗指齐国。因为季氏不忠于鲁国国君而有叛逆之心，所以闵子骞坚决不仕季氏。"《笺证》曰："今河南范县之闵子墓村有闵子骞墓，冢高二点五米，面积约三十平方米。"

⑤冉耕，字伯牛〔一〕

〔一〕集解 郑玄曰鲁人。索隐 按：《家语》云鲁人。

《注译》曰："冉耕：鲁国人。在孔门中以德行著称。"《笺证》曰："蒋建侯据《阙里广志》、《圣门志》以为冉耕少孔子七岁。如此则冉耕生于鲁襄公二十九年（公元前544年）。"

⑥伯牛有恶疾

《全注》曰："恶疾：痛苦难治的疾病。《公羊传》昭公二十年何休注云：'恶疾谓喑、聋、盲、疠、秃、跛、伛，不逮人论之属也。'《淮南子·精神训》云'冉伯牛为厉'。《论衡·自纪篇》云'伯牛寝疾'。按'厉'通'疠'，为麻疯病。'寝疾'，为卧床不起之病。"

⑦孔子往问之，自牖执其手〔一〕

〔一〕集解 包氏曰："牛有恶疾，不欲见人，孔子从牖执其手。"

《笺证》曰："问：慰问。"《注译》曰："自牖（yǒu）执其手：因伯牛有恶疾，不想见人，所以孔子从窗户里伸手进去握着他的手。牖，窗户。"

⑧命也夫！斯人也而有斯疾，命也夫〔一〕

〔一〕集解 包氏曰："再言之者，痛之甚也。"

《注译》曰："斯：这。指示代词。"

⑨冉雍，字仲弓〔一〕

〔一〕集解 郑玄曰："鲁人。"索隐 《家语》云："伯牛之宗族，少孔子二十九岁。"

《全注》曰："冉雍，氏冉，名雍，鲁国人，比孔子小二十九岁，生于公元前522年。"

⑩仲弓问政

《全注》曰:"按自此以下语见《论语·颜渊》。'问政',《颜渊》作'问仁'。"

⑪出门如见大宾,使民如承大祭〔一〕。在邦无怨,在家无怨〔二〕

〔一〕 集解 孔安国曰:"莫尚乎敬。"

〔二〕 集解 包氏曰:"在邦为诸侯,在家为卿大夫。"

《新注》曰:"在外待人像对待贵宾,使用民力像承当重大祭典,都要谦恭谨慎,如能这样,在朝廷上无人怨恨,在卿大夫家无人怨恨。"《全注》曰:"邦:国,国家。在邦:指在诸侯国中任职。家,当时称卿大夫为家。在家,指在卿大夫家中任职。或谓在自己家中。"《笺证》曰:"按:以上孔子答仲弓问政见《论语·颜渊》。"

⑫雍也可使南面〔一〕

〔一〕 集解 包氏曰:"可使南面,言任诸侯之治。"

《注译》曰:"南面:面向南方。古代以坐北朝南为尊位,天子、诸侯、卿大夫坐堂听政都是面向南方。使南面,这里指可以做卿大夫一类的大官。"《笺证》曰:"可使南面:可任一邦之君主。《集解》引包氏曰:'任诸侯之治。'朱熹曰:'言仲弓宽洪简重,有人君之度也。'按:以上孔子称仲弓语见《论语·雍也》。"

⑬犁牛之子骍且角

《新注》曰:"骍且角:毛色纯一,头角端正。这样的牛,虽然为耕田之牛所生,亦可做牲牛,喻仲弓出身虽贱,但乃可成才。"

⑭虽欲勿用,山川其舍诸〔一〕

〔一〕 集解 何晏曰:"犁,杂文。骍,赤色也,角者,角周正,中牺牲,虽欲以其所生犁而不用,山川宁肯舍之乎?言父虽不善,不害于子之美。"

《全注》曰:"虽:纵然,即使。用:使用,此指用作牺牲(祭祀的供品)。山川:此指山川神灵。其:通'岂',难道。诸:之乎。按语见《论语·雍也》。"

冉求,字子有①,少孔子二十九岁,为季氏宰②。季康子问孔子曰③:"冉求仁乎?"曰:"千室之邑,百乘之家④，求也可使治其赋⑤，仁则吾不知也⑥。"复问："子路仁乎?"孔子对曰："如求。"

求问曰："闻斯行诸⑦?"子曰："行之。"子路问："闻斯行诸?"子曰："有父兄在，如之何其闻斯行之⑧!"子华怪之⑨："敢问问同而答异⑩?"孔子曰："求也退，故进之；由也兼人，故退之⑪。"

①冉求，字子有〔一〕

〔一〕集解 郑玄曰："鲁人。"

《全注》曰："冉求，氏冉，名求，《孔子家语·七十二弟子》云'仲弓之族'，鲁国人。"

②少孔子二十九岁，为季氏宰

《全注》曰："少孔子二十九岁，据此推算，则生于公元前522年。季氏：即季孙氏，鲁国世卿。宰，家宰，家臣之长。为季氏宰：按《孟子·离娄上》云'求也为季氏宰'。"

③季康子问孔子曰

《全注》曰："季康子：氏季孙，名肥，谥康，故亦称'季孙肥'，季桓子之子，鲁国卿大夫，公元前491年至前468年执政。"按：以下对话，见《论语·公冶长》，文字较大出入。且此"季康子"，《论语》作"孟武伯"。

④千室之邑，百乘之家〔一〕

〔一〕集解 孔安国曰："千室，卿大夫之邑。卿大夫称家。诸侯千乘，大夫故曰百乘。"

《注译》曰："邑：古代居民聚居的地方。分公邑、采邑两种。公邑由诸侯管辖，采邑则是诸侯分封给卿、大夫的领地。千室之邑，指公邑。家：诸侯分封给卿、大夫的采邑。"《笺证》曰："千室之邑：千家居住的大城镇。百乘之家：具有百辆兵车的大家族，指大夫。季康子本应属于这一类，但实际上他们要比'百乘'强大得多了。"

⑤求也可使治其赋

《全注》曰："赋，赋税，指军赋、田税。按鲁国于鲁宣公十五年（公元前594年）'初税亩'，于鲁成公元年（公元前590年）'作丘甲'，于鲁哀公十二年（公元前 483 年）实行'用田赋'。求也可使治其赋：按《论语·先进》云：'季氏富于周公，而求也为之聚敛而附益之。'《孟子·离娄上》云：'求也为季氏宰，无能改于其德，而赋粟倍他日。'由此可见冉求'可使治其赋'的具体含义。"

⑥仁则吾不知也〔一〕

〔一〕集解 孔安国曰："赋，兵赋也。仁道至大，不可全名也。"

《笺证》曰："仁则吾不知也：'仁'在孔子心目中是一处至高无上的道德准则，所以不轻易以之许人。"

⑦闻斯行诸〔一〕

〔一〕集解 包氏曰："赈穷救乏⁽¹⁾之事也。"

(1) 赈穷救乏：谓此等事应见义勇为而行之。

《新注》曰："闻斯行诸：听到了应做的事要立即去做吗？"

⑧有父兄在，如之何其闻斯行之〔一〕

〔一〕集解 孔安国曰："当白父兄，不可自专。"

《注译》曰："如之何：对它该怎么办。"

⑨子华怪之

《全注》曰："子华：即公西赤，公西赤字子华，孔子弟子。怪：奇怪，此用作动词，感到奇怪。"

⑩敢问问同而答异

《新注》曰："此谓冉求与子路提同一问题，孔子回答完全两样，正好相反。"

⑪求也退，故进之；由也兼人，故退之〔一〕

〔一〕集解 郑玄曰："言冉有性谦退，子路务在胜尚人，各因其人之失而正之。"

《新注》曰："孔子说：冉求遇事迟疑，故鼓励他前进；子路好表现，所以要压压他使之谦虚。"《笺证》曰："以上孔子之问同答异见《论语·先进》，现代教育学称孔子这种做法为'因材施教'。"

仲由，字子路，卞人也，少孔子九岁①。

子路性鄙②，好勇力，志伉直③，冠雄鸡，佩猳豚④，陵暴孔子⑤。孔子设礼，稍诱子路⑥，子路后儒服委质⑦，因门人请为弟子。

子路问政，孔子曰："先之，劳之⑧。"请益，曰："无倦⑨。"

子路问："君子尚勇乎⑩？"孔子曰："义之为上⑪。君子好勇而无义则乱，小人好勇而无义则盗⑫。"

子路有闻，未之能行，唯恐有闻⑬。

孔子曰："片言可以折狱者，其由也与⑭！""由也好勇过我，无所取材⑮。""若由也，不得其死然⑯。""衣敝缊袍与衣狐貉者立而不耻者，其由也与⑰！""由也升堂矣，未入于室也⑱。"

季康子问⑲："仲由仁乎？"孔子曰："千乘之国可使治其赋⑳，不知其仁。"

子路喜从游，遇长沮、桀溺、荷蓧丈人㉑。

子路为季氏宰，季孙问曰㉒："子路可谓大臣与㉓？"孔子曰："可谓具臣矣㉔。"

子路为蒲大夫㉕，辞孔子。孔子曰："蒲多壮士，又难治。然吾语汝㉖：恭以敬，可以执勇；宽以正，可以比众；恭正以静，可以报上㉗。"

初，卫灵公有宠姬曰南子㉘。灵公太子蒉聩得过南子，惧诛出奔㉙。及灵公卒，而夫人欲立公子郢㉚。郢不肯，曰："亡人太子之子辄在㉛。"于是卫立辄为君，是为出公。出公立十二年。其父蒉聩居外，不得入。子路为卫大夫孔悝之邑宰㉜。蒉聩乃与孔悝作乱㉝，谋入孔悝家，遂与其徒袭攻出公。出公奔鲁，而蒉聩入立，是为庄公。方孔悝作乱㉞，子路在外，闻之而驰往。遇子羔出卫城门㉟，谓子路曰："出公去矣，而门已闭，子可还矣，毋空受其祸㊱。"子路曰："食其食者不避其难㊲。"子羔卒去。有使者入城，城门开，子路随而入。造蒉聩㊳，蒉聩与孔悝登台。子路曰："君焉用孔悝？请得而杀之㊴。"蒉聩弗听。于是子路欲燔台㊵，蒉聩惧，乃下石乞、壶黡攻子路，击断子路之缨㊶。子路曰："君子死而冠不免㊷。"遂结缨而死㊸。

孔子闻卫乱，曰："嗟乎，由死矣！"已而果死。故孔子曰："自吾得由，恶言不闻于耳㊹。"是时子贡为鲁使于齐㊺。

①仲由，字子路，卞人也〔一〕，少孔子九岁

〔一〕集解 徐庆曰："《尸子》曰子路，卞之野人。"索隐《家语》一字季路，亦云是卞人也。

《全注》曰："仲由，氏仲，名由。《史记索隐》引《家语》云：一字季路。按'季'当系仲由排行，故可与字连称，犹如与字连称，犹如孔子字尼，而常称仲尼。"《新注》曰："卞：鲁邑，在山东泗水县东五十里。"按：《孔子家语》"卞"作"弁"。弁、卞，正俗字。《笺证》曰："少孔子九岁，据此则子路生于鲁襄公三十一年，公元前542年。"

②子路性鄙

《注译》曰："鄙：质朴。"

③好勇力，志伉直

《新注》曰："伉直：刚猛爽直。"

④冠雄鸡，佩豭豚〔一〕

〔一〕集解 冠以雄鸡，佩以豭豚。二物皆勇，子路好勇，故冠带之。

《新注》曰："头上插戴公鸡羽毛，身上佩带公猪牙齿。"按："豭"，北燕、朝鲜等地方言，称猪为豭，字又作猳。豭、猳，正俗字。

⑤陵暴孔子

《新注》曰："陵暴：欺凌无礼。陵，同凌。"

⑥孔子设礼，稍诱子路

《新注》曰："孔子陈设乐来循循诱导子路。"《笺证》曰："稍诱：逐渐地加以诱导。稍：逐渐。"

⑦子路后儒服委质〔一〕

〔一〕集解 按：服虔注《左氏》云"古者始仕，必先书其名于策，委死之质于君，然后为臣，示必死节于其君也"。

《新注》曰："儒服委质：穿起儒者的服装，矢志委身于孔子。"

【研讨】

子路儒服委质

《笺证》引王充曰:"斯盖变性使恶为善之明效矣。"钟惺曰:"圣门无子路,不见孔子手段。'孔子稍设礼诱之,子路儒服委质,因门人请为弟子',是何等悟性!真大勇人也。圣人不得中行,最喜此一种人。佛家所谓'广额屠儿放下屠刀立地成佛',正取其刚耳。"

⑧先之,劳之〔一〕

〔一〕集解 孔安国曰:"先导之以德,使民信之,然后劳之。《易》曰'悦以使民,民忘其劳'。"

《新注》曰:"先要教化百姓,然后才能役使百姓。"

⑨请益〔一〕,曰:"无倦"〔一〕

〔一〕集解 孔安国曰:"子路嫌其少,故请益。曰'无倦'者,行此上事,无倦则可。"

《笺证》曰:"请益:请再多讲一些。无倦:指行'先之'劳之两条永无倦怠。按:以上孔子答子路问政见《论语·子路》。"

⑩君子尚勇乎

《注译》曰:"君子:'君子'和'小人'是一组对立的概念。西周、春秋时,君子指统治阶级,小人指被统治的劳动人民。春秋末年以后,君子与小人逐渐成为'有德者'与'无德者'的称谓。"《新注》曰:"尚勇:崇尚勇力。"

⑪义之为上

《注译》曰:"上:通'尚'。"

⑫君子好勇而无义则乱〔一〕,小人好勇而无义则盗

〔一〕集解 李充曰:"既称君子,不职为乱阶也。若君亲失道,国家昏乱,其于赴患致命而不知正顾义者,则亦陷乎为乱而受不义之责也。"索隐 按:充字弘度,晋中书侍郎,亦作《论语解》。

《笺证》曰:"盗:成为匪盗。按:以上回答子路问勇事见《论语·阳货》。"

⑬子路有闻,未之能行,唯恐有闻〔一〕

〔一〕集解 孔安国曰:"前所闻未及行,故恐复有闻不得并行。"

《新注》曰："子路闻道必行，因此他听了该做的事还没实行，唯恐又听到新的事。"

⑭片言可以折狱者，其由也与[一]

〔一〕集解孔安国曰："片犹偏也。听讼必须两辞以定是非，偏信一言折狱者，唯子路可也。"

《新注》曰："片言：听一方之言。断案要听两造之言。折狱：断案。"《注译》曰："其：大概。与：通'欤'。"

【研讨】
片言折狱

《笺证》曰："朱熹引程子曰：'片言，半言。折，断也。子路忠信明决，故言出而人信服之，不待其辞之毕也。'《集解》引孔安国曰：'片犹偏也，听讼必须两辞以定是非，偏信一言折狱者，唯子路可也。'按：孔子对子路的此一考评见《论语·颜渊》。依前解为称颂子路之明决；依后解则是讽刺子路的主观武断。"

⑮由也好勇过我，无所取材[一]

〔一〕集解栾肇曰："适用曰材，好勇过我用，故云'无所取'。"索隐按：肇字永初，晋尚书郎，作《论语义》也。

《笺证》曰："此语主语有两解。其一，有人以为主语是子路，朱熹引程子曰：'夫子美其勇，而讥其不能裁度事理以适于义也。'其二，或曰主语为孔子，孔子以为子路的这种过分好勇是不可取的。材：通'裁'。按：孔子对子路的此一考评见《论语·公冶长》。"

⑯若由也，不得其死然[一]

〔一〕集解孔安国曰："不得以寿终也。"

《全注》曰："不得其死，不得好死。然，句末语气词，用法同'焉'。按语见《论语·先进》。"

⑰衣敝缊袍[一]与衣狐貉者立而不耻者，其由也与

〔一〕集解孔安国曰："缊，枲著也。"

《新注》曰："穿上破衣与穿华丽衣服的人站在一起而不觉是耻辱，只有仲由才能做到。"《全注》曰："衣（yì）：穿。缊袍：以乱麻作絮的破袍。貉（hé）：亦称'狗獾'。其毛皮可做皮衣。衣狐貉者，穿着用狐

貉之皮做的袍子。"

⑱由也升堂矣，未入于室也〔一〕

〔一〕集解马融曰："升我堂矣，未入于室耳。"

《全注》曰："堂：厅堂。室：内室。按先进门，次登堂，后入室，孔子以此表示学问道德由低到高的几个阶段。入室为最高阶段。按语见《论语·先进》。"

【研讨】

由也升堂未入室

崔述曰："子路于及门弟子中年最长，而孔子亦屡称之，虽时有所督责而贬之，固不如褒者之多也。'升堂入室'，孔子有定论矣。"（《洙泗考信馀录》卷之二）蒋建候曰："孔子弟子除颜路外，殆以子路为最长。《论语》记孔子赞子路之言凡五见，贬子路之言凡四见，足征其瑕不掩瑜矣。子路虽未入室，但已升堂，则亦孔门之高第，较之彼'不得其门而入'者其相去又奚啻径庭哉？"

⑲季康子问

《注译》曰："季康子：据《论语》，应为孟武伯。"

⑳千乘之国可使治其赋

《全注》曰："千乘之国：拥有一千辆兵车的国家。千乘之国在春秋时代为大国。"

㉑子路喜从游，遇长沮、桀溺、荷蓧丈人

《笺证》曰："喜从游：喜欢跟着孔子周游诸国。长沮、桀溺：当时居于蔡国（今河南省新蔡县）以耕田为业的两个隐士，他们不赞成孔子的到处奔走讲道，劝子路跟着他们避世隐居。荷蓧（diào）丈人：当时的蔡地隐者，曾指责孔子'四体不勤，五谷不分'。蓧：除草用的工具。按：子路遇长沮、桀溺、荷蓧丈人事，见《论语·微子》与《孔子世家》。"

㉒子路为季氏宰，季孙问曰

《笺证》曰："子路为季氏宰：为季孙氏做管家。按：此在当时的鲁国地位甚高，权力甚大。蒋建候曰：'子路为季氏宰在季桓子时，孔子方仕鲁。'季孙：就司马迁的原意，此处似应指季桓子，名斯，季孙氏家族的头领。但据《论语》向孔子提此问题的是'季子然'，季氏家族的子弟。"

㉓子路可谓大臣与

《全注》曰:"大臣:重臣,辅佐大臣。"

㉔可谓具臣矣〔一〕

〔一〕集解孔安国曰:"言备臣数而已。"

《全注》曰:"具臣:备位充数之臣,指一般的臣僚。按语见《论语·先进》。"

㉕子路为蒲大夫〔一〕

〔一〕索隐蒲,卫邑,子路为之宰也。

《新注》曰:"蒲:卫邑,在河北长垣县西。"

㉖然吾语汝

《全注》曰:"语(yù):告诉、告诫。"

㉗恭以敬,可以执勇〔一〕;宽以正,可以比众〔二〕;恭正以静,可以报上

〔一〕集解言恭谨谦敬,勇猛不能害,故曰"执"也。

〔二〕集解音鼻。言宽大清正,众必归近之。

《新注》曰:"只要谦虚严肃,就可以驾驭那些勇武的人;只要宽和公正,就可以得人拥护;做到恭谨、宽正与稳重,就不会辜负君上的付托。"《笺证》曰:"以:同'而'。执:把握,抑制。比:贴近。"

㉘初,卫灵公有宠姬曰南子

《全注》曰:"卫灵公:卫国国君,名元,卫襄公之子,公元前534年至前493年在位。南子:亦称'釐夫人',宋女。"

㉙灵公太子蒉聩得过南子,惧诛出奔

《全注》曰:"蒉聩(kuàikuì):亦作'蒯聩',即卫庄公。因与南子构恶,于公元前496年出奔宋国。于公元前480年返回卫国国都即位,于公元前478年被戎州人己氏所杀。详见本书《卫康叔世家》。得过:得罪。惧诛出奔。按:《左传》定公十四年和本书《卫康叔世家》,蒉聩因谋杀南子不成而出奔宋国。"

㉚及灵公卒,而夫人欲立公子郢

《全注》曰:"公子郢:卫灵公庶子,名郢,或作'逞',字子南,谥昭。"

㉛亡人太子之子辄在

《全注》曰："亡人太子：指太子蒉聩，当时逃亡在外。辄：卫灵公之孙，卫庄公蒉聩之子，于公元前492至公元前481年、公元前476至公元前469年两度在位。"

㉜子路为卫大夫孔悝之邑宰〔一〕

〔一〕索隐按：服虔云"为孔悝之邑宰"。

《新注》曰："孔悝：卫大夫，为太子蒉聩姊之子，卫国执政。"按：孔悝于公元前480年拥立蒉聩即位，不久出奔。

㉝蒉聩乃与孔悝作乱

《全注》曰："指蒉聩与其姊孔伯姬及浑良夫合谋，胁迫孔悝作内应，驱逐卫出公以夺取君位。详见《左传》哀公十五年和本书《卫康叔世家》。"

㉞方孔悝作乱〔一〕

〔一〕索隐按：《左传》蒯聩入孔悝家，悝母伯姬劫悝于厕，强与之盟而立蒯聩，非悝本心自作乱也。

《全注》曰："方：当，正。"

㉟遇子羔出卫城门

《注译》曰："子羔：高柴的表字。当时和子路同为孔悝的家臣。"

㊱出公去矣，而门已闭，子可还矣，毋空受其祸

《全注》曰："出公：《史诠》曰：'"出公"当作"卫君"。'子羔当时不可能以谥号相称，当系追述之词。去：离开。还：返回。毋：不要。空：白白，徒然。"

㊲食其食者不避其难

《笺证》曰："子路为孔悝邑宰，闻孔悝被劫，故欲舍死往救。"按："食其食"，前一"食"字，动词，吃；后一"食"字，名词，食物，指俸禄。

㊳造蒉聩

《笺证》曰："前进至叛乱集团的聚集处。造：到达。"

㊴君焉用孔悝？请得而杀之

《笺证》曰："陈子龙曰：'季子救悝而来，岂应出此语？固知《左氏》为当矣。'《左传》于此云：'太子焉用孔悝，虽杀之，必或继之

（还会有别人接着与你作对）。’泷川曰：‘言“杀之”者，权辞，而阴救之也。’”

㊵子路欲燔台

《注译》曰：“燔（fán）：焚烧。子路要杀孔悝和焚台，实际上都是为了救孔悝。因为孔悝当时已被蒯聩控制。”

㊶乃下石乞、壶黡攻子路，击断子路之缨

《笺证》曰：“石乞、壶黡：蒯聩党人。壶黡：《左传》与《卫世家》作‘盂黡’。击断子路之缨：缨：冠带，以系于下颏。”

㊷君子死而冠不免

《笺证》曰：“君子死时不能让帽子掉下来。杨伯峻曰：‘《礼记·曲礼上》云“冠毋免”，盖本此。’”

㊸遂结缨而死

《笺证》曰：“当子路系冠带的时候被敌人杀死了。鲁迅《两地书》曰：‘子路先生确是勇士，但我觉得有点迂。掉了一顶帽子又有何妨呢？却看得这么郑重，实在是上了仲尼先生的当了。子路先生倘若不信他的胡说，披头散发地战起来，也许不至于死的罢！’钱穆曰：‘蒯聩之难，子路死之，年六十三。’按：今河南濮阳县城南之戚城村东有子路墓，现存墓高四点五米，四周有砖墙围护，墓前有明、清碑刻六通。又，今河南清丰县之马厂村北、长垣县之岳庄村东北也都有子路墓。”

㊹自吾得由，恶言不闻于耳〔一〕

〔一〕集解王肃曰：“子路为孔子侍卫，故侮慢之人不敢有恶言，是以恶言不闻于孔子耳。”

《注译》曰：“恶言不闻于耳：因为子路勇猛，谁侮辱孔子他就揍谁，所以自从孔门有了子路，就没有人敢对孔子出恶言。”

㊺是时子贡为鲁使于齐〔一〕

〔一〕索隐按：《左传》子贡为鲁使齐在哀十五年，盖此文误也。

《新注》曰：“子贡使齐事在鲁哀公十五年，即卫庄公元年，当公元前480年。”按：陈仁锡曰：“九字当删。”张文虎曰：“此与上下皆不相涉，疑今本错简。”

宰予，字子我①，利口辩辞②。既受业，问：“三年之丧不已久乎③?君子三年不为礼,礼必坏;三年不为乐,乐必崩。旧谷既没,新谷即升④,钻燧改火,期可已矣⑤。"子曰:"于汝安乎?"曰:"安。""汝安则为之。君子居丧,食旨不甘,闻乐不乐,故弗为也⑥。"宰我出,子曰:"予之不仁也!子生三年然后免于父母之怀⑦。夫三年之丧,天下之通义也⑧。"

宰予昼寝⑨。子曰:"朽木不可雕也,粪土之墙不可圬也⑩。"

宰我问五帝之德⑪,子曰:"予非其人也⑫。"

宰我为临菑大夫⑬,与田常作乱⑭,以夷其族,孔子耻之⑮。

①宰予,字子我〔一〕

〔一〕集解 郑玄曰鲁人。索隐《家语》亦云鲁人。

《全译》曰:"宰予:公元前522至公元前458年,鲁国人。又称宰我。"

②利口辩辞

《笺证》曰:"利口辩辞:即口利辞辩。辩:雄辩,话说得好、来得快。按:宰我与子贡同被列入'言语门'。"

③三年之丧不已久乎

《注译》曰:"三年之丧:旧时父母或祖父母死了,儿子和长房长孙必须谢绝人事,做官的解除职务,在家守孝二十七个月,概说三年。已:太。副词。"

④旧谷既没,新谷即升

《全注》曰:"旧谷:旧粮,陈粮。没:尽,此指吃尽。新谷:新粮。升:登场,收获。"

⑤钻燧改火,期可已矣〔一〕

〔一〕集解 马融曰:"《周书·月令》有更火之文。春取榆柳之火,夏取枣杏之火,季夏取桑柘之火,秋取柞楢之火,冬取槐檀之火。一年之中,钻火各异木,故曰'改火'。"

《新注》曰："钻燧改火：古时钻木取火，四季用木不同，钻改换一遍，即一年。燧，古代取火的器具，即燧石。期可已矣：一年就够了。期：一年。"

⑥君子居丧，食旨不甘，闻乐不乐，故弗为也〔一〕

〔一〕集解孔安国曰："旨，美也。责其无仁于亲，故言'汝安则为之'。"

《全注》曰："旨：味美，此指美味食物。闻乐不乐：前一个乐（yuè），音乐；后一个'乐'（lè），快乐，高兴。"

⑦子生三年然后免于父母之怀〔一〕

〔一〕集解马融曰："生未三岁，为父母所怀抱也。"

《注译》曰："免：脱离。"

⑧夫三年之丧，天下之通义也〔一〕

〔一〕集解孔安国曰："自天子达于庶人。"

《全注》曰："通义：即'通仪'，通行的丧仪。"《笺证》曰："通义：普通的道理。"按：两说皆通。自"问"以下至此，见《论语·阳货》。

⑨宰予昼寝

《笺证》曰："宰予白天睡觉。"泷川曰："'昼寝'有四义。皇侃云：'寝，眠也。宰予惰学而昼眠也。'朱子从之，是一义；梁武帝改'昼'为'画'，以为绘画寝室，韩昌黎《笔解》从之，是又一义；刘原父以'寝'为内寝，即《曲礼》所谓'昼居于内'，是一义；翟晴江《论语考异》读'画'若今'女画'之'画'，读'寝'若'兵寝刑措'之'寝'，以为休息，是又一义。皇说最稳。"

⑩朽木不可雕也〔一〕，粪土之墙不可圬也〔二〕

〔一〕集解包氏曰："朽，腐也。雕，雕琢刻画。"

〔二〕集解王肃曰："圬，墁也。二者喻虽施功犹不成也。"

杨伯峻《论语译注》曰："腐烂了的木头雕刻不得，粪土似的墙壁粉刷不得。圬（wū），泥工抹墙的工具叫圬，把墙抹平也叫圬。这里是粉刷的意思。"按：孔子责备宰予昼寝事见《论语·公冶长》。王充《论衡·问孔》曰："'昼寝'之恶，小恶也；'朽木'、'粪土'不可复成之物，大恶也。责小过以大恶，安能服人？"

⑪宰我问五帝之德

《全译》曰："五帝：古代传说中的帝王。一说为黄帝、颛顼、帝喾、尧、舜（《大戴礼·五帝德》、《史记·五帝本纪》）；一说为太昊、炎帝、黄帝、少昊、颛顼（《礼记·月令篇》、《吕氏春秋·十二纪》）。实际是我国原始社会末期部落联盟的领袖人物。"《全注》曰："德：道德，德行，此泛指有关情况。"

⑫予非其人也〔一〕

〔一〕集解 王肃曰："言不足以明五帝之德也。"

《新注》曰："予非其人：我不是那时的人。"《全注》曰："言宰予不是能修明五帝之德的人。"按：以上两解：予，指代孔子；予，指宰我之名。前者是孔子不予回答；后者是指宰我不是提这种问题的人。两者意思一样，宰我没资格谈论这一话题。关于宰予和孔子就五帝德的问对，详见《大戴礼记·五帝德》。

⑬宰我为临菑大夫〔一〕

〔一〕索隐 按：谓仕齐。齐都临淄，故云"为临淄大夫"也。

《注译》曰："临菑，即临淄，齐国都城。在今山东省淄博市东北。临菑大夫：这里指在齐国做官。"

⑭与田常作乱

《全注》曰："与（yù）：参与。田常：氏田，亦作'陈'；名常，亦作'恒'；谥成，故亦称'田常'、'陈恒'、'田成子'、'陈成子'等。齐国大夫，陈釐子乞之子。继承其父大斗出、小斗进的做法，争取民心。公元前481年，杀死齐简公，拥立齐平公，任相国，铲除公族中强者，扩大自己封邑，开创田氏专擅齐国权柄的局面。详见本书《田敬仲完世家》。"《新注》曰："宰我与田常作乱，《左传》及《齐太公世家》都无宰我与田常作乱之事，《左传》载阚止，字子我，与田常争权，为田氏所杀；阚止，《齐世家》作监止，与宰我是否为同一个人，存疑待考。"

⑮以夷其族，孔子耻之〔一〕

〔一〕索隐 按：《左氏传》无宰我与田常作乱之文，然有阚止字子我，而因争宠，遂为陈恒所杀。恐字与宰予相涉，因误云然。

《全注》曰："夷，夷杀，杀灭。族，家族。耻之，以此为耻。按前人多不信宰予参与田常作乱而死之事，认为司马迁误记。今人钱穆《先秦诸子系年考辨·宰我死齐考》认为此说出于战国田氏对宰予的仇恨和诬陷。考本书《李斯列传》云：'田常为简公臣，爵列无敌于国，私家之富与公家均，布惠施德，下得百姓，上得群臣，阴取齐国，杀宰予于庭，即弑简公于朝，遂有齐国。'又《田敬仲完世家》云：'田常成子与监止俱为左、右相，相简公。田常心害监止，监止幸于简公，权弗能去。……子我者，监止之宗人也，常与田氏有郤。……田常于是击子我。子我率其徒攻田氏，不胜，出亡。田氏之徒追杀子我及监止。'所言与此各有抵牾，可见司马迁所述必有讹误。"

端沐赐，卫人，字子贡①，少孔子三十一岁②。

子贡利口巧辞，孔子常黜其辩③。问曰："汝与回也孰愈④？"对曰："赐也何敢望回！回也闻一以知十，赐也闻一以知二。"

子贡既已受业，问曰："赐何人也?"孔子曰："汝器也⑤。"曰："何器也？"曰："瑚琏也⑥。"

陈子禽问子贡曰："仲尼焉学⑦？"子贡曰："文武之道未坠于地⑧，在人，贤者识其大者，不贤者识其小者，莫不有文武之道。夫子焉不学，而亦何常师之有⑨！"又问曰："孔子适是国必闻其政⑩。求之与？抑与之与⑪？"子贡曰："夫子温良恭俭让以得之⑫。夫子之求之也，其诸异乎人之求之也⑬。"

子贡问曰："富而无骄，贫而无谄⑭，何如⑮？"孔子曰："可也；不如贫而乐道，富而好礼⑯。"

①端沐〔一〕赐，卫人，字子贡

〔一〕索隐《家语》作"木"。

《全译》曰："端沐赐：即端木赐。"郭嵩焘云："古人名字必相应，《说文》：'贛，赐也。''贡，献功也。'则端木子之字当为子贛无疑。"

②少孔子三十一岁

《笺证》曰："据此子贡生于鲁昭公二十二年，公元前520年。"

③孔子常黜其辩

《新注》曰："黜其辩：驳斥他的说辞。"

④汝与回也孰愈〔一〕

〔一〕集解孔安国曰："愈犹胜也。"

《注译》曰："愈：较好；胜过。"

⑤汝器也〔一〕

〔一〕集解孔安国曰："言汝器用之人。"

《注译》曰："器：器皿。"王骏图曰："言汝之品学，皆成器矣。"（《史记旧注平议》）

⑥瑚琏也〔一〕

〔一〕集解包氏曰："瑚琏，黍稷器。夏曰瑚，殷曰琏，周曰簠簋，宗庙之贵器。"

《新注》曰："瑚琏：陈于宗庙盛黍稷的祭器，夏曰瑚，殷曰琏，周曰簠簋。"按：以上对话见《论语·公冶长》。

⑦陈子禽问子贡曰："仲尼焉学"

《笺证》曰："陈子禽：名亢，杨伯峻曰：'从《子张篇》所载的事看来，恐怕不是孔子的学生。'按：据《论语》，问'仲尼焉学'的是'卫公孙朝'，非陈子禽。焉学：学什么。"

⑧文武之道未坠于地

《全注》曰："文、武：指周文王、周武王。文武之道：周文王、周武王的修身治国之道。坠：坠落，失落。"

⑨夫子焉不学〔一〕，而亦何常师之有〔二〕

〔一〕集解孔安国曰："文武之道未坠落于地，贤与不贤各有所识，夫子无所不从学。"

〔二〕集解孔安国曰："无所不从学，故无常师。"

《新注》曰："谓夫子无所不学。"《全注》曰："常师：固定的老师。何常师之有：即'有何常师'。"

⑩孔子适是国必闻其政

《全注》曰："适：往，到。"《笺证》曰："闻其政：过问该国的政治状况。闻：打听，过问。"

⑪求之与？抑与之与〔一〕

〔一〕集解郑玄曰："怪孔子所至之邦必与闻国政，求而得之邪？抑人君自愿与之为治者?"

《笺证》曰:"是孔子向人家请求的呢,还是人家主动向孔子讲的呢?抑:转折语词。"

⑫夫子温良恭俭让以得之

《全注》曰:"温良恭俭让:温和、善良、恭敬、俭朴、谦让。"

⑬夫子之求之也,其诸异乎人之求之也〔一〕

〔一〕集解 郑玄曰:"言夫子行此五德而得之,与人求之异,明人君自与之。"

《笺证》曰:"其诸异乎人之求之也:其诸:杨伯峻曰:'表示不肯定的语气,意为"或者"。'按:以上问答见《论语·学而》,问此事者才是'陈子禽'。"

⑭富而无骄,贫而无谄

《全注》曰:"谄(chǎn):谄媚,巴结奉承。"

⑮何如

《全注》曰:"何如:如何,怎么样。按本节见《论语·学而》。"

⑯可也〔一〕;不如贫而乐道,富而好礼〔二〕

〔一〕集解 孔安国曰:"未足多也。"

〔二〕集解 郑玄曰:"乐谓志于道,不以贫为忧苦也。"

田常欲作乱于齐,惮高、国、鲍、晏①,故移其兵欲以伐鲁。孔子闻之,谓门弟子曰:"夫鲁,坟墓所处,父母之国,国危如此,二三子何为莫出②?"子路请出,孔子止之。子张、子石请行③,孔子弗许。子贡请行,孔子许之。

遂行,至齐,说田常曰:"君之伐鲁过矣④。夫鲁,难伐之国,其城薄以卑⑤,其地狭以泄⑥,其君愚而不仁,大臣伪而无用,其士民又恶甲兵之事,此不可与战。君不如伐吴。夫吴,城高以厚,地广以深⑦,甲坚以新⑧,士选以饱⑨,重器精兵尽在其中⑩,又使明大夫守之,此易伐也。"田常忿然作色曰:"子之所难,人之所易;子之所易,人之所难。而以教常,何也?"子贡曰:"臣闻之,忧在内者攻强⑪，忧在外者攻弱。今君忧在内。吾闻君三封而三不成者，大臣有不听者也⑫。今君破鲁以广齐，战胜以骄主，破国以尊臣⑬，而君之功不与焉⑭，则交日疏于主⑮。是君上骄主心，下恣群臣⑯，求以成大事，难矣。夫上骄则恣⑰，臣骄则争，是君上于主有郄，下与大臣交争也⑱。如此，则君之立于齐危矣。故曰不如伐吴。伐吴不胜，民人外死，大臣内空⑲，是君上无强臣之敌，下无民人之过⑳，孤主制齐者唯君也㉑。"田常曰："善。虽然，吾兵业已加鲁矣，去而之吴，大臣疑我，奈何㉒？"子贡曰："君按兵无伐，臣请往使吴王，令之救鲁而伐齐，君因以兵迎之。"田常许之㉓，使子贡南见吴王㉔。

①田常欲作乱于齐，惮高、国、鲍、晏

《全注》曰："惮（dàn）害怕，畏惧。高：即高氏，姜姓，齐国公族，受周天子策命，世代为齐国上卿。国：即国氏，姜姓，齐国公族，受周天子策命，世代为齐国上卿。鲍：即鲍氏，妣姓，齐国大夫世家。晏：即晏氏，姜姓，齐国大夫世家。"

②二三子何为莫出

《新注》曰："诸弟子为何没人出来想点办法呢？"按："二三子"，指孔子的学生，犹言："你们。"

③子张、子石〔一〕请行

〔一〕索隐公孙龙也。

《注译》曰："子张：颛孙师的表字。子石：公孙龙的表字。"

④君子伐鲁过矣

《新注》曰："过矣：大错特错。"

⑤夫鲁，难伐之国，其城薄以卑

《新注》曰："城薄以卑：城墙又薄又低。"

⑥其地狭以泄〔一〕

〔一〕索隐按：《越绝书》其"泄"字作"浅"。

《笺证》曰："应作'其池狭以浅'。池：护城河。王念孙曰：'《越绝书》与《吴越春秋》并"地"作"池";"泄"作"浅"。'"

⑦地广以深

《笺证》曰:"与上文相对应作'池广以深'。"

⑧甲坚以新

《全注》曰:"甲:铠甲,此指武器装备。"

⑨士选以饱

《新注》曰:"士卒既经训练(选)又吃得饱。"

⑩重器精兵尽在其中

《全注》曰:"重器:宝器。精兵:精良的武器。"按:"尽在其中",指吴国样样都有。

⑪忧在内者攻强

《笺证》曰:"忧在内:指国内的矛盾尖锐,如此外挑敌则可使内部矛盾缓和。"

⑫吾闻君三封而三不成者,大臣有不听者也

《新注》曰:"三封三不成:指田常三次要受封,一次也没封成。"

⑬破国以尊臣〔一〕

〔一〕集解 王肃曰:"鲍、晏等帅师,若破国则臣尊矣。"

《新注》曰:"打破鲁国只是增高了大臣的威望。"按:《集解》谓田常政敌鲍、晏帅师,地位更加尊贵。

⑭而君之功不与焉

《注译》曰:"与(yù)焉:在其中。"

⑮则交日疏于主

《笺证》曰:"与齐侯的关系越来越疏远。"《注译》曰:"日:一天天。"

⑯是君上骄主心,下恣群臣

《新注》曰:"这就是您上使国君骄傲,下使群臣放纵。恣,放肆。"《全译》曰:"下恣(zì):对下放纵。"

⑰上骄则恣

张文虎《札记》曰:"上,疑当作'主',涉上文而讹。"

⑱是君上与主有郤,下与大臣交争也

《全译》曰:"有郤(xì):有嫌隙,有隔阂。郤,通'隙'。"按:"与大臣交争",指田常与同僚相互争斗。

⑲大臣内空

《新注》曰:"大臣内空,齐与吴敌,大臣出征则朝廷内空。空,权力空白。"

⑳下无民人之过

《全译》曰:"过,过失,此引申为责备。"

㉑孤主制齐者唯君也

《新注》曰:"孤立主上专擅齐政的必然是你了。"《笺证》曰:"使国君孤立,使己得以专制齐国。"

㉒吾兵业已加鲁矣,去而之吴,大臣疑我,奈何

《全译》曰:"业已:已经。加:实施,指向鲁国发起进攻了。去:离开。之:往,到。"《新注》曰:"加鲁:出征于鲁。"《笺证》曰:"去而之吴:撤出鲁国,改伐吴国。"

㉓田常许之

史珥《四史剿说》曰:"子贡存鲁乱齐,观其说田常开口着一'君'字,已不是当时口吻,无论立言非圣贤意理也。然文之起灭变幻,盖《国策》之高者。"

㉔使子贡南见吴王

《注译》曰:"南:方位名词用作状语。吴国在齐国的南边,所以说'南见吴王'。吴王:阖庐的儿子夫差。"

说曰:①"臣闻之,王者不绝世,霸者无强敌②,千钧之重加铢两而移③。今以万乘之齐而私千乘之鲁,与吴争强,窃为王危之④。且夫救鲁,显名也;伐齐,大利也。以抚泗上诸侯,诛暴齐以服强晋,利莫大焉⑤。名存亡鲁,实困强齐⑥,智者不疑也。"吴王曰:"善。虽然,吾尝与越战,栖之会稽⑦。越王苦身养士,有报我心。子待我伐越而听子。"子贡曰:"越之劲不过鲁,吴之强不过齐,王置齐而伐越⑧,则齐已平鲁矣。且王方以存亡继绝为名⑨,夫伐小越而畏强齐,非勇也。夫勇者不避难,仁者不穷约⑩,王者不绝世⑪,以立其义。今存越示诸侯以仁⑫,救鲁伐齐,威加晋国,诸侯必相率而朝吴,霸业成矣。且王必恶越⑬,

臣请东见越王,令出兵以从,此实空越⑭,名从诸侯以伐也。"吴王大说,乃使子贡之越。

①说曰
《注译》曰:"说(shuì):劝说。"
②王者不绝世,霸者无强敌
《新注》曰:"王者不允许他的属国被人灭绝,霸主不允许另有强敌。"《注译》曰:"王者:指行王道的人。霸者:指行霸道的人。战国时,儒家称以仁义治天下为王道,以武力结诸侯为霸道。"
③千钧之重加铢两而移
《新注》曰:"在千钧重物上加上微小的重量就要打破平衡而移动。钧:三十斤的重量单位。铢:一两为二十四铢,与千钧之比微乎其微。"
④今以万乘之齐而私千乘之鲁,与吴争强,窃为王危之
《新注》曰:"现在万乘的强齐私下要并吞千乘之鲁,然后与吴争强,我真替吴国的危险处境而担心。"《注译》曰:"万乘:指天子,战国时也指大国。"
⑤以抚泗上诸侯,诛暴齐以服强晋,利莫大焉
《笺证》曰:"抚:安抚,亦指使其归附,臣服。泗上诸侯:泗水一带各诸侯国,如鲁、滕、邹、莒、费等。泗水:上游为洙水,经今山东省泗水县,西流至曲阜南折,经徐州东南流,入淮河。杨宽《战国史》称'泗水十二诸侯'为宋、卫、鲁、邹、滕、薛、郳、莒、费、郯、任、邳。"《注译》曰:"诛:讨伐,惩罚。"
⑥名存亡鲁,实困强齐
《注译》曰:"存、困:使动用法。"按:名义上是使行将灭亡的鲁国存活,实际使齐国处于困境。
⑦栖之会稽
《全译》曰:"栖:居住。会(kuài)稽:会稽山,在浙江省中部。公元前494年,吴王夫差在夫椒大败越军,乘胜攻克越都,越王句践退守会稽山,被迫屈服。"
⑧王置齐而伐越
《全译》曰:"置齐:放弃齐国。置,放弃,搁开。"

⑨且王方以存亡继绝为名

《注释》曰:"存亡继绝:使亡国保存,使灭国延续。存、继,使动用法。"按:儒家宣扬"存亡继绝"为仁君的标志之一。《论语·尧曰》:"兴灭国,继绝世,举逸民,天下之民归心焉。"

⑩仁者不穷约

《笺证》曰:"行仁政者不使盟约遭毁。穷:这里指毁弃,即毁弃盟约,眼看鲁亡而不救。"

⑪王者不绝世

《笺证》曰:"行王道的人不能看着某个国家绝世灭亡。"

⑫今存越示诸侯以仁

《笺证》曰:"存越:留着越国,不消灭它。"按:以此暗示吴王的仁爱。

⑬且王必恶越〔一〕

〔一〕索隐 恶,犹畏恶也。

《注译》曰:"且:语助词。用在句首,相当'夫'。"《全译》曰:"必恶越:果真厌恶越国。必,果真。恶,讨厌。此是'畏越'的婉转说法。"

⑭此实空越

《笺证》曰:"空越:使越国内部空虚。"

越王除道郊迎①,身御至舍而问曰②:"此蛮夷之国,大夫何以俨然辱而临之③?"子贡曰:"今者吾说吴王以救鲁伐齐,其志欲之而畏越,曰'待我伐越乃可'。如此,破越必矣。且夫无报人之志而令人疑之,拙也;有报人之志,使人知之,殆也;事未发而先闻,危也④。三者举事之大患。"句践顿首再拜曰⑤:"孤尝不料力,乃与吴战,困于会稽,痛入于骨髓⑥,日夜焦唇干舌,徒欲与吴王接踵而死,孤之愿也⑦。"遂问子贡。子贡曰:"吴王为人猛暴,群臣不堪⑧;国家敝于数战⑨,士卒弗忍;百姓怨上,大臣内变;子胥以谏死,太宰嚭用事⑩,顺君之过以安其私⑪:是残国之治也。今王诚发士卒佐之以徼其志⑫,重宝以说其心,卑辞以尊其礼，其伐齐必也。彼战不胜，王之福矣。战胜，必以兵临晋，臣请北见晋君，令共攻之，弱吴必矣⑬。其锐兵尽于齐，重甲困于晋⑭，而王制其敝，此灭吴必矣。"越王大说，许诺。送子贡金百镒⑮，剑一，良矛二。子贡不受，遂行。

①越王除道郊迎

《新注》曰："除道郊迎：清扫道路，在城郊迎接。"

②身御至舍而问曰

《新注》曰："身御至舍：越王亲自驾车导送子贡到馆舍。御，赶车。"

③此蛮夷之国，大夫何以俨然辱而临之

《全译》曰："蛮夷之国：古代统治者对南方各族的泛称，有时也指四方各族。含有轻贬的意思。此用为自谦之词。"《笺证》曰："俨然：庄重的样子。辱而临之：竟然光临我们这个地方。辱，谦词。"《新注》曰："俨然辱而临之：郑重其事降低身份光临越国。"

④且夫无报人之志而令人疑之，拙也；有报人之志，使人知之，殆也；事未发而先闻，危也

《笺证》曰："报人：对人进行报复。殆：危险。先闻：消息先传了出来。"

⑤句践顿首再拜曰

《新注》曰："顿首再拜：叩头拜了又拜，行大礼也。"

⑥孤尝不料力，乃与吴战，困于会稽，痛入于骨髓

《笺证》曰："不料力：不量力。料，估量。"《全译》曰："痛：恨。"

⑦日夜焦唇干舌，徒欲与吴王接踵而死，孤之愿也

《全译》曰："徒：只。吴王：夫差。接踵：足踵相接。踵，脚后跟。此句的意思是，只想与吴王一道相继死去，表示对吴王夫差有刻骨的憎恨。"《新注》曰："徒欲与吴王接踵而死：只想和吴王面对面拼个生死。"按："焦唇干舌"，喻报复之心急，乃至整日口干舌燥。

⑧群臣不堪

《全译》曰："不堪：不能忍受。"

⑨国家敝于数战

《笺证》曰："敝：疲惫。数战：连续战争。"

⑩子胥以谏死〔一〕，太宰嚭用事

〔一〕索隐 王劭按：《家语》、《越绝》并无此五字，是时子胥未死。

《全译》曰："子胥：吴国大夫，姓伍名员，字子胥。他劝吴王夫差拒绝与越国议和，并停止伐齐，太宰嚭从中进谗，渐被疏远。公元前484年被夫差赐剑自尽。此时子胥未死，所记年代有误。太宰嚭：即伯嚭，春秋时吴国大臣，因善逢迎，深得吴王夫差宠信。吴破越后，受越贿赂，许越媾和，谗杀伍子胥。吴亡后，降越为臣，被越王勾践所杀。用事，掌权。"

⑪顺君之过以安其私

《新注》曰："阿顺吴王的过错，只图保全自己的私利。"

⑫今王诚发士卒佐之以徼〔一〕其志〔二〕

〔一〕集解 结尧反。

〔二〕集解 王肃曰："激射其志。"

《新注》曰："今王句：现在大王真能派兵协助吴王攻齐，就能煽动他的狂妄志向。"《笺证》曰："徼：求取，顺适。谓顺适吴王好大喜功的想法。"

⑬臣请北见晋君，令共攻之，弱吴必矣

《笺证》曰："令共攻之：谓使晋与越联合南北来击吴。"

⑭重甲困于晋

《新注》曰："重甲：重兵。"《注译》曰："甲：古代战士的护身衣。引申为兵士。"

⑮送子贡金百镒

《注译》曰："镒（yì）：古代重量单位。一镒为二十两，一说二十四两。"

报吴王曰："臣敬以大王之言告越王，越王大恐，曰：'孤不幸，少失先人①，内不自量，抵罪于吴②，军败身辱，栖于会稽，国为虚莽③，赖大王之赐，使得奉俎豆而修祭祀，死不敢忘④，何某之敢虑！'"后五日，越使大夫种顿首言于吴王曰："东海役臣孤句践使者臣种，敢修下吏问于左右⑤。今窃闻大王将兴大义，诛强救弱，困暴齐而抚周室⑥，请悉起境内士卒三千人，孤请自被坚执锐，以先受矢石⑦。因越贱臣种奉先人藏器⑧，甲二十领，铁屈卢之矛，步光之剑⑨，以贺军吏⑩。"吴王大说，以告子贡曰："越王欲身从寡人伐齐，可乎？"子贡曰："不可。夫空人之国，悉人之众，又从其君⑪，不义。君受其币，许其师，而辞其君⑫。"吴王许诺，乃谢越王。于是，吴王乃遂发九郡兵伐齐⑬。

①孤不幸，少失先人

《全译》曰："孤：古代王侯对自己的谦称。少：小的时候。先人：已死去的祖父或父亲。此指父亲。"

②抵罪于吴

《新注》曰："抵罪：得罪，结怨。"

③国有虚莽〔一〕

〔一〕集解 虚，音墟。莽，莫朗反。索隐 有本作"棘"，恐误也。

《全译》曰："虚：通'墟'，废墟。莽：草丛。"

④赖大王之赐，使得奉俎豆而修祭祀，死不敢忘

《全译》曰："奉：捧，进献。俎豆：古代祭祀的器皿。修：整治。"《笺证》曰："使得奉俎豆而修祭祀：指未灭其宗庙社稷，令其继续主持国事。"

⑤东海役臣句践使者臣种，敢修下吏问于左右

《全译》曰："东海：因越国东临东海，故此以东海代越国。役臣：供驱使的臣子。敢修下吏句：这句话是尊敬吴王及大臣的说法。意思是不敢直接向吴王问候，而是托吴国的下吏来传达越国对吴国及左右近臣的问候。修：修好。下吏：下级官吏。左右：吴王的左右近臣。"

⑥诛强救弱，困暴齐而抚周室

《全译》曰："诛：讨伐，惩处。"《笺证》曰："抚周室：抚慰周天子的新族，这里指鲁国。"

⑦孤请自被坚执锐，以先受矢石

《笺证》曰："被坚执锐：披坚甲，执利兵。被，通'披'。"《新注》曰："先受矢石：打先锋。"

⑧因越贱臣种奉先人藏器

《笺证》曰:"因:藉,通过。先人藏器:祖辈珍藏下来的宝物。"

⑨鈇屈卢之矛〔一〕,步光之剑

〔一〕索隐:鈇,音肤,斧也。刘氏云一本无此字。屈卢,矛名。

《全译》曰:"屈卢:古代造矛的良匠名。此用作良矛的代称。步光:古代剑之名。"

⑩以贺军吏

《新注》曰:"用以上礼品表示向吴军将士致敬。"

⑪又从其君

《笺证》曰:"使其君从行。"

⑫君受其币,许其师,而辞其君

《笺证》曰:"币:礼品,贡品。许其师:允许越国军队随行。辞其君:免除其君勾践的从行。辞,谢绝。"

⑬吴王乃遂发九郡兵伐齐

方苞曰:"春秋时郡小于县,定二年《传》:'上大夫受县,下大夫受郡'是也。此曰'发九郡兵',则为后人所设之词明矣。"(《笺证》引)。《注译》曰:"春秋时县大郡小,战国时郡大县小。"按:泷川《考证》引《家语》作"国内之兵"。

　　子贡因去之晋,谓晋君曰①:"臣闻之,虑不先定不可以应卒②,兵不先辨不可以胜敌③。今夫齐与吴将战,彼战而不胜,越乱之必矣;与齐战而胜,必以其兵临晋。"晋君大恐,曰:"为之奈何?"子贡曰:"修兵休卒以待之④。"晋君许诺。

①子贡因去之晋,谓晋君曰

《注译》曰:"晋君:指晋定公。"

②臣闻之,虑不先定不可以应卒〔一〕

〔一〕索隐按:卒谓急卒也。言计虑不先定,不可以应卒有非常之事。

《新注》曰:"臣听说,事先若没有应急计划,是不能对付突发事变的。卒，读猝。此指突发事变。"

③兵不先辨不可以胜敌

《笺证》曰："先辨：事先做好准备。辨：通'办'。"《新注》曰："辨：整训编队。"

④修兵休卒以待之

《笺证》曰："修兵：准备好武器。修：整治。休卒：休整士兵，以逸待劳。"

　　子贡去而之鲁。吴王果与齐人战于艾陵①，大破齐师，获七将军之兵而不归②，果以兵临晋，与晋人相遇黄池之上③。吴晋争强，晋人击之，大败吴师。越王闻之，涉江袭吴，去城七里而军④。吴王闻之，去晋而归，与越战于五湖⑤。三战不胜，城门不守，越遂围王宫，杀夫差而戮其相⑥。破吴三年，东向而霸⑦。

　　故子贡一出，存鲁，乱齐，破吴，强晋而霸越。子贡一使，使势相破⑧，十年之中，五国各有变⑨。

　　子贡好废举⑩，与时转货赀⑪。喜扬人之美，不能匿人之过⑫。常相鲁、卫，家累千金，卒终于齐⑬。

①吴王果与齐人战于艾陵〔一〕

〔一〕索隐 按：《左传》在哀十一年。(1)

(1) 哀十一年：当吴王夫差十二年，公元前484年。

《注译》曰："艾陵之战距吴越夫椒之战十年。艾陵，古地名，在今山东省莱芜县东北。一说在今泰安市东南。"

②大破齐师，获七将军之兵而不归

《全注》曰："获七将军之兵：按《左传》哀公十一年云：'获国书、公孙夏、闾丘明、陈书、东郭书，革车八百乘，甲首三千。'与此有异。"

③果以兵临晋，与晋人相遇黄池〔一〕之上

〔一〕索隐 《左传》黄池之会在哀十三年。(1)越入吴，吴与越平也。

(1) 哀十三年：当吴王夫差十四年，公元前482年。

《注译》曰："与晋人相遇黄池之上：艾陵之战后二年，即公元前

482年,夫差与晋定公争夺霸主,在黄池大会诸侯,史称'黄池之会'。吴、晋在黄池并未交战。黄池,即黄亭,卫国地名,在今河南省封丘县西南。"

④越王闻之,涉江袭吴,去城七里而军

《新注》曰:"涉江:渡过钱塘江。"《注译》曰:"城:指吴国都城,即今江苏省苏州市。"

⑤吴王闻之,去晋而归,与越战于五湖

《新注》曰:"五湖:此指太湖。"按:《左传》、《吴世家》、《越世家》皆谓吴王自黄池归后,乃厚礼与越人请平,无战于五湖事。

⑥三战不胜,城门不守,越遂围王宫,杀夫差而戮其相〔一〕

〔一〕索隐按:《左传》越灭吴在哀二十二年,则事并悬隔数年。盖此文欲终说其事,故其辞相连。

《新注》曰:"越灭吴在鲁哀公二十二年,公元前473年,距黄池之会有九年,为叙事完整而相连记叙。戮其相:指诛伯嚭。"

⑦破吴三年,东向而霸

《笺证》曰:"《越世家》云:'勾践已平吴,乃以兵北渡淮,与齐晋诸侯会于徐州,致贡于周。周元王使人赐句践胙,命为伯。'并谓'当是时,越兵横行于江淮东,诸侯毕贺,号称霸王'。"

⑧子贡一使,使势相破

《新注》曰:"使势相破:使吴、齐、晋、越等国互相攻破,形势大变。"

⑨十年之中,五国各有变〔一〕

〔一〕索隐按:《左传》谓鲁、齐、晋、吴、越也,故云"子贡一出,存鲁,乱齐,破吴,强晋而霸越"。

《新注》曰:"子贡在公元前484年出使齐、吴、越、晋,说吴王伐齐,至公元前473年吴之灭为十二年,在十二年中鲁、齐、吴、越、晋发生了很大变化。此言十年,举其成数。"

【研讨】

子贡救鲁的是非与真伪

子贡救鲁、乱齐、破吴、强晋而霸越,此事不载于《左传》,而

《孔子家语·屈节》、《越绝书·陈恒传》、《吴越春秋·夫差内传》皆载其事。历来学者多辨其为谬,认为不义,有诬圣人。王安石作《子贡》曰:"子贡说齐伐鲁,说吴以求鲁,复说越,复说晋,五国由是交兵,或强或破,或乱或霸,卒以存鲁。观其言,迹其事,乃与夫仪、秦轸、代无以异也。嗟乎,孔子曰'己所不欲,勿施于人',己以坟墓之国而欲全之,则齐、吴之人岂无是心哉,奈何使之乱也?子贡之行虽不能尽当于义,然孔子贤弟子也,固不宜至于此,矧曰孔子使之也!太史公曰:'学者多称七十子之徒,誉者或过其实,毁者或损其真。'子贡虽好辩,讵至于此哉?亦所谓'毁损其真'者哉!"苏辙《古史》曰:"齐之伐鲁,本于悼公之怒季姬,而非陈恒;吴之伐齐,本怒悼公之反复,而非子贡;吴齐之战,陈乞犹在,而恒未任事,所记皆非。盖战国说客设为子贡之辞,以自托于孔氏,而太史公信之耳。"郭嵩焘《史记札记》曰:"子贡于定、哀之世亦常仕于季氏,《左氏传》载子贡拒吴之辞其备:哀公七年与吴会缯,吴召季康子,子贡拒之;十二年,会吴橐皋,吴请盟,子贡拒之;其秋,卫会吴于郧,吴将执卫侯,子贡又拒之;是时吴方凭陵鲁、卫,子贡据理求胜。《左氏》载其文可云美善矣,史公乃取游说之辞附之子贡,与《左传》抵牾,此皆好奇之过也。"周树槐《书仲尼弟子传后》曰:"子贡在弟子中与宰予并列'言语'之科,又结驷游诸侯,名闻天下,适有为鲁说齐之事,而其词不传,战国游士因以意补之,罗织当时事迹以自试其揣摩之术,而伸其捭阖之说,王氏以为'仪、秦、轸、代无异',余以其倾危殆又甚焉。'十年之中,五国各有变',意以诧子贡之功,而不知其害于义。而史迁徙震其词,采以为传,则好奇之过也,一田常也,子贡教以'孤主制齐',而宰我至与'作乱',此孔子朝而请讨者也,奈何以污两贤哉?"梁玉绳《史记志疑》曰:"子贡说齐、晋、吴、越一节,《家语·屈节》、《越绝·陈恒传》、《吴越春秋·夫差内传》并载之,昔贤历辨其谬。倾人之邦以存宗国,何以为孔子?纵横捭阖不顾义理,何以为子贡?即其所言了无一实,而津津道之,《子胥传》亦有'句践用子贡之谋率众助吴'等语,岂不诞哉?《墨子·非儒下篇》谓孔子怒晏子沮尼溪之封于景公,适齐欲伐鲁,乃遣子贡之齐劝田常伐吴,教高、鲍无得害田常之乱,遂劝越伐吴,三年之内齐、吴破国。其为六国时之妄谈可见,孔鲋《诘墨》辨之矣。或曰:《弟子传》皆短简不繁,独子贡传榛芜不休,疑是后人阑入,非史本文也。"茅坤《史记钞》曰:"予览太史公次子贡说吴伐齐救鲁止越之言,滚滚如万丈洪涛,不啻傀儡之掌中矣。"黄震《黄氏日钞》曰:"谓赐而为之,何足为赐?谓非赐所为,其辩说之辞,虽仪、秦不之及。何物史臣,伪为此书?是当阙疑。"按:昔贤囿于圣人光环疑其为伪,未免迂阔。孔子、子贡乃现实中人,为了救鲁运用诡道,正其谊也。张大可曰:"外交是为现实政治服务的。和平时期,国与国之间互相访问增进友谊。几个国家打仗,外交的任务是寻找朋友,孤立敌人。子贡为了使鲁国免遭齐国的进攻,巧妙地利用了齐国田常企图夺权,吴王夫差争霸,越王勾践报仇,晋国要保持盟主地位,这一系列错综复杂的矛盾,充分运用他擅长说理的外交才能,晓以利害,化不利因素为有利因素,让大国互斗,使鲁国得到平安。子贡一出,存鲁、乱齐、破吴、使越称霸东方,在春秋列国的斗争中,建立了外交奇功,充分显示了他的智慧和才能。"(《军事外交故事·子贡求鲁不费兵卒》,民族出版社1999年版)

⑩子贡好废举

《新注》曰:"废举:买贱卖贵。"《全注》曰:"废:通'发',发出,卖出。"按:举:按本书《平准书》作"居",《货殖列传》作"著","举"、"居"、"著"音近相通,意为贮蓄。"废举",即"废居"、"废著",指高价发出,低价收进,以从中取利,即买卖、经商之意。

⑪与时转货赀[一]

[一] 索隐按:《家语》"货"作"化"。王肃云:"废举谓买贱卖贵也,转化谓随时转货以殖其资也。"刘氏云:"废谓物贵而卖之,举谓物贱而收买之,转货谓转贵收贱也。"

《全注》曰:"与时:随时。转:转手,倒卖。赀:同'资',财物。"

⑫喜扬人之美,不能匿人之过

《全注》曰:"扬:宣扬,褒扬。美:美德,长处。匿:隐匿,隐藏。过:过失,短处。"

⑬常相鲁、卫,家累千金,卒终于齐

《笺证》曰:"常相鲁、卫:曾在鲁卫两国任过宰相。常:同'尝'。梁玉绳曰:'此事无考,与称"孔子相鲁"同,盖子贡仕于鲁、卫也。'家累千金:蒋建侯曰:'子贡之富在同门中似首屈一指。'且曰:'孔子弟子，子贡最富，疑孔子之葬，得力于子贡者最多。筑室于场，当亦在初葬时筑以居，同门者将去人揖，正以子贡为主人也。'按：《货殖列传》有云：'使孔子名扬于天下者，子贡先后之也，所谓"得势而益彰者乎！"'史公对子贡于孔门的作用，评价最高。**卒终于齐**：按：今河南浚县张庄村南有子贡墓，祠墓面积约两万平方米，为明代所重建。原墓宏伟，石刻林立，后遭破坏。现存明代重修时所立的'改正先贤子贡墓祠记'石碑一通，高三点四米。"

言偃，吴人，字子游①，少孔子四十五岁②。

子游既已受业，为武城宰③。孔子过，闻弦歌之声④。孔子莞尔而笑曰⑤："割鸡焉用牛刀⑥？"子游曰："昔者偃闻诸夫子曰，君子学道则爱人，小人学道则易使⑦。"孔子曰："二三子⑧，偃之言是也，前言戏之耳⑨。"孔子以为子游习于文学⑩。

①言偃，吴人〔一〕，字子游

〔一〕 索隐 《家语》云鲁人。按：偃仕鲁为武城宰耳。今吴郡有言偃冢，盖吴郡人为是也。

《笺证》曰："言偃，吴人：《家语》曰：'鲁人。'按：钱穆引崔述考证，以为言偃必鲁人，定非吴人。字子游：梁玉绳曰：'"偃"，《说文》作"㦄"，旌旗之游也。观其字"子游"，则名当为"㦄"。今作"偃"者，岂改篆为隶时始因声借用与。'"

②少孔子四十五岁

《笺证》曰："据此则子游生于鲁定公四年，公元前506年。而《家语》乃谓子游少孔子'三十五岁'，梁玉绳从之，依此则生于鲁昭公二十六年，公元前516年。"

③子游既已受业，为武城宰〔一〕

〔一〕 正义 《括地志》云："在兖州，即南城也。《舆地志》云南武城县，鲁武城邑，子游为宰者也，在泰山郡。"

《全注》曰："武城：亦称南武城，鲁国邑名，在今山东费县西南。"

④孔子过，闻弦歌之声

《注译》曰："弦歌：又作'弦诵'。弹琴吟诗。这是古代一种读书方法，将诗填入谱成的乐曲，乐器伴奏而歌。子游遵从孔子的教导，提倡礼乐，所以邑人都学习弦歌。"

⑤孔子莞尔而笑曰〔一〕

〔一〕集解 何晏曰："莞尔，小笑貌。"

《新注》曰："莞尔而笑：微笑的样子。"

⑥割鸡焉用牛刀〔一〕

〔一〕集解 孔安国曰："言治小何须用大道。"

《笺证》曰："言外之意是治一个小县还用得着'礼乐'吗？泷川曰：'当时盖有此俚言。苏秦云"宁为鸡口，无为牛后"，亦"鸡"、"牛"对言，皆取譬家畜。'"

⑦昔者偃闻诸夫子曰，君子学道则爱人，小人学道则易使〔一〕

〔一〕集解 孔安国曰："道谓礼乐也。乐以和人，人和则易使。"

《注译》曰："诸：'之于'的合音词。道：指儒家所奉行的政治主张。使：驱使。"

⑧二三子〔一〕

〔一〕集解 孔安国曰："从行者。"

《注译》曰："犹言学生们。二三，表不定数。"

⑨前言戏之耳〔一〕

〔一〕集解 孔安国曰："戏以治小而用大。"

《注译》曰："孔子听到弦歌声，非常高兴，故意说反话，经子游质问，便承认是戏言。"按：以上孔子赞美子游事见《论语·阳货》。

⑩孔子以为子游习于文学

《笺证》曰："《论语·先进》分列弟子才能有所谓'文学：子游、子夏'。先秦两汉时期的'文学'，相当于今之'学术'，亦即对孔门'六经'的研究与掌握。"

卜商，字子夏①。少孔子四十四岁②。

子夏问："'巧笑倩兮，美目盼兮，素以为绚兮③'，何谓也？"子曰："绘事后素④。"曰："礼后乎⑤？"孔子曰："商始可与言《诗》已矣⑥。"

子贡问:"师与商孰贤⑦?"子曰:"师也过,商也不及⑧。""然则师愈与⑨?"曰:"过犹不及⑩。"

子谓子夏曰:"汝为君子儒,无为小人儒⑪。"

孔子即没⑫,子夏居西河教授,为魏文侯师⑬。其子死,哭之失明⑭。

①卜商,字子夏〔一〕

〔一〕 集解 《家语》云卫人。郑玄曰温国卜商。索隐 按:《家语》云卫人,郑玄云温国人,不同者,温国今河内温县,元属卫故。

《全注》曰:"卜商:氏卜,名商。晋国温(今河南温县西南)人,或说卫国人。对儒学经典的整理、传授起过重要作用。其后学形成一派,《荀子·非十二子》云:'正其衣冠,齐其颜色,嗛然而终日不言,是子夏氏之贱儒也。'"

②少孔子四十四岁

《笺证》曰:"据此则子夏生于鲁定公三年,公元前507年。"

③巧笑倩兮,美目盼兮,素以为绚兮〔一〕

〔一〕 集解 马融曰:"倩,笑貌。盼,动目貌。绚,文貌。此上二句在《卫风硕人》之二章,其下一句逸诗。"

《新注》曰:"这三句诗前二句见《诗经·卫风·硕人》,后一句为逸诗。倩(qiàn):甜美的笑。盼:眼睛黑白分明的样子。绚:有文彩。"

④绘事后素〔一〕

〔一〕 集解 郑玄曰:"绘,画文也。凡画绘先布众色,然后以素分布其间以成其文,喻美女虽有倩盼美质,亦须礼以成也。"

《新注》曰:"先有白底,然后画画。绘,画。素,白底。"

⑤礼后乎〔一〕

〔一〕 集解 何晏曰:"孔言'缋事后素',子夏闻而解知以素喻礼,故曰'礼后乎'。"

《新注》曰:"那么礼是仁后的修饰了。"《全注》曰:"孔子认为'仁'为'礼'之本,则礼仪当产生于仁之后。"

⑥商始可与言《诗》已矣〔一〕

〔一〕 集解 包氏曰:"能发明我意,可与言《诗》矣。"

《笺证》曰:"孔子夸奖卜商悟性好,一点就透,事见《论语·八佾》。"

⑦师与商孰贤

《笺证》曰:"师:颛顼师,即子张。"

⑧师也过,商也不及〔一〕

〔一〕集解孔安国曰:"言俱不得中。"

《全注》曰:"过:超过,指过分,过头。不及:没有赶上,没有达到。"

⑨然则师愈与

《全注》曰:"愈:胜,胜过。"

⑩过犹不及

《注译》曰:"犹:如同。孔子主张'中庸'之道,因此认为过分和不及都不妥。"

⑪汝为君子儒,无为小人儒〔一〕

〔一〕集解何晏曰:"君子之儒将以明道,小人为儒则矜其名。"

《全注》曰:"儒:春秋时代,从巫、史、祝、卜史分化出来的专为贵族人家相礼的一批知识分子。原为一种职业,后来形成一个学派,再后泛指读书人。'君子儒',具有君子气质的儒。按'君子'和'小人'原指贵族和平民,到春秋后期又成为'有德者'与'无德者'的称谓。本节'君子'、'小人'当是后一种含义。本节语见《论语·先进》。"

⑫孔子即没

《全注》曰:"没(mò):通'殁',死。"

⑬子夏居西河教授〔一〕,为魏文侯师〔二〕

〔一〕索隐在河东郡之西界,盖近龙门⑴。刘氏云:"今同州河西县有子夏石室学堂也。"正义西河郡,今汾州也。《尔雅》云:"两河间曰冀州。"《礼记》云:"自东河至于西河。"河东故号龙门河为西河,汉因为西河郡,汾州也,子夏所教处。《括地志》云:"谒泉山一名隐泉山,在汾州隰城县北四十里。注《水经》云'其山崖壁五,崖半有一石室,去地五十丈,顶上平地十许顷'。《随国集记》云此为子夏石室,退老西河居此。有卜商神词,今见在。"

〔二〕索隐按：子夏文学著于四科，序《诗》，传《易》。又孔子以《春秋》属商。又传《礼》，著在《礼志》。而此史并不论，空记《论语》小事，亦其疏也。正义文侯都安邑。孔子卒后，子夏教于西河之上⁽²⁾，文侯师事之，咨问国政焉。

(1) 在河东郡之西界，盖近龙门：此指魏文侯所置西河郡地区，在陕西中部黄河西岸地区，即今韩城、大荔等地。

(2) 子夏教于西河之上：《后汉书·徐防传》李贤注引《史记》云："子夏居西河，教弟子三百人。"

《全译》曰："西河：魏国地名。在今山西、陕西间的黄河龙门以下的西岸地区，时设西河郡。魏文侯：战国时魏国的建立者。姓姬，名斯，又称魏斯。公元前445年至前396年在位。当时子夏在西河教学，魏文侯曾向他请教过国政。"

【研讨】
子夏为魏文侯师

洪迈《容斋续笔》卷一"卜子夏"条谓："魏文侯以卜子夏为师，按《史记》所书，子夏少孔子四十四岁，孔子卒时，子夏年二十八矣。是时，周敬王四十一年，至威烈王二十三年，魏始为侯，至孔子卒时七十五年。文侯执政，则子夏已百三岁矣，方为诸侯师，岂其然乎？"王骏观曰："此特史家由后追称为'文侯'耳，非必为侯始师之也。且三晋之强已历数世，魏之政令早由己出，不必称侯始有'国政'可咨询也。"《史记旧注译议》按：王说是也。周敬王四十一年，当公元前479年，子夏年二十八岁。魏文侯立在周贞王二十四年，当魏文侯公元前445年即位，子夏是年六十一岁，可与魏文侯相及，为魏文侯师何疑之有。又，子夏于孔门弟子中著述最多。洪迈《容斋续笔》卷十四"子夏经学"条称其"于《易》则有'传'，于《诗》则有'序'，于《礼》则有《仪礼·丧服》一篇，于《春秋》所云'不能赞一词'，盖尝从事于斯矣。公羊高实受之于子夏；穀梁赤者，《风俗通》亦云'子夏门人'；于《论语》，则郑康成以为仲弓、子夏所撰定也"。子夏著儒，名震西河，魏文侯贤而礼之，岂其当然乎！

⑭其子死，哭之失明

《笺证》曰："子夏哭子失明事见《礼记·檀弓》、《淮南子·精神训》。按：今河南温县之卜杨门村有子夏墓，封土近平，直径九米，墓前立有清代康熙年间所立的石碑一通。又，今河南获嘉县之邵庄村西北也有子夏墓，家高四米，墓前有清代康熙年间所立的题为'先贤卜子夏之墓'的石碑一通。"

颛孙师，陈人，字子张①，少孔子四十八岁②。

子张问干禄③，孔子曰："多闻阙疑，慎言其余，则寡尤；多见阙殆，慎行其余，则寡悔④。言寡尤，行寡悔，禄在其中矣⑤。"

他日从在陈、蔡间，困，问行⑥。孔子曰："言忠信，行笃敬，虽蛮貊之国行也；言不忠信，行不笃敬，虽州里行乎哉⑦！立则见其参于前也，在舆则见其倚于衡，夫然后行⑧。"子张书诸绅⑨。

子张问："士何如斯可谓之达矣⑩？"孔子曰："何哉，尔所谓达者？"子张对曰："在国必闻，在家必闻⑪。"孔子曰："是闻也，非达也。夫达者，质直而好义，察言而观色，虑以下人⑫，在国及家必达⑬。夫闻也者，色取仁而行违，居之不疑，在国及家必闻⑭。"

①颛孙师，陈人〔一〕，字子张

〔一〕 索隐 郑玄《目录》阳城人。阳城，县名，属陈郡。

《全注》曰："颛孙师：氏颛孙，名师，其后学形成子张儒一派，见《韩非子·显学》、《荀子·非十二子》。"

②少孔子四十八岁

《笺证》曰："依此则子张生于公元前503年。"

③子张问干禄〔一〕

〔一〕 集解 郑玄曰："干，求也。禄，禄位也。"

《新注》曰："干禄：怎样求得禄位。"《笺证》曰："前人有以此解为有辱孔门者，因而别出新说。梁玉绳引赵佑曰：'盖问《诗》"干禄"之义，见《旱麓》、《假乐》。"问"即是"学"。'中井曰：'《诗·旱麓篇》"岂弟君子，干禄岂弟"；《假乐篇》"干禄百福，子孙千亿"，子张盖因

《诗》发焉。'俞樾曰：'子张学干禄，犹南容三复白圭。曰"学"曰"三复"皆于学《诗》研求其义，非学求禄之法也。'按：赵佑、俞樾之说可能符合《论语》原意，但史公引于此处，恐仍以郑氏之解为当。"

④多闻阙疑，慎言其余，则寡尤〔一〕；多见阙殆，慎行其余，则寡悔〔二〕

〔一〕集解 包氏曰："尤，过也。疑则阙之；其余不疑，犹慎言之，则少过。"

〔二〕集解 包氏曰："殆，危也。所见危者，阙而不行，则少悔。"

《新注》曰："要多听，有疑问的地方避开，其余部分（即有把握的地方）也少说话，这样就会少犯过错；要多看别人行事，棘手的事要避开，其余部分也要谨慎地去做，这样就很少有后悔的事了。寡，少。尤，过错。殆：疑惑，避开。"

⑤言寡尤，行寡悔，禄在其中矣〔一〕

〔一〕集解 郑玄曰："言行如此，虽不得禄，得禄之道。"

《笺证》曰："孔子回答子张问干禄见《论语·为政》。"

⑥他日从在陈、蔡间，困，问行

《笺证》曰："从在陈、蔡间：指随孔子一道被陈、蔡人所围困。陈、蔡：春秋时期诸侯国名单，陈国的国都即今河南淮阳；蔡国的国都当时已经东迁到州来（今安徽凤台）。按：据崔述等考证，当时不可能有陈、蔡纠结以围孔子事，见《孔子世家》注。困：指被陈、蔡两国的军队所围困。问行：问如何为人处世。行：行得通，吃得开。"《新注》曰："问行：如何做事才能事事圆通。"

⑦言中信，行笃敬，虽蛮貊之国行也；言不忠信，行不笃敬，虽州里行乎哉〔一〕

〔一〕集解 郑玄曰："二千五百家为州，五家为邻，五邻为里。行乎哉，言不可行。"

《笺证》曰："笃（dǔ）敬：厚道、谦恭。蛮貊（mò）：古代对南方的少数民族称'蛮'，对北方的少数民族称'貊'，这里泛指不通礼仪的生番化外。"《新注》曰："州里：本乡本土。做事不忠不信，在本乡本土也行不通。"

⑧立则见其参于前也，在舆则见其倚于衡，夫然后行〔一〕

〔一〕集解包氏曰："衡，轭也。言思念忠信，立则常想见，参然在前；在舆则若倚于车轭。"

《新注》曰："站着时，忠信就在眼前；坐车时，忠信就在车前横木上，时刻想到忠信，这样做事就事事圆通。"《注译》曰："参，显现。衡，同'横'，车辕前的横木。"

⑨子张书诸绅〔一〕

〔一〕集解孔安国曰："绅，大带也。"

《笺证》曰："书诸绅：写在自己腰间所系的大带上，以便随时可以看到。绅：大带。按：以上孔子回答子张'问行'见《论语·卫灵公》。但《论语》只曰'子张问行'，与'困陈蔡'无关。"

⑩士何如斯可谓之达矣

《新注》曰："达：通达。孔子解释的达，是名实相符的仁智之士。"

⑪在国必闻，在家必闻〔一〕

〔一〕集解郑玄曰："言士之所在，皆能有名誉。"

《新注》曰："在国：仕于诸侯国君。在家：仕于卿大夫之家。闻：名望。"

⑫夫达者，质直而好义，察言而观色，虑以下人〔一〕

〔一〕集解马融曰："常有谦退之志，察言语，观颜色，知其所欲，其念虑常欲下于人。"

《新注》曰："质直而好义：品行正直，遵从礼义。察言而观色：善于体会别人心意而察言观色。虑以下人：时时想到对人谦恭有礼。"

⑬在国及家必达〔一〕

〔一〕集解马融曰："谦尊而光，卑而不可逾。"

《新注》曰："国：朝廷。家：卿大夫之家。"

⑭色取仁而行违，居之不疑〔一〕，在国及家必闻〔二〕

〔一〕集解马融曰："此言佞人也。佞人假仁者之色，行之则违；安居其伪而不自疑。"

〔二〕集解马融曰："佞人党多。"

《新注》曰："色取仁而行违：表面（色）讲仁，而行动却违背。"

《笺证》曰:"居之不疑:马融曰:'安居其伪而自不疑。'在国及家必闻:意即也能闹得名声远布。马融曰:'佞人党多。'按:以上孔子论'闻'、'达'别见《论语·颜渊》。泷川引伊滕维桢曰:'达者,内有其实,名誉自达也;闻者,务饰乎外,以致名闻也。'钱穆曰:'子张卒年五十七。'崔述曰:'子张好高务外,而与游、夏均称得圣人之一体,盖亦贤也。'"

曾参,南武城人①,字子舆,少孔子四十六岁②。

孔子以为能通孝道③,故授之业。作《孝经》④,死于鲁⑤。

澹台灭明,武城人⑥,字子羽,少孔子三十九岁⑦。

状貌甚恶⑧。欲事孔子,孔子以为材薄⑨。既已受业,退而修行⑩,行不由径,非公事不见卿大夫⑪。南游至江⑫,从弟子三百人,设取予去就,名施乎诸侯⑬。孔子闻之,曰:"吾以言取人,失之宰予;以貌取人,失之子羽⑭。"

宓不齐,字子贱⑮,少孔子三十岁⑯。

孔子谓子贱:"子贱君子哉!鲁无君子,斯焉取斯⑰?"

子贱为单父宰⑱,反命于孔子⑲,曰:"此国有贤不齐者五人⑳,教不齐所以治者。"孔子曰:"惜哉不齐所治者小,所治者大则庶几矣㉑。"

①曾参,南武城人〔一〕

〔一〕索隐按:武城属鲁。当时鲁更有北武城,故言南也。正义《括地志》云:"南武城在兖州,子游为宰者。《地理志》云定襄有武城,清河有武城,故此云南武城也。"

《全注》曰:"曾参(shēn):氏曾,名参。"按:《史记会注考证》云:"方密之曰:'曾参当读如参乘之参。'王引之曰:'参读为骖。名参,字子舆者,驾马所以引车也。'当是。南武城:鲁国邑名,亦称'武城',在今山东费县西南。或谓在山东嘉祥。"

②少孔子四十六岁

《笺证》曰:"依此则曾子生于鲁定公五年,公元前505年。"

③孔子以为能通孝道〔一〕

〔一〕 正义 《韩诗外传》云:"曾子曰:'吾尝仕为吏,禄不过钟釜,尚犹欣欣而喜者,非以为多也,乐道养亲也。亲没之后,吾尝南游于越,得尊官,堂高九仞,榱提三尺,躲毂百乘,然犹北向而泣者,非为贱也,悲不见吾亲也。'"

《注译》曰:"通:贯通。孝:孝顺父母。"

④作《孝经》

《全注》曰:"《孝经》:儒家经典之一,今存十八章,当成于战国时代孔门后学之手。《汉书·艺文志》著录:'《孝经古孔氏》一篇。二十二章。''《孝经》一篇。十八章。长孙氏、江氏、后氏、翼氏四家。'云:'《孝经》者,孔子为曾子陈孝道也。夫孝,天之经,地之义,民之行也。举大者言,故曰《孝经》。'按《汉书·艺文志》诸子略儒家著录'《曾子》十八篇'。此书已佚。《大戴礼记》、《曾子立事》等十篇,后人谓《曾子》中文;又谓《礼记·祭义》也为《曾子大孝》篇中文。"

⑤死于鲁

崔述曰:"曾子于孔门,年最少而学最纯,故孔子既没,后学多宗曾子者。圣道之显多由子贡,圣道之传多由曾子;子贡之功在当时,曾子之功在后世。"(《洙泗考信余录》卷之一)蒋建侯曰:"曾子在孔子弟子中年少而又老寿,故大、小戴《礼记》诸篇关于曾子者甚多。《论语·里仁篇》记孔子语曾子曰'吾道一以贯之',曾子告门人曰:'夫子之道忠恕而已矣。'朱子因谓曾子独得道统之传,且以《礼记·大学篇》为曾子所述作,定为'四书'之一云。"(《诸子通考》)《笺证》曰:"今山东嘉祥县城南二十公里之南武山南麓有'曾庙',也称'宗圣庙',祠孔子弟子曾参。其主体建筑为'宗圣殿',建于高台之上,共七间,四周有雕花石栏。庙东北原有'曾府',今已无;庙南里许有曾参墓。"

⑥澹台灭明〔一〕,武城人〔二〕

〔一〕 集解 包氏曰:"澹台,姓;灭明,名。" 正义 《括地志》云:"延津在滑州灵昌县东七里。注《水经》云:'黄河水至此为之延津。昔澹台子羽赍千金之璧渡河,阳侯波起,两蛟夹舟。子羽曰:"吾可以义求,不可以威劫。"操剑斩蛟。蛟死,乃投璧于河,三投而辄跃出,乃毁璧而去,亦无怪意。'即此津也。"

〔二〕 正义 《括地志》云亦在兖州。

《全注》曰："澹台灭明：氏澹台，名灭明。武城：即'南武城'。或谓'东武城'，见《大戴礼记·卫将军文子》卢辩注。"

⑦少孔子三十九岁

《笺证》曰："依此推算，澹台灭明生于鲁昭公三十年，公元前512年。"

⑧状貌甚恶

《新注》曰："恶：丑陋。"

⑨欲事孔子，孔子以为材薄

《全注》曰："事：师事，拜孔子为师。材：资质，才能。薄：浅薄，低下。"

⑩既已受业，退而修行

《注译》曰："修行：培养自己的德行。"

⑪行不由径，非公事不见卿大夫〔一〕

〔一〕 集解 包氏曰："言其公且方。"

《新注》曰："行不由径：走路不抄近道。喻品德方正，不做非分之事。径，小道，捷径。非公事不见卿大夫：从不找卿大夫谈私事。"《笺证》曰："按：此前后数语见《论语·雍也》，原文为：'子游为武城宰，子曰："女得人焉耳乎？"曰："有澹台灭明者，行不由径，非公事未尝至于偃之室也。"'史公改此文入史，且云此乃澹台受孔门之教后的行为，与《论语》原意不同。中井据此怀疑澹台是否为孔门弟子，然崔述、梁玉绳、钱穆等皆无异辞。"

⑫南游至江〔一〕

〔一〕 索隐 按：今吴国东南有澹台湖，即其遗迹所在。

《全注》曰："江：长江。'南游至江'，按今江苏苏州吴县东南有澹台湖，相传曾是澹台灭明旧宅所在。"

⑬从弟子三百人，设取予去就，名施乎诸侯

《新注》曰："追随子羽去江南的弟子有三百多人，他订立了一个取予与出仕的准则，绝不含糊，誉满诸侯。去就：去，辞职；就，出仕。"《笺证》曰："设取予去就：在'取予'、'去就'问题上特别注意。泷川引冈白驹曰：'唯义之从。'设：讲究，注意。《游侠列传》有所谓'设取予然诺，千里诵义'；《报任安书》有所谓'临财廉，取予义'；《论语·宪问》有所谓'义然后取，人不厌其取'。讲'去就'的话，《论语·泰伯》有所谓'危邦不入，乱邦不居'；《公羊·庄二十四年》有所谓'三谏不从遂去之'；《礼记·曲礼》有所谓'三谏不从则逃之'等。名施（yì）于诸侯：亦即名闻诸侯。施：延续，传播。"

⑭吾以言取人，失之宰予；以貌取人，失之子羽〔一〕

〔一〕索隐按：《家语》"子羽有君子之容，而行不胜其貌"。而上文云"灭明状貌甚恶"，则以子羽形陋也。今此孔子云"以貌取人，失之子羽"，与《家语》正相反。正义按：澹子羽墓在兖州邹城县(1)。

(1)《笺证》曰："今南昌市中山路与环湖路相交处的第二中学内亦有澹台灭明墓，墓前有宋代高过的题碑，明代、清代曾多次对该墓进行过修葺。又，今山东费县、河南开封亦有澹台灭明墓，学者多以南昌之墓为较可信。"

《笺证》曰："失之宰予：意即被其伶牙俐齿所动，对之估价过高了。失之子羽：意谓因其容貌不好而对之估价过低了。按：此孔子言'以貌'、'以言'取人事，《论语》不载。梁玉绳曰：'孔子斯言，《大戴礼·五帝德》、《韩子·显学》、《论衡·骨相》皆有之，史公取入《留侯世家》论及此传。'"

⑮宓不齐，字子贱〔一〕

〔一〕集解孔安国曰鲁人。正义《颜氏家训》云："兖州永昌郡城，旧单父县地也。东门有子贱碑，汉世所立，乃云济南伏生即子贱之后，是'虙'之与'伏'古来通，字误为'宓'较可明矣。'虙'字从'虍'音呼；'宓'从'宀'。音鼏。下俱为'必'，世传写误也。"

《全注》曰："宓（fú）不齐：氏宓，名不齐。鲁国人。按《汉书·艺文志》诸子略儒家有《宓子》十五篇，今佚。"

⑯少孔子三十岁〔一〕

〔一〕索隐《家语》云"鲁人，字子贱，少孔子四十九岁"。此云"三十"，不同。

《全注》曰："依此推算，宓不齐生于公元前521年。"按：《索隐》引《孔子家语》谓宓不齐小孔子四十九岁，则孔子死时，宓不齐才二十五岁，不可能南游江南有弟子三百人，此说不成立。

⑰鲁无君子，斯焉取斯〔一〕

〔一〕集解包氏曰："如鲁无君子，子贱安得此行而学？"

《新注》曰："鲁国若无君子，此人从那里学得这么多好品德。意谓通过宓子贱可以看出鲁多君子。"

⑱子贱为单父宰〔一〕

〔一〕正义宋州县也，《说苑》云："宓子贱理单父，弹琴，身不下堂，单父理。巫马期以星出，以星入，而单父亦理。巫马期问其故。宓子贱曰：'我之谓任人，子之谓任力。任力者劳，任人者逸。'"

《新注》曰："单父：鲁邑，在今山东单县南。"

⑲反命于孔子

《注译》曰："反命：回去报告。"

⑳此国有贤不齐者五人〔一〕

〔一〕索隐按：《家语》云"不齐所父事者三人，所兄事者五人，所友者十一人"，不同也。

《注译》曰："贤不齐者：即'贤于不齐者'。"

㉑所治者大则庶几矣

《笺证》曰："庶几，差不多。孔子的意思是遗憾没能让子贱做更大的官，没能更好地发挥其才干。按：以上孔子称道子贱的政治才干不见于《论语》，而与此类似的意思见《吕览·察贤》、《韩诗外传》；后出的《孔子家语》对此发挥较多，认为跟尧舜差不多。崔述曰：'孔子以"君子"称子贱，而传记亦多载其行事，盖圣门高弟也。'"

原宪，字子思①。

子思问耻。孔子曰："国有道，谷②；国无道，谷，耻也③。"

子思曰："克、伐、怨、欲不行焉，可以为仁乎④？"孔子曰："可以为难矣，仁则吾弗知也⑤。"

孔子卒，原宪遂亡在草泽中⑥。子贡相卫，而结驷连骑⑦，排藜藿入穷阎，过谢原宪⑧。宪摄敝衣冠见子贡⑨。子贡耻之⑩，曰："夫子岂病乎⑪？"原宪曰："吾闻之，无财者谓之贫，学道而不能行者谓之病⑫。若宪，贫也，非病也。"子贡惭，不怿而去⑬，终身耻其言之过也⑭。

①原宪，字子思〔一〕

〔一〕集解郑玄曰鲁人。索隐郑玄云鲁人。《家语》云："宋人。少孔子三十六岁(1)。"

(1) 少孔子三十六岁：《笺证》曰："依此则原宪生于鲁昭公二十六年，公元前516年。蒋建侯引金鹗《礼说》怀疑原宪'应少孔子二十六岁，三为二字之误'。因孔子为鲁司寇时原宪曾为孔子宰，若原宪果'少于孔子三十六岁'，则其为宰时之年龄过小。钱穆说同。"

《注译》曰："原宪：也叫原思，仲宪。鲁国人，一说宋国人。孔子在鲁国当司寇时，他在孔子家当总管。孔子死后，他隐居卫国。"

②国有道，谷〔一〕

〔一〕集解孔安国："谷，禄也。邦有道，当食禄。"

《全注》曰："谷：粮食。古代以粮食充官俸，故'谷'也常用以指称俸禄。此用为动词，意为领取官俸，即做官。"

③国无道，谷，耻多〔一〕

〔一〕集解孔安国曰："君无道而在其朝，食其禄，是耻辱也。"

《笺证》曰："按：以上孔子回答原宪'问耻'见《论语·宪问》。"

④克、代、怨、欲不行焉，可以为仁乎〔一〕

〔一〕集解马融曰："克，好胜人也。伐，自伐其功。怨，忌也。欲，贪欲也。"

《新注》曰："克伐怨欲不行，好胜（克）、夸饰（伐）、怨忿、贪欲，四种恶行都不作。"

⑤可以为难矣，仁则吾弗知也〔一〕

〔一〕集解包氏曰："四者行之难，未足以为仁。"

《注译》曰："难：难能可贵。"《笺证》曰："按：以上孔子答原宪问见《论语·宪问》。"

⑥原宪遂亡在草泽中〔一〕

〔一〕索隐《家语》云："隐居卫。"

《新注》曰："亡在草泽中：住在荒山水边。"按："亡"，此指避隐。

⑦子贡相卫，而结驷连骑

《新注》曰："结驷连骑：驾着四马的大车有一列，还跟着一队骑士警卫。"按：形容喧闹显赫。

⑧排藜藿入穷阎，过谢原宪

《新注》曰："子贡一行，排开丛生的杂草（藜藿），来到荒僻的乡间，专程看望原宪。"按："藜藿"，王念孙《读书杂志》云当作"藜藋"，即灰藋，一种高过人的野草。过：过访，探望，谢：告谢，问候。

⑨宪摄敝衣冠见子贡

《新注》曰："摄敝衣冠：穿戴着破旧的衣帽。"《笺证》曰："摄：整顿，弹抖。此语又见于《魏公子列传》。"

⑩子贡耻之

《笺证》曰："耻之：替他感到难为情。"

⑪夫子岂病乎

《新注》曰："您是有神经病吗？穿戴这样的衣帽。"按：一说"病"，指困苦，即穷困潦倒，此解与上下文不协，非是。

⑫学道而不能行者谓之病

《注译》曰："病：耻辱。"

⑬子贡惭，不怿而去

《新注》曰："不怿：不高兴。"

⑭终身耻其言之过也

《笺证》曰："耻其言之过：为刚才说了错话而感到羞耻、后悔。按：以上子贡见原宪的故事又见《庄子·让王》、《韩诗外传一》、《新序·节士》、《高士传》。崔述曰：'孔子为司寇，以原宪为宰，必有可取者在；而狷介之操亦人所难能。'又曰：'子贡曰："贫而毋谄，富而毋骄何如？"子曰："可也。未若贫而乐，富而好礼者也。"子贡长于理财，先贫后富则有之；若以贫为耻，以富为荣，则子贡断不至是。此乃战国贫贱骄人之士设为此说以自高者，以原宪之贫、子贡之富也，故托之耳。《新序》亦载此事而文更繁，盖后人所衍，皆非事实。'郭嵩焘曰：'此亦稗官家说，而史公过取之。'"

公冶长，齐人，字子长①。

孔子曰："长可妻也②，虽在累绁之中③，非其罪也。"

以其子妻之④。

南宫括，字子容⑤。

问孔子曰："羿善射，奡荡舟⑥，俱不得其死然⑦；禹、稷躬稼而有天下⑧。"孔子弗答⑨。容出，孔子曰："君子哉若人！上德哉若人⑩！""国有道，不废⑪；国无道，免于刑戮。"三复"白珪之玷"⑫，以其兄之子妻之⑬。

公晳哀，字季次⑭。

孔子曰："天下无行⑮，多为家臣，仕于都⑯；唯季次未尝仕⑰。"

①公冶长，齐人，字子长〔一〕

〔一〕索隐《家语》云："鲁人，名苌，字子长。"范甯云："字子芝。"

《笺证》曰："齐人：《家语》称其为鲁人，崔述考证其为鲁人，蒋建侯引《论语集注》、《国语注》亦皆称其为鲁人。字子长：《索隐》引范宁语以为'字子芝'；蒋建侯谓《论语释文》引《家语》作'字子张'；引范宁语作'字子苌'。按：崔述曰：'《史记》虽载之于《弟子传》中，而以《论语》之文考之，长绝无问答之语，未见其必为弟子也者。'"

②长可妻也

《注译》曰："妻（qì）：把女子嫁给别人。动词。"

③虽在累绁之中〔一〕

〔一〕集解孔安国曰："累，黑索也。绁，挛也。所以拘罪人。"

《全注》曰："累绁（léixiè）：亦作'缧绁'，栓缚囚犯的绳索，此指代监狱。"

④以其子妻之〔一〕

〔一〕集解张华曰："公冶长墓在城阳姑幕城东南五里所，墓极高。"

《全注》曰："子：古代儿子、女儿皆可称子，此指女儿。按语见《论语·公冶长》。"

【研讨】

孔子以其子妻公冶长

《论衡·问孔》驳此处之漏洞说："孔子之称公冶长，有'非辜'之言，无'行能'之文。世间强受'非辜'者多，未必尽贤人也。恒人见枉，众多非一，必以'非辜'为孔子所妻，则是孔子不妻贤，妻冤也。"

⑤南宫括，字子容〔一〕

〔一〕集解孔安国曰："容，鲁人。"索隐《家语》作"南宫绦"。
 按：其人是孟僖子之子仲孙阅也，盖居南宫，因姓焉。

《笺证》曰："南宫括：姓南宫，名括。梁玉绳曰：'《论语》作适，又称南容。《家语》作南宫绦。'《集解》引孔安国曰：'鲁人。'崔述曰：'《史记》虽载之于《弟子传》中，而以《论语》之文考之，适仅有羿奡一问，而亦非质疑问难之比，未见其必为弟子也者。'蒋建侯亦同此说。"

⑥羿善射，奡荡舟〔一〕

〔一〕集解孔安国曰："羿，有穷之君，篡夏后位，其徒寒浞杀之，因其室而生奡。奡多力，能陆地行舟，为夏后少康所杀。"
 正义羿音诣。荡，大浪反。

《全注》曰："羿（yì）：人名，即后羿，亦称夷羿，夏代东夷有穷国的君主。善于射箭，曾一度夺取夏朝的王位，旋即因沉湎狩猎，不理政事，而被臣子寒浞杀死。奡（ào）：亦作'浇'、'敖'、'傲'，后羿臣子寒浞的儿子。寒浞杀死后羿当政，派他领兵攻灭斟灌氏、斟寻氏，受封于过。极有力量，传说能陆地行船。后被夏少康所杀。'荡舟'，疑即《楚辞·天问》'覆舟斟寻'之'覆舟'，指奡在攻打斟寻氏时曾倾覆对方船只。或谓'荡'为冲杀之意。'荡舟'，言以舟师冲锋陷阵。"

⑦俱不得其死然

《全注》曰："不得其死：不得好死。然：句末语助词。"

⑧禹、稷躬稼而有天下

《笺证》曰："禹、稷：大禹、后稷，都是舜的臣子。禹以治水有功，受舜之禅；稷以发展农业有功，受到舜的封赏，至武王时，遂灭商而有天下，分别见《夏本纪》、《周本纪》。"躬稼：亲身致力于农业。《集解》引马融曰："禹尽力于沟洫，稷播百谷，故曰'躬稼'。"

⑨孔子弗答〔一〕

〔一〕集解马融曰："禹尽力于沟洫，稷播百谷，故曰'躬稼'也。

禹及其身，稷及后世，皆王。括意欲以禹稷比孔子，孔子谦，故不答。"

⑩君子哉若人！上德哉若人〔一〕

〔一〕集解孔安国曰："贱不义而贵有德，故曰君子。"

《注译》曰："若人：这个人。若，此，这。上：通'尚'。崇尚。南宫括托古代的事来问孔子，主张德治而反对暴力，所以孔子称赞他。"

⑪国有道，不废〔一〕

〔一〕集解孔安国曰："不废，言见用。"

《新注》曰："不废：见用于世，未被废弃。"

⑫三复"白珪之玷"〔一〕

〔一〕集解孔安国曰："《诗》云'白珪之玷，尚可磨也；斯言之玷，不可为也'。南容读《诗》至此，三反之，是其心敬慎于言。"

《新注》曰："三复：三次颂读'白珪之玷'这首诗。《诗·大雅·抑》：'白珪之玷，尚可磨也，斯言之玷，不可为也。南宫子容三颂此诗，表现了他慎言的思想。白玉上有污点可以磨掉；说话有污点，就收不回来了。'"按："珪"，同"圭"，长条形玉器。"玷（diàn）"，玉上的斑点。

⑬以其兄之子妻之

《注译》曰："兄之子：孔子的哥哥叫孟皮。这时孟皮可能死了，所以孔子替他女儿主婚。"按：南宫括"三复白圭"见《论语·先进》。

⑭公皙哀，字季次〔一〕

〔一〕集解《孔子家语》云齐人。索隐《家语》作"公皙克"。

《全注》曰："公皙哀：氏公皙（或作'析'），名哀（或作'克'、'剋'）。齐国人。季次：或作'季沈'。"

⑮天下无行

《新注》曰："天下动乱无道。"按：一说指天下士人没有德行。

⑯多为家臣，仕于都

《全注》曰："仕：出仕，做官。都：都邑，此当指卿大夫采邑。"

⑰唯季次未尝仕〔一〕

〔一〕索隐《家语》云："未尝屈节为人臣，故子特赏叹之。"亦见

《游侠传》也。

《新注》曰:"只有季次独善其身,不在无行的社会中做官。"《全注》曰:"按本书《游侠列传》云:'及若季次、原宪,闾巷人也,读书怀独行君子之德,义不苟合当世,当世亦笑之。故季次、原宪终身空室蓬户,褐衣疏食不厌。'《孔子家语·七十二弟子》云:'鄙天下多仕于大夫者,是故未尝屈节人臣。孔子特叹赏之。'可与此参看。又《淮南子·氾论训》云:'季襄、陈仲子立节抗行,不入洿君之朝,不食乱世之食,遂饿而死。'王念孙云'襄'为'哀'字之误,季哀即此季次。可信。"

曾蒧,字皙①。

侍孔子②,孔子曰:"言尔志。"蒧曰:"春服既成③,冠者五六人,童子六七人④,浴乎沂,风乎舞雩,咏而归⑤。"孔子喟尔叹曰⑥:"吾与蒧也⑦!"

颜无繇,字路⑧。路者,颜回父⑨,父子尝各异时事孔子。

颜回死,颜路贫,请孔子车以葬⑩。孔子曰:"材不材,亦各言其子也⑪。鲤也死,有棺而无椁⑫,吾不徒行以为之椁,以吾从大夫之后,不可以徒行⑬。"

商瞿,鲁人,字子木⑭,少孔子二十九岁⑮。

孔子传《易》于瞿⑯,瞿传楚人馯臂子弘⑰,弘传江东人矫子庸疵⑱,疵传燕人周子家竖⑲,竖传淳于人光子乘羽⑳,羽传齐人田子庄何㉑,何传东武人王子中同㉒,同传菑川人杨何㉓。何元朔中以治《易》为汉中大夫㉔。

①曾蒧〔一〕,字皙〔二〕

〔一〕集解音点。索隐音点,又音其炎反。

〔二〕集解孔安国曰:"皙,曾参父。"索隐《家语》云:"曾点字子皙,曾参之父。"

《全注》曰:"曾蒧(diǎn):亦作'点',曾参之父。字皙:按《家语》作'字子皙'。"

②侍孔子

《全注》曰："侍：侍奉。'侍孔子'，按《论语·先进》作：'子路、曾皙、冉有、公西华侍坐。'"

③春服既成

《新注》曰："天气转暖，已穿上了春天的服装。"《全注》曰："成：定。按《论语·先进》于'春服既成'前有'暮春者'三字，语意更明确。暮春为春三月，天气转暖，气温趋高之势已定，故春服也确定了。"

④冠者五六人，童子六七人

《笺证》曰："冠者：指过了二十岁的人，古代男子二十而行加冠礼。按：此之'冠者'与下句之'童子'皆指孔子的学生。"

⑤浴乎沂，风乎舞雩，咏而归〔一〕

〔一〕集解徐广曰："一作'馈'。"骃案：包氏曰："暮春者，季春三月也。春服既成，衣单袷之时，我欲得冠者五六人，童子六七人，浴于沂水之上，风凉于舞雩之下，歌咏先王之道，归于夫子之门。"

《注译》曰："沂（yí）：水名。此为西沂水（非沂河），发源于山东曲阜县东南尼山麓，经曲阜县南流入泗水。风：迎风乘凉。"《笺证》曰："舞雩：指求雨的台子。古代用于求雨的祭祀叫作'雩祭'，祭祀时伴有歌舞，故称'舞雩'。"

⑥孔子喟尔叹曰

《全注》曰："喟（kuì）：叹声。喟尔：叹息的样子。"

⑦吾与蒧也〔一〕

〔一〕集解周氏曰："善蒧之独知时也。"

《全注》曰："与：心许，赞成。按本节见《论语·先进》。"

⑧颜无繇〔一〕，字路

〔一〕集解音遥。正义繇音由。

《全注》曰："颜无繇，氏颜；名无繇，按《孔子家语·七十二弟子》作'由'。又《家语》云'少孔子六岁'，则生于公元前546年。鲁国人。路：按《家语》作'季路'。'季'当为颜无繇排行。"

⑨路者，颜回父〔一〕

〔一〕索隐《家语》云"颜由字路，回之父也。孔子始教于阙里而受学焉。少孔子六岁"，故此传云"父子异时事孔子"，故《易》称"颜氏之子"者，是父子俱学孔门也。

⑩颜回死，颜路贫，请孔子车以葬〔一〕

〔一〕集解孔安国曰："卖以作椁。"

《全注》曰："请孔子车以葬：按《论语·先进》作'请子之车以为之椁'，即此'以葬'，具体含义是'以为之椁'。"

⑪材不材，亦各言其子也

《注译》曰："材：有才华。指颜回。不材：没有才华。指孔鲤。"《笺证》曰："材不材：成材或是不成材。亦各言其子也：意谓毕竟也是自己的儿子。"

⑫有棺而无椁

《注译》曰："棺、椁（guǒ）：古代的棺材有的有两层，内'棺'外'椁'。"

⑬以吾从大夫之后，不可以徒行〔一〕

〔一〕集解孔安国曰："鲤，孔子子伯鱼。孔子时为大夫，言从大夫之后，不可徒行，谦辞也。"

《新注》曰："从大夫之后：备位在大夫后面，谓曾出仕做过大夫。孔子曾为鲁中都宰和司寇之职。大夫出，有车，不得步行。"

⑭商瞿〔一〕，鲁人，字子木〔二〕

〔一〕正义具俱反。

〔二〕索隐《家语》云："瞿年三十八无子，母欲更娶室。孔子曰：'瞿过四十当有五丈夫子。'果然。瞿谓梁鳣勿娶，'吾恐子或晚生，非妻之过也'。"

《全注》曰："商瞿：氏商，名瞿。"

⑮少孔子二十九岁

《笺证》曰："依此则生于鲁昭公二十年，公元前522年。"

⑯孔子传《易》于瞿

叶梦得曰："瞿本非门人高第，略无一言见于《论语》，'性与天道'子贡且不得闻，而谓商瞿得之乎？"钱穆曰："瞿年长于回、赐，其从游当不在后；而孔子晚年喜《易》，瞿得其传亦当在孔子晚世，则瞿之从学久矣，而顾无一语见于《论语》，又不见于其后群弟子之称述，则其人尚在若有若无间,遑论传《易》之事哉?"

⑰瞿传楚人矸〔一〕臂子弘〔二〕

〔一〕 集解 徐广曰:"音寒。"

〔二〕 索隐 矸,徐广音韩,邹诞生音汗。按:《儒林传》、《荀卿子》及《汉书》皆云矸臂字子弓,今此独作"弘",盖误耳。应劭云子弓是子夏门人。正义 矸,音汗。颜师古云:"矸,姓也。"《汉书》及《荀卿子》皆云字子弓,此作"弘",盖误也。应劭云:"子弓,子夏门人。"

《全注》曰:"矸(hán)臂子弘:姓矸名臂,字子弘,子夏门人。《汉书·儒林传》及《荀子》均作矸臂字子弓。以下所列《易》学承传世系与《汉书·儒林传》有异。"

⑱弘传江东人矫〔一〕子庸疵〔二〕

〔一〕 集解 音桥。

〔二〕 集解 自移反。索隐《儒林传》及《系本》皆作"蟜"。疵,音自移反。"疵"字或作"疵"。蟜是姓,疵,名也,字子肩。然蟜姓,鲁庄公族也,《礼记》"蟜固见季武子"。盖鲁人,《史》、《儒林传》皆云鲁人,独此云江东人,盖亦误耳。《儒林传》云矸臂,江东人;桥疵,楚人也。正义《汉书》作"桥庀",云鲁人。颜师古云桥庀字子庸。

《新注》曰:"矫子庸疵:姓矫,名疵,字子庸。矫,读桥。"

⑲疵传燕人周子家竖〔一〕

〔一〕 索隐 周竖字子家,有本作"林"。正义 竖音时与反。周竖字子家,《汉书》作"周丑"也。

《新注》曰:"周子家竖:姓周,名竖,字子家。"按:《汉书》作"周丑"。

⑳竖传淳于人光子乘羽〔一〕

〔一〕 索隐 淳于,县名,在北海。光羽字子乘。正义 光乘字羽。《括地志》云:"淳于,国【名】,在密州安丘县东三十里,古之州国,周武王封淳于国。"

《注译》曰:"淳于:古国名。春秋时为淳于国,后为杞国的都城。"

在今山东省安丘县东北。光子乘羽，姓光，名羽，字子乘。"

㉑羽传齐人田子庄何〔一〕

〔一〕索隐田何字子庄。正义《儒林传》云："田何字子庄。"

《新注》曰："田子庄何：姓田名何，字子庄。"

㉒何传东武人〔一〕王子中同〔二〕

〔一〕集解徐广曰："属琅邪。"

〔二〕索隐王同字子中。正义《括地志》云："东武县，今密州诸城县是也。"《汉》作"王同字子仲。"

《注译》曰："东武：古邑名。在今山东省诸城县。"《新注》曰："王子中同：姓王名同，字子中。"

㉓同传菑川人杨何〔一〕

〔一〕索隐自商瞿传《易》至杨何，凡八代相传。《儒林传》何字叔元。正义《汉书》云字叔元。按：商瞿至杨何凡八代。

《新注》曰："杨何：字叔元，汉武帝时任中大夫，著有《易传杨氏》三篇，已佚。司马谈曾受《易》于杨何。"陈直曰："《太史公自序》云：'太史公学天官于唐都，传《易》于杨何。'故对《易》之传授极为详明，比较《汉书·儒林传》为何信。"

㉔何元朔中以治《易》为汉中大夫

《笺证》曰："元朔：汉武帝的第三个年号（公元前128—公元前123年）。梁玉绳曰：'《史》《汉》之《儒林传》皆作"元光"，此"朔"字误。'按：'元光'是汉武帝的第二个年号，为公元前134—公元前129年。中大夫：帝王的侍从官员，上属郎中令，掌议论。"

高柴，字子羔①，少孔子三十岁②。

子羔长不盈五尺，受业孔子，孔子以为愚③。

子路使子羔为（费）郈宰④，孔子曰："贼夫人之子⑤！"子路曰："有民人焉，有社稷焉，何必读书然后为学⑥！"孔子曰："是故恶夫佞者⑦。"

漆雕开，字子开⑧。

孔子使开仕，对曰："吾斯之未能信⑨。"孔子说⑩。

公伯缭，字子周⑪。

周愬子路于季孙⑫，子服景伯以告孔子⑬，曰："夫子固有惑志⑭，缭也吾力犹能肆诸市朝⑮。"孔子曰："道之将行，命也；道之将废也，命也。公伯缭其如命何⑯？"

①高柴，字子羔〔一〕

〔一〕集解郑玄曰卫人。索隐郑玄云卫人。《家语》"齐人，高氏之别族。长不盈六尺，状貌甚恶"。此传作"五尺"，误也。正义《家语》云齐人。

《全注》曰："高柴：氏高，名柴。《孔子家语·七十二弟子》云：'齐人，高氏之别族。'或谓卫人，又谓郑人。子羔：'羔'或作'皋'、'高'，当为同音通假。又称'季羔'，排行季。"

②少孔子三十岁

《笺证》曰："依此则子羔生于鲁昭公二十一年，公元前521年。"钱穆曰："《论语》子路使子羔为费宰，子曰'贼夫人之子'。鲁定公十二年，子羔年二十四，故孔子曰'贼夫人之子'矣。哀十五年，卫蒯聩之难，子路死之，子羔则去，时年四十二。"

③子羔长不盈五尺，受业孔子，孔子以为愚

《新注》曰："不盈五尺：不满五尺。五尺合今135公分，此人是一个矮子。"按：《孔子家语》作"六尺"。《笺证》曰："孔子以为愚：《论语·先进》有所谓'柴也愚，参也鲁，师也辟'。"

④子路使子羔为（费）郈宰〔一〕

〔一〕正义《括地志》云："郓州宿县二十三里郈亭。"

《全注》曰："费（bì）：亦作'鄪'、'肸'，鲁国邑名，在今山东费县西北。郈（bòu）：鲁国邑名，在今山东东平东南。'费郈宰'，按今本《论语》及《史记》别本无'郈'字，故许多学者以为'郈'系衍字。但沈涛《铜熨斗斋随笔》云：'盖古本《论语》作郈宰不作费宰。《论衡·艺增篇》正作郈宰，可见汉以前本皆如是也。《正义》但释郈不释费，可见所据本无此字。'按：费为季孙氏邑，郈为叔孙氏邑。"

⑤贼夫人之子〔一〕

〔一〕集解包氏曰："子羔学未孰习而使为政，所以贼害人。"

《新注》曰:"贼:害。"孔颖达曰:"子羔学未熟习而使为政,必累其身,所以为贼害也。"

⑥有民人焉,有社稷焉,何必读书然后为学〔一〕

〔一〕集解孔安国曰:"言治人事神,于是而习,亦学也。"

《笺证》曰:"有民人焉,有社稷焉:意即在治民与主持祭祀的实践中锻炼提高。社稷:该地区的土神与谷神。何必读书然后为学:孔颖达曰:'有人民焉而治之,有社稷之神焉而事之,治民事神于是而习之,是亦学也,何必读书然后为学者!'"

⑦是故恶夫佞者〔一〕

〔一〕集解孔安国曰:"疾其以给应,遂己非而不知穷也。"

《全注》曰:"恶(wù):厌恶,憎恨。佞(nìng):善用花言巧语来诡辩或谄媚人。按本节见《论语·先进》。"按:今河南太康县之宁庄村东有子羔墓,墓高二米,周长四十四米,呈圆锥形。

⑧漆雕开,字子开〔一〕

〔一〕集解郑玄曰鲁人也。索隐郑玄云鲁人。《家语》云:"蔡人,字子若,少孔十一岁。"又云:"习《尚书》,不乐仕。孔子曰:'可以仕矣。'封曰:'吾斯之未能信。'"王肃云:"未得用斯书之意,故曰'未能信'也。"正义《家语》云:"蔡人,字子若,少孔子十一岁。习《尚书》,不乐仕。"

《全注》曰:"漆雕开:氏漆雕,名开(或作'启'、'凭')。鲁国人,或说蔡国人。按《孔子家语·七十二弟子》云'少孔子十一岁',则生于公元前 540 年。又《汉书·艺文志》诸子略儒家有'《漆雕子》十三篇',自注云:'孔子弟子漆雕启后'。孔子死后,自成一派,为《韩非子·显学》所云'儒分为八'之一。子开,或作'子若'、'子修'。"李笠引王应麟曰:"盖名启字子开,《史记》避景帝讳也。"按:《汉书·古今人表》正作"漆雕启"。

⑨吾斯之未能信〔一〕

〔一〕集解孔安国曰:"仕进之道。未能信者,未能究习。"

《注译》曰:"吾斯之未能信:即'吾未能信斯'。宾语'斯'前置。"

⑩孔子说〔一〕

〔一〕集解郑玄曰:"善其志道深。"

《笺证》曰:"以上孔子使漆雕启仕见《论语·公冶长》。《韩非子·显学》云:'漆雕开之议,不色挠,不目逃,行曲则违于臧获,行直则怒于诸侯。'《汉书·艺文志》儒家类有《漆雕子》十二篇。"按:"孔子悦",原文作"说",通"悦",今改正字。

⑪公伯缭,字子周〔一〕

〔一〕集解马融曰鲁人。索隐马融云鲁人。《家语》无公伯缭而有申缭子周。而谯周云"疑公伯缭是谗愬之人,孔子不责,而云'其如命何',非弟子之流也"。今亦列比在七十二贤之数,盖太史公误。且"缭"亦作"僚"也。正义《家语》有申缭子周。《古史考》云:"疑公伯僚是谗愬之人,孔子不责,而云命。非弟子之流也。"

《注译》曰:"公伯缭:复姓公伯,名缭。《论语》作公伯寮,鲁国人。"《新注》曰:"《索隐》云:'《孔子家语》无公伯缭而有申缭子周。'认为公伯缭谗诣之人,非孔子弟子。"

⑫周愬子路于季孙

《新注》曰:"诉:说坏话。"愬,同"诉"。

⑬子服景伯以告孔子

《注译》曰:"子服景伯:鲁国大夫。名何。"按:"景"字是谥。

⑭夫子固有惑志〔一〕

〔一〕集解孔安国曰:"季孙信谮,惑子路也。"

《全注》曰:"夫子:指季孙。固:本来,原来。"《新注》曰:"惑志:疑心。指季孙已不信任子路。"

⑮缭也吾力犹能肆诸市朝〔一〕

〔一〕集解郑玄曰:"吾势犹能辨子路之无罪于季孙,使人诛僚而肆之也。有罪既刑,陈其尸曰肆。"

《笺证》曰:"肆诸市朝:在大庭广众之中把他摆平。肆:陈列,摆,这里指陈尸,即斩首示众。市朝:市场与朝廷,都是众人聚会的地方。"按:此谓子服景伯还有力量让季孙氏杀掉公伯缭。

⑯公伯缭其如命何

《笺证》曰:"其如命何:天命已定的事情,公伯缭又能起什么作用呢?意谓他的捣鬼奈何不了子路的什么。按:以上孔子与子服景伯的对答见《论语·宪问》,'缭'字作'寮'。"

【研讨】

公伯缭为孔门弟子,先儒多疑之。蒋伯潜曰:"孔子曾曰'匡人其如予何','桓魋其如予何',此云'公伯缭其如予何',语气正同。《论语注》及《弟子传》乃均以为弟子,诚百思不得其解矣。"(《诸通考》)

司马耕,字子牛①。

牛多言而躁②,问仁于孔子。孔子曰:"仁者,其言也讱③。"曰:"其言也讱,斯可谓之仁乎?"子曰:"为之难,言之得无讱乎④?"

问君子⑤,子曰:"君子不忧不惧⑥。"曰:"不忧不惧,斯可谓之君子乎?"子曰:"内省不疚,夫何忧何惧⑦!"

①司马耕,字子牛〔一〕

〔一〕集解孔安国曰宋人。索隐《家语》云"宋人,字子牛",孔安国亦云"宋人,弟安子曰司马犁"也。牛是桓魋之弟,以魋为宋司马,故牛遂以司马为氏也。正义佚文孔安国曰:"牛,宋人,弟子司马犁也。"《家语》云:"宋桓魋之弟也。魋为宋司马,故牛以司马为氏。"

《全注》曰:"司以耕:氏司马,名耕。前人多以为即《左传》哀公十四年的'司马牛',为宋人,是宋国司马桓魋的弟弟。《论语》孔安国注云名犁;《孔子家语·七十二弟子》云'司马黎耕,宋人,兄桓魋',但杨伯峻《论语译注》认为孔子弟子的司马牛与宋国桓魋弟弟的司马牛难以混为一人。"

②牛多言而躁

《笺证》曰:"躁:浮躁。古有'吉人之言寡,小人之言躁'之说,'多言而躁'被人视为没修养。"

③仁者,其言也讱〔一〕

〔一〕集解孔安国曰:"讱,难也。"

《新注》曰:"其言也讱:说话要慢条斯理。此为孔子的针对性教育,司马耕多言而躁,故导之以讱。讱,说话难于出口。"

④为之难,言之得无讱乎〔一〕

〔一〕集解孔安国曰:"行仁难,言仁亦不得不讱也。"

《笺证》曰:"《集解》引孔安国曰:'行仁难,言仁亦不得不讱也。'按:以上孔子与司马牛的对答见《论语·颜渊》,文章只云'司马牛问仁',孔子答曰云云,孔安国如此注释是可以的;而史公于此处增加了'牛多言而躁'五字,于是此文遂又成了孔子'因材施教'的典型,《集解》再引孔安国语,便似乎有些不对茬了。"

⑤问君子

《全注》曰:"询问怎样才是君子。"

⑥君子不忧不惧〔一〕

〔一〕集解孔安国曰:"牛兄桓魋将为乱,牛自宋来学,常忧惧,故孔子解之也。"

《注译》曰:"司马耕的哥哥桓魋在宋国担任司马,想要作乱,司马耕常怀忧惧,所以孔子这样开导他。"

⑦内省不疚,夫何忧何惧〔一〕

〔一〕集解包氏曰:"疚,病。自省无罪恶,无可忧惧。"

《新注》曰:"疚:内心惭愧。"

樊须,字子迟①,少孔子三十六岁②。

樊迟请学稼③,孔子曰:"吾不如老农。"请学圃④,曰:"吾不如老圃。"樊迟出,孔子曰:"小人哉,樊须也⑤!上好礼,则民莫敢不敬;上好义,则民莫敢不服;上好信,则民莫敢不用情⑥。夫如是,则四方之民襁负其子而至矣,焉用稼⑦!"

樊迟问仁,子曰:"爱人。"问智,曰:"知人⑧。"

①樊须,字子迟〔一〕

〔一〕集解郑玄曰齐人。索隐《家语》云鲁人也。正义《家语》云鲁人。

《全注》曰:"樊须:氏樊,名须。齐国人。或说鲁国人。曾为季孙氏家臣。"

②少孔子三十六岁

《笺证》曰："依此则樊须生于鲁昭公二十七年，公元前 515 年。按：《家语》谓'少孔子四十六岁'，钱穆引《左传》郎之战事证之以为然，依此则樊须生于鲁定公五年，公元前 505 年。"

③樊迟请学稼

《注译》曰："稼：种植谷物。"

④请学圃〔一〕

〔一〕集解马融曰："树五谷曰稼，树菜蔬曰圃。"

《新注》曰："圃：菜地。此作动词用，种菜。"

⑤小人哉，樊须也

《新注》曰："樊须真是个没出息的小人。这里小人，指种地种菜的小民。"

⑥上好信，则民莫敢不用情〔一〕

〔一〕集解孔安国曰："情，实也。言民化上各以实应。"

《全注》曰："情：实，真实情况，此指真心实意。"

⑦夫如是，则四方之民襁负其子而至矣，焉用稼〔一〕

〔一〕集解包氏曰："礼义与信足以成德，何用学稼以教民乎！负子之器曰襁。"

《笺证》曰："襁负：用小背篓背着。襁：朱熹曰：'织缕为之，以约小儿于背者。'按：孟子谓齐宣王'行仁政者无敌于天下'，即循此逻辑以推衍。焉用稼：《集解》引包氏曰：'礼、义与信足以成德，何用学稼以教民乎？'苏辙曰：'樊迟之学为农圃，盖将与民并耕而食与，此孟子所谓许行之学也。孟子曰："有大人之事，有小人之事，尧以不得舜为己忧，舜以不得禹、皋陶为己忧。以百亩之不易为己忧者，农夫也。"此孔子谓樊迟"小人"也。'按：以上孔子斥樊须学稼见《论语·子路》。"

⑧知人

《笺证》曰："知人，指能分辨人的好坏与其各自的特长。按：以上孔子与樊须的问答见《论语·颜渊》。据《左传》哀公十一年，齐人伐鲁，冉有率师与之战于郊，于此役中樊须的表现分外突出，于孔门中亦非平庸之辈。"

有若，少孔子四十三岁①。有若曰："礼之用，和为贵②，先王之道斯为美。小大由之，有所不行③；知和而和，不以礼节之，亦不可行也④。""信近于义，言可复也⑤；恭近于礼，远耻辱也⑥；因不失其亲，亦可宗也⑦。"

孔子既没，弟子思慕，有若状似孔子，弟子相与共立为师，师之如夫子时也⑧。他日，弟子进问曰："昔夫子当行，使弟子持雨具，已而果雨。弟子问曰：'夫子何以知之？'夫子曰：'《诗》不云乎："月离于毕，俾滂沱矣⑨。"昨暮月不宿毕乎⑩？'他日，月宿毕，竟不雨。商瞿年长无子，其母为取室⑪。孔子使之齐，瞿母请之。孔子曰：'无忧，瞿年四十后当有五丈夫子⑫。'已而果然。敢问夫子何以知此？"有若默然无以应。弟子起曰："有子避之，此非子之座也⑬！"

①有若〔一〕，少孔子四十三岁〔二〕

〔一〕【集解】郑玄曰鲁人。

〔二〕【索隐】《家语》云："鲁人，字子有，少孔子三十三岁。"今此传云"四十二岁"，不知传误，又所见不同也？【正义】《家语》云"鲁人，字有，少孔子三十三岁"，不同。

《全注》曰："有若：氏有，名若，字子有，鲁国人，常称作'有子'。少孔子四十三岁：依此推算，则有若生于公元前508年。按《孔子家语·七十二弟子》云'少孔子三十三岁'。"

②礼之用，和为贵

《新注》曰："礼的应用，以和谐为最高准则。"杨伯峻《论语译注》曰："礼的作用，以遇事都做得恰当为可贵。"和：《礼记·中庸》："喜怒哀乐之未发谓之中，发而皆中节谓之和。"杨伯峻曰："和，今言'适合'、言'恰当'、言'恰到好处'。"（《论语译注》）

③小大由之，有所不行

《新注》曰："无论大事小事都和谐地去做，有时也行不通。"

④知和而和，不以礼节之，亦不可行也〔一〕

〔一〕【集解】马融曰："人知礼贵和，而每事从和，不以礼为节，亦不可以行也。"

《新注》曰:"只是为和谐而和谐,不用礼来节制,也是不行的。"按:杨伯峻解"知和而和"为"为恰当而求恰当。"崔述曰:"有子'务本'之旨,'贵和'之说,咸能发圣人未发之蕴。意其所得有深焉者,是以游、夏有'似圣人'之品目也。"(《洙泗考信余录》卷之二)

⑤信近于义,言可复也〔一〕

〔一〕集解 何晏曰:"复犹覆也。义不必信,信非义也。以其言可覆,故曰近义。"

《新注》曰:"讲信用要符合于义,这样说出的话才能实行。复:实行。"按:杨伯峻曰:"所守的约言合于义,这约言便是能实践的了。"(《论语译注》)复:实践。

⑥恭近于礼,远耻辱也〔一〕

〔一〕集解 何晏曰:"恭不合礼,非礼也。以其能远耻辱,故曰近礼。"

《新注》曰:"恭敬要合于礼,这样才能避免耻辱。"

⑦因不失其亲,亦可宗也〔一〕

〔一〕集解 孔安国曰:"因,亲也。言所亲不失其亲,亦可宗敬。"

《新注》曰:"亲近那应该亲近的人,才可以为人效法。"按:以上有若的话见《论语·学而》。

⑧有若状似孔子,弟子相与共立为师,师之如夫子时也

《全注》曰:"相与:相互、共同。"师之:师从他。此指师从有若。夫子:指孔子。按《孟子·滕文公上》云:'昔者孔子没,……子夏、子张、子游以有若似圣人,欲以所事孔子事之。'当为司马迁上述所本。"

⑨月离于毕,俾滂沱矣〔一〕

〔一〕集解 毛《传》曰:"毕,噣也。月离阴星则雨。"

《新注》曰:"月亮住宿在毕星的方位上,就要下滂沱大雨。这两句诗,引自《诗经·小雅·渐渐之石》。"朱熹曰:"月离毕,将雨之验也。"《笺证》曰:"离:同'罹',遭逢,这里指运行到。毕:星名,二十八宿之一。"

⑩昨暮月不宿毕乎

《笺证》曰:"宿:停留,这里也是指运行到。"

⑪商瞿年长无子,其母为取室〔一〕

〔一〕 正义 《家语》云:"瞿年三十八无子,母欲更娶室。孔子曰'瞿年过四十当有五丈夫子。'果然。"《中备》云:"鲁人商瞿使向齐国,瞿年四十,今后使行远路,畏虑,恐绝无子。夫子正月与瞿母筮,告曰:'后有五丈夫子。'子贡曰:'何以知?'子曰:'卦遇大畜,艮之二世。九二甲寅木为世,六五景子水为应。世生外象生象来交生互内象,艮别字,应有五子,一子短命。'颜回云:'何以知之?''内象是本子,一艮变为二丑三阳爻五,于是五子,一子短命。''何以知短命?''他以故也。'"

《新注》曰:"年长无子:年纪老大,还没儿子。取室:娶亲。"

⑫瞿年四十后当有五丈夫子〔一〕

〔一〕 集解 五男也。 索隐 谓五男也。

《笺证》曰:"当有五丈夫子——意即当生五个儿子。苏辙曰:'月宿毕而雨不应,商瞿五十而生五子,此卜祝之事,鄙儒所以谓孔子圣人者,战国杂说类此者多矣,宋祁曰"此邹鲁间野人语耳"。'"

⑬有子避之,此非子之座也

《全注》曰:"关于本节文字,有人认为系战国杂说而不足信,可备一说。"

【研讨】

有子扮夫子

刘知幾《史通》曰:"孔门弟子,圣人品藻已详,门徒臧否又定,如有若者,名不隶于四科,誉无偕于十哲,逮尼父既没,方取为师;以不答所问,始令避座,同称达者,何见事之晚乎?"洪迈曰:"此两事殆近于星历卜祝之学,何足以为圣人,而谓孔子言之乎?有若不能知,何所加损,而弟子遽以是斥退之乎?太史公之书于是为失矣。"宋濂曰:"有若状似孔子,共立为师,此邹鲁间野人语耳。"(《笺证》引)梁玉绳曰:"贤如有若,必不僭居师座;弟子亦必不因不答所问即令避座。"(《史记志疑》)按:崔述对此亦有辨。

公西赤，字子华①，少孔子四十二岁②。

子华使于齐，冉有为其母请粟③。孔子曰："与之釜④。"请益⑤，曰："与之庾⑥。"冉子与之粟五秉⑦。孔子曰："赤之适齐也，乘肥马，衣轻裘⑧。吾闻君子周急不继富⑨。"

①公西赤，字子华〔一〕

〔一〕集解 郑玄曰鲁人。

《全注》曰："公西赤：氏公西，名赤，鲁国人。"

②少孔子四十二岁

《笺证》曰："依此则公西赤生于鲁定公元年，公元前509年。崔述引《论语》文字以为公西华不应比子路、冉有、子贡等差得太多，钱穆引金鹗考证以为此'四十二'应作'三十二'。"

③子华使于齐，冉有为其母请粟

《新注》曰："请粟：请求发给口粮。"按："粟"，小米。

④与之釜〔一〕

〔一〕集解 马融曰："六斗四升曰釜。"

《注释》曰："釜（fǔ）：古代量名，容当时的量器六斗四升，约合今天的容量一斗二升八合。"

⑤请益

《全注》曰："益：加，增加。"

⑥与之庾〔一〕

〔一〕集解 包氏曰："十六斗曰庾。"

《注译》曰："庾（yǔ）：古代量名，容量当时的十六斗，约合今天的三斗三升。"

⑦冉子与之粟五秉〔一〕

〔一〕集解 马融曰："十六斛曰秉，五秉合八十斛。"

《新注》曰："秉：十六斛。五秉，八十斛，一斛十斗，合12.5釜。"

⑧赤之适齐也，乘肥马，衣轻裘

《全注》曰："适：到，往。乘肥马：指乘坐由体肥膘壮马匹所驾的车。衣（yì）：穿。轻裘：轻暖的皮衣。"

⑨吾闻君子周急不继富[一]

〔一〕集解 郑玄曰："非冉有与之太多。"

《新注》曰："君子的立场是周济急难，而不是增加富者的财富。"按："周"，通"赒"，救济。"急"，急难，困乏。"继"，接济，增益。按本节见《论语·雍也》。

巫马施，字子旗①，少孔子三十岁②。

陈司败问孔子曰③："鲁昭公知礼乎④?"孔子曰："知礼。"退而揖巫马旗曰⑤："吾闻君子不党⑥，君子亦党乎？鲁君娶吴女为夫人，命之为'孟子'⑦。'孟子'姓姬，讳称同姓，故谓之'孟子'⑧。鲁君而知礼，孰不知礼⑨！"施以告孔子，孔子曰："丘也幸，苟有过，人必知之。臣不可言君亲之恶⑩，为讳者，礼也⑪。"

①巫马施，字子旗[一]

〔一〕集解 郑玄曰鲁人。索隐 郑玄云鲁人。《家语》云："陈人，字子期。"正义 音其。

《全注》曰："巫马施，氏巫马，名施，鲁国人，或说陈国人。"《新注》曰："巫马施：《论语》作'巫马期'。"

②少孔子三十岁

《全注》曰："依此推算，则巫马施生于公元前521年。"

③陈司败[一]问孔子曰

〔一〕集解 孔安国曰："司败，官名。陈大夫也。"

《全注》曰："陈司败，人名，氏陈，名司败。或谓指陈国的司败。司败，即司寇，职掌刑法的官员。"

④鲁昭公知礼乎

《全注》曰："鲁昭公：名裯（或作'稠'、'袑'），鲁襄公之子，母齐归，公元前541年至公元前510年在位。"

⑤退而揖巫马旗曰

《注译》曰："退：指孔子退出去。揖：指陈司败向巫马施作揖。"

⑥吾闻君子不党

《全注》曰:"党:偏私,偏袒。"

⑦鲁君娶吴女为夫人,命之为"孟子"

《全注》曰:"命:叫,称。孟子:《论语》作'吴孟子'。春秋时代,对诸侯夫人的一般称谓,为所生国之名加她的本姓。鲁昭公娶吴女作夫人。当称为吴姬。这里隐去了她的姓。'孟'为其排行。"按:老大称孟,是长女或大姑娘的意思。

⑧"孟子"姓姬,讳称同姓,故谓之"孟子"

《注译》曰:"孟子姓姬三句:鲁国的国君是周公的后代,姓姬;吴国的国君是太伯的后代,也姓姬。按照当时的礼法,同姓不能结婚。昭公夫人是吴国人,姓姬,本应称为吴姬。但把'姬'字标明出来,便很明显地表示出鲁昭公违背了'同姓不婚'的礼制,因而改称'孟子'或'吴孟子'。"

⑨鲁君而知礼,孰不知礼〔一〕

〔一〕集解孔安国曰:"相助匿非曰党。礼同姓不婚,而君娶之。当称'吴姬',讳曰'孟子'。"

《注译》曰:"而:如果。"

⑩臣不可言君亲之恶

《注译》曰:"君亲:国君和父母。这里偏指国君。恶:过错。"

⑪为讳者,礼也〔一〕

〔一〕集解孔安国曰:"以司败之言告也。讳国恶,礼也。圣人之道弘,故受之为过也。"

《新注》曰:"鲁昭公娶同姓女,违了礼义,孔子说他知礼,这是违心的。他又说,为君讳,是合于礼的。即昭公虽不知礼,但孔子的违心回答是合于礼的。"

梁鱣,字叔鱼①,少孔子二十九岁②。
颜幸,字子柳③,少孔子四十六岁④。
冉孺,字子鲁⑤,少孔子五十岁⑥。
曹䘏,字子循⑦,少孔子五十岁⑧。
伯虔,字子析⑨,少孔子五十岁⑩。

公孙龙，字子石⑪，少孔子五十三岁⑫。

①梁鱣〔一〕，字叔鱼〔二〕

〔一〕集解 一作"鲤"。

〔二〕集解《孔子家语》曰齐人。索隐《家语》云"齐人，字叔鱼"也。

《全注》曰："梁鱣（zhān）：氏梁，名鱣。或作'鲤'。齐国人。"

②少孔子二十九岁

《笺证》曰："依此则梁鱣生于鲁昭公二十年，公元前522年。"

③颜幸，字子柳〔一〕

〔一〕集解 郑玄曰鲁人。索隐《家语》云："颜幸，字柳。"按：《礼记》有颜柳，或此人。

《全注》曰："颜幸：氏颜，名幸，或作'辛'。鲁国人。"

④少孔子四十六岁〔一〕

〔一〕索隐《家语》云"少三十六岁"，与郑玄同。

《笺证》曰："据此则颜幸生于鲁定公五年，公元前505年。按：《索隐》引《家语》谓其'少孔子三十六岁'。"

⑤冉孺，字子鲁〔一〕

〔一〕集解 一作"曾"。索隐《家语》字子鲁，鲁人。作"冉儒"。

《全注》曰："冉孺：氏冉，名孺，或作'儒'。鲁国人。子鲁：或作'子曾'、'子鲁'。"

⑥少孔子五十岁

《笺证》曰："据此则冉孺生于鲁定公九年，公元前501年。"

⑦曹卹，字子循〔一〕

〔一〕索隐 曹卹少孔子五十岁。《家语》同。

《全注》曰："曹卹：氏曹，名卹。或谓蔡国人。"

⑧少孔子五十岁

《笺证》曰："据此则曹卹生于鲁定公九年，公元前501年。"

⑨伯虔，字子析〔一〕

〔一〕索隐 伯虔字子折。《家语》作"伯处字子晳"，皆转写字误，未知适从。正义《家语》云"子皙"。

《全注》曰:"伯虔:氏伯,名虔,或作'处'。或谓鲁国人。子析:或作'子皙'。"

⑩少孔子五十岁

《笺证》曰:"据此则伯虔生于鲁定公九年,公元前501年。"

⑪公孙龙,字子石〔一〕

〔一〕集解郑玄曰楚人。索隐《家语》或作"宠",又云"礱",《七十子图》非"礱"也。按:字子石,则"礱"或非谬。郑玄云楚人,《家语》卫人。然《庄子》所云"坚白之谈",则其人也。正义《家语》云卫人,《孟子》云赵人,《庄子》云"坚白之谈"也。

《全注》曰:"公孙龙:氏公孙,名龙,或作'宠'、'礱'。楚国人,或谓卫国人。"

⑫少孔子五十三岁

《笺证》曰:"据此则公孙龙生于鲁定公十二年,公元前498年。"

自子石已右三十五人①,显有年名及受业闻见于书传②。其四十有二人,无年及不见书传者纪于左③:

冉季,字子产④。公祖句兹,字子之⑤。秦祖,字子南⑥。漆雕哆,字子敛⑦。颜高,字子骄⑧。漆雕徒父⑨。壤驷赤,字子徒⑩。商泽⑪。石作蜀,字子明⑫。任不齐,字选⑬。公良孺,字子正⑭。后处,字子里⑮。秦冉,字开⑯。公夏首,字乘⑰。奚容箴,字子皙⑱。公肩定,字子中⑲。颜祖,字襄⑳。鄡单,字子家㉑。句井疆㉒。罕父黑,字子索㉓。秦商,字子丕㉔。申党,字周㉕。颜之仆,字叔㉖。荣旂,字子祺㉗。县成,字子祺㉘。左人郢,字行㉙。燕伋,字思㉚。郑国,字子徒㉛。秦非,字子之㉜。施之常,字子恒㉝。颜哙,字子声㉞。步叔乘,字子车㉟。原亢籍㊱。乐欬,字子声㊲。廉絜,字庸㊳。叔仲会,字子期㊴。颜何,字冉㊵。狄黑,字皙㊶。邦巽,字子敛㊷。孔忠㊸。公西舆如,字子上㊹。

公西葴,字子上㊺。

①自子石已右三十五人

《全注》曰:"已:通'以'。已右:以右。古代书写格式,一般采用竖行,书写顺序为从上到下,自右至左。则此'已右'相当于今言'以上'、'以前'。"

②显有年名及受业闻见于书传

《全注》曰:"显:明显,明确。《史记》别本或作'颇'。年:年岁,年龄。名:此指姓氏名字。闻:《史记》别本作'问难',于义长。书传:书籍传记。按梁玉绳《史记志疑》云:'三十五人中无年者十二人,不见书传者五人。'则今本《史记》或有脱夺、讹误。"

③其四十有二人,无年及不见书传者纪于左〔一〕

〔一〕索隐按:《家语》此例唯有三十七人。其公良孺、秦商、颜亥、叔仲会四人,《家语》有事迹,《史记》阙。然自公伯辽、秦冉、鄡单三人,《家语》不载,而别有琴牢、陈亢、县亶当此三人数,皆互有也。如文翁图所记,又有林放、蘧伯玉、申枨、申堂,俱是后人以所见增益,于今殆不可考。

《注译》曰:"左:过去书写竖行,左即下之意。"按:此谓以下四十二位孔氏弟子,《孔子家语》等书传中没有年龄记载,有的没有传记。梁玉绳曰:在已上"三十五人中'无年'者十二人,'不见书传'者五人"。而在已下"四十二人中'有年'及'见书传'者若颜骄、公良孺、秦商、申枨、叔仲会五人,史公疏也"。

④冉季,字子产〔一〕

〔一〕集解郑玄曰鲁人。索隐《家语》冉季字子产。正义《家语》云:"冉季字子产"。

《全注》曰:"冉季:氏冉,名季,鲁国人。"

⑤公祖句兹,字子之〔一〕

〔一〕索隐句音钩。正义句音钩。

《全注》曰:"公祖句兹:氏公祖,名句兹,按《孔子家语·七十二弟子》作'兹'。梁玉绳引《弟子考》与《阙里考》曰'鲁人'。"

⑥秦祖,字子南〔一〕

〔一〕集解郑玄曰秦人。索隐《家语》字子南。

《全注》曰："秦祖：氏秦，名祖。秦国人。子南：或作'南'。"

⑦漆雕哆[一]，字子敛[二]

〔一〕集解音赤者反。索隐赤者反。《家语》字子敛。

〔二〕集解郑玄曰鲁人。

《全注》曰："漆雕哆（chǐ）：氏漆雕，名哆，鲁国人。"

⑧颜高，字子骄[一]

〔一〕索隐《家语》名产。孔子在卫，南子招夫子为次过市，时产为御也。正义孔子在卫，南子招夫子为次乘过市，颜高为御。

《全注》曰："颜高：氏颜，名高。按本书《孔子世家》、《汉书·古今人表》和今本《孔子家语·七十二弟子》，'高'均作'刻'，或有作'亥'、'尅'者，另《史记索隐》所引《家语》作'产'。此'颜高'当作'颜刻'，说详梁玉绳《史记志疑》。又《孔子家语·七十二弟子》云：'少孔子五十岁。'子骄：《通典》卷五十三作'子精'。"

⑨漆雕徒父[一]

〔一〕索隐《家语》字固也。

《全注》曰："漆雕徒父：氏漆雕，名徒父。按《孔子家语·七十二弟子》云：'名徒，字子文。'《史记索隐》引《家语》云字固。或谓鲁人。"

⑩壤驷赤，字子徒[一]

〔一〕集解郑玄曰秦人。索隐《家语》字子徒者。

《全注》曰："壤驷赤：氏壤驷，名赤。秦国人。子徒：按今本《孔子家语》作'子从'。"

⑪商泽[一]

〔一〕集解《家语》曰字子季。索隐《家语》字季。

《全注》曰："商泽：氏商，名泽。《史记集解》所引《家语》字子季，《史记索隐》所引《家语》字秀，今本《孔子家语》字子季。"梁玉绳引朱氏《弟子考》曰"鲁人"。

⑫石作蜀，字子明[一]

〔一〕索隐《家语》同。

《全注》曰："石作蜀：氏石作，或作'石子'、'石之'。名蜀。"

⑬任不齐，字选〔一〕

〔一〕集解郑玄曰楚人。索隐《家语》字子选也。

《全注》曰："任不齐：氏任，名不齐，或作'子齐'。楚国人。选：按《孔子家语》作'子选'。"

⑭公良孺，字子正〔一〕

〔一〕集解郑玄曰："陈人，贤而有勇。"索隐《家语》作"良儒"。陈人，字子正，贤而有勇。孔子周游，常以家车五乘从孔子游。《家语》在三十五人之中。亦见《系家》，在三十二人不见，盖传之数亦误也，邹诞本作"公襄儒"。正义孔子周游，常以家车五乘从孔子。《孔子世家》亦云。语在三十五人中，今在四十二人数，恐太史公误也。

《全注》曰："公良孺：氏公良，或作'公襄'，名孺，或作'儒'。陈国人。按本书《孔子世家》云：'弟子有公良孺者，以私车五乘从孔子。其为人长贤，有勇力，谓曰……'《孔子家语》亦云'贤而有勇，孔子周行，常以家车五乘从'。且列在前三十五人之中。而司马迁将公良孺列于所谓'无年及不见书传者'的四十二人，有误。"

⑮后处，字子里〔一〕

〔一〕集解郑玄曰齐人。索隐《家语》同也。

《全注》曰："后处：氏后，名处。齐国人。子里：今本《孔子家语》作'里之'。"

⑯秦冉，字开〔一〕

〔一〕正义《家语》无此人。王肃《家语》此等惟三十七人，其公良孺、秦商、颜亥、仲叔会四人，《家语》有事迹，而《史记》阙。公伯寮、秦冉、鄡单，《家语》不载，而别有琴牢、陈亢、县亶三人。

《全注》曰："秦冉：氏秦，名冉，或作'宁'、'寮'。按今本《孔子家语·七十二弟子》无秦冉。开：或作'子开'。"

⑰公夏首，字乘〔一〕

〔一〕集解郑玄曰鲁人。索隐《家语》同也。

《全注》曰："公夏首：氏公夏，名首，或作'守'。鲁国人。乘：或作'子乘'。"

⑱奚容箴，字子皙〔一〕

〔一〕 索隐 《家语》同也。 正义 卫人。

《全注》曰："奚容箴：氏奚容，名箴（'箴'当依《史记》别本作'箴'，梁玉绳《史记志疑》有辨正）。卫国人，或谓鲁国人。子皙：或作'子楷'。"

⑲公肩定，字子中〔一〕

〔一〕 集解 郑玄曰鲁人。或曰晋人。 索隐 《家语》同也。

《全注》曰："公肩定：氏公肩，或作'公坚'、'公齐'，名定。鲁国人，或谓晋国人，又谓卫国人。子中：或作'子仲'。"

⑳颜祖，字襄〔一〕。

〔一〕 索隐 《家语》无此人也。 正义 鲁人。

《全注》曰："颜祖：氏颜，名祖，或作'相'。鲁国人。襄：或作'子襄'。"

㉑鄡〔一〕单，字子家〔三〕

〔一〕 集解 苦尧反。

〔二〕 集解 音善。

〔三〕 集解 徐广曰："一云'邬单'。巨鹿有鄡县，太原有邬县。"

索隐 鄡音苦尧反，单音善，则单名。徐广云："一作'邬单'，钜鹿有鄡县，太原有邬县。"《家语》无此人也。

《全注》曰："鄡单（qiāoshàn）：氏鄡，或作'邬'、'县'，名单，或作'亶'。按卢文弨《龙城札记》、梁玉绳《史记志疑》谓此'鄡单'即今本《孔子家语·七十二弟子》之'县亶'。家：或作'子象'。"

㉒句井疆〔一〕

〔一〕 集解 郑玄曰卫人。 正义 句作"钩"。

《全注》曰："句井疆，氏句，或作'钩'。名井疆，或作'疆'。卫国人。其字，或云子界，或云子野，或云子孟。"

㉓罕父黑，字子索〔一〕

〔一〕集解《家语》曰："罕父黑，字索。"索隐《家语》作"罕父黑，字索"。

《全注》曰："罕父黑：氏罕父（按今本《孔子家语》作'宰父'，梁玉绳《史记志疑》谓《史记》误，可从），名黑。子索：或作'索'。"

㉔秦商，字子丕〔一〕

〔一〕集解郑玄曰楚人。索隐《家语》："鲁人，字丕慈。少孔子四岁。其父菫，与孔子父纥俱以力闻也。"正义《家语》："鲁人，字丕兹。"

《全注》曰："秦商：氏秦，名商，鲁国大夫秦菫父之子。按《孔子家语·七十二弟子》有传，云：'秦商，鲁人，字丕兹，少孔子四岁。其父菫父，与孔子父叔梁纥俱力闻。'子丕：或作'丕兹'、'丕慈'、'不慈'、'不慈'。当以作'丕慈'为是。"

㉕申党，字周〔一〕

〔一〕索隐《家语》有申缭，字周，《论语》有申枨。郑玄云"申枨，鲁人，弟子也"。盖申堂是枨不疑，以"枨"、"堂"声相近。上又有公伯缭，亦字周。《家语》则无伯缭，是《史记》述伯缭一人者也。正义鲁人。

《全注》曰："申党：氏申，名党，或作'倘'、'棠'、'枨'。按《孔子家语》，其名作'续'，又有作'绩'、'缋'、'缭'者。梁玉绳《史记志疑》云：'盖申子有枨、续二名。'而'党'、'倘'、'棠'均系'枨'之音近通假字，'绩'、'缋'、'缭'系'续'之形近通假字。可备一说。鲁国人。又《论语·公冶长》云：'子曰："吾未见刚者。"或对曰：'申枨。'子曰：'枨也欲，焉得刚？''申枨'即此'申党'。周：或作'子周'。"

㉖颜之仆，字叔〔一〕

〔一〕集解郑玄曰鲁人。索隐《家语》并同。

《全注》曰："颜之仆：氏颜，名之仆。鲁国人。叔：或作'子叔'。"

㉗荣旂，字子祺〔一〕

〔一〕索隐《家语》荣祈字子颜也。

《全注》曰:"荣旂:氏荣,名旂,或作'祈'、'祁'。鲁国人。子祈:或作'子旗'、'子祺'、'子期'。"

㉘县成,字子祺[一]

〔一〕 集解 郑玄曰鲁人。 索隐《家语》作"子谋"也。 正义 县音玄。

《全注》曰:"县成:氏县,名成,或作'成父'。鲁国人。子祺:或作'子谋'、'子横'、'子期'、'子旗'。"

㉙左人郢,字行[一]

〔一〕 集解 郑玄曰鲁人。 索隐《家语》同也。

《全注》曰:"左人郢:氏左人,或作'左',名郢。鲁国人。行:或作'子行'。"

㉚燕伋,字思[一]

〔一〕 索隐《家语》同也。

《全注》曰:"燕伋(jí):氏燕,名伋。鲁国人。思:或作'恩'、'子思'。"

㉛郑国,字子徒[一]

〔一〕 索隐《家语》薛邦字徒。《史记》作"国",而《家语》称"邦"者,盖避汉祖讳而改。"郑"与"薛",字误也。 正义《家语》云薛邦字徒。《史记》作"国"者,避高祖讳。"薛"字与"郑"字误耳。

《全注》曰:"郑国:氏郑,名国。鲁国人。按一些学者认为即《孔子家语》的'薛邦','薛'与'郑'系字误,'国'与'邦'系避汉高祖刘邦名讳而改。也有个别学者主张是两人。子徒:或作'徒'、'子从'。"

㉜秦非,字子之[一]

〔一〕 集解 郑玄曰鲁人。

《全注》曰:"秦非:氏秦,名非。鲁国人。"

㉝施之常,字子恒

《全注》曰:"施之常:氏施,名之常,或作'常'。或谓鲁国人。子恒:或作'思'。"

㉞颜哙，字子声〔一〕

〔一〕集解郑玄曰鲁人。

《全注》曰："颜哙（kuài）：氏颜，名哙，或作'会'，鲁国人。"

㉟步叔乘，字子车〔一〕

〔一〕集解郑玄曰齐人。

《全注》曰："步叔乘：氏步叔，或作'少叔'，名乘。齐国人。"

㊱原亢籍〔一〕

〔一〕集解《家语》曰："名亢，字籍。"索隐《家语》名亢字籍。正义亢，作"宂"，仁勇反。

《全注》曰："原亢籍：氏原，名亢，或作'抗'、'忼'、'冗'。字籍：或作'子籍'。鲁国人。"

㊲乐欬，字子声〔一〕

〔一〕索隐《家语》同也。正义鲁人。

《全注》曰："乐欬（kài）：氏乐，名欬，或作'欣'、'顾'、'颜'。鲁国人。"

㊳廉絜，字庸〔一〕

〔一〕集解郑玄曰卫人。索隐《家语》同也。

《全注》曰："廉絜：氏廉，名絜。卫国人。庸：或作'子庸'。"

㊴叔仲会，字子期〔一〕

〔一〕集解郑玄曰晋人。索隐郑玄云晋人。《家语》"鲁人。少孔子五十四岁。与孔璇年相比，二孺子俱执笔迭侍于夫子，孟武伯见而放之"是也。正义佚文鲁人，少孔子五十四岁，与孔璇年相比。二孺子俱执笔迭侍于夫子，孟武伯见而访之是也。

《全注》曰："叔仲会：氏叔仲，或作'仲叔'，名会。郑玄谓晋国人。按今本《孔子家语·七十二弟子》云：'叔仲会，鲁人，字子期。少孔子五十岁，与孔璇年相比，每孺子之，执笔记事于夫子，二人迭侍左右。孟武伯见孔子而问曰："此二孺子之幼也于学，岂能识乎壮哉？"孔子曰："然。少成则若性也，习惯若自然也。"'而《史记索隐》所引《家语》云'少孔子五十四岁'。子期：或作'子其'。"

㊵颜何，字冉〔一〕

〔一〕集解郑玄曰鲁人。索隐《家语》字称。

《全注》曰："颜何：氏颜，名何。鲁国人。按今本《孔子家语》无'颜何'，但《史记索隐》云：'《家语》字称。'可知是今本脱夺。冉：或作'称'。"

㊶狄黑，字晳〔一〕

〔一〕索隐《家语》同。

《全注》曰："狄黑：氏狄，或作'炉'，名黑，或作'墨'。或谓卫国人。晳：或作'晳之'。"

㊷邦巽，字子敛〔一〕

〔一〕集解郑玄曰鲁人。索隐《家语》"巽"作"选"，字子敛。文翁图作"国选"，盖亦避汉讳改之。刘氏作"邦巽"，音圭，所见各异。

《全注》曰："邦巽：氏邦，或作'邽'、'国'。名巽，或作'选'。鲁国人。子敛：或作'子钦'。"

㊸孔忠〔一〕

〔一〕集解《家语》曰："忠字子蔑，孔子兄之子。"索隐《家语》云"忠字子蔑，孔子兄之子"也。

《全注》曰："孔忠：氏孔，名忠，或作'患'、'弗'。按《史记集解》、《史记索隐》所引和今本之《孔子家语》均云：'字子蔑，孔子兄之子。'"

㊹公西舆如，字子上〔一〕

〔一〕索隐《家语》同。

《全注》曰："公西舆如：氏公西，名舆如，或作'与'、'与如'、'举如'。或谓鲁国人，或谓齐国人。"

㊺公西葴，字子上〔一〕

〔一〕集解郑玄曰鲁人。索隐公西箴字子上，《家语》子上作"子尚"也。

《全注》曰："公西葴：氏公西，名葴，或作'蒧'、'藏'、'点'、'蒇'。梁玉绳《史记志疑》云'蒇乃蒧之讹'。鲁国人。子上：或作

'子尚'、'子索'。"

太史公曰：学者多称七十子之徒①，誉者或过其实，毁者或损其真②，钧之未睹厥容貌③。则《论言弟子籍》④，出孔氏古文近是⑤。余以弟子名姓文字悉取《论语弟子问》⑥，并次为篇⑦，疑者阙焉⑧。

①学者多称七十子之徒

《新注》曰："称：论。七十子：本传记载了孔子七十七个有名姓的高才生，史籍取整数，泛指七十子。"

②誉者或过其实，毁者或损其真

《笺证》曰："钱穆举后人为子贡编造游说诸国以夸其能，而宰予则因孔子有'以言取人，失之宰予'之说而受讥，而慨叹道'一则增美，一则加丑，甚矣，是非传说之不可凭也！'"

③钧之未睹厥容貌

《新注》曰："同样都是没有看到他们的真实面貌。钧，同'均'。厥，其，他们的。容貌，指真实形象。"

【研讨】

品貌论人

王若虚曰："论人者亦据其行事而已，岂必容貌之睹？"（《史记辨惑》）李笠曰："'未睹厥容貌'，犹云'未见真相'耳，王氏刻舟求剑何其固乎？"（《史记订补》）韩兆琦曰："司马迁对于自己重视、欣赏之人物每欲观其画像，屡见于文，《留侯世家》、《田横列传》等是也；至于此处，则似以李氏之说为当。"（《史记笺证》）

④则《论言弟子籍》

《新注》曰："《论语》这部书是孔氏弟子所录取的。论，论纂也。言，主动对人讲话。语，回答别人问题。《论语》所载，既有孔子的言论，又有孔子与弟子以及弟子之间的问答，由其弟子记录整理成书。所以司马迁既称《论言弟子籍》，下文又称《论语弟子问》，都是指的一种书。籍，记录整理。司马迁强调该书为弟子所录取，故称《论言弟子籍》，下文强调弟子互相问对，故又称《论语弟子问》。在司马迁时《论语》书名还未定型，一般称《论》，刘向整理后才定名为《论语》。"

【存异】
《论言弟子籍》与"论言弟子籍"

前文《新注》曰，释"论言弟子籍"为书名，《全注》、《笺证》释"论言弟子籍"为叙事语。《笺证》曰："'则论言弟子籍'，如果要说孔子弟子们的姓名履历。则：若。"《全注》释义二者兼有。一则曰："'论言弟子籍'，指古文《论语》中的弟子名籍，其内容如同《汉书·艺文志》六艺略《论语》家的《孔子徒人图法》及《孔子家语·七十二弟子》。"又曰："'论言弟子籍'即古文《论语》中的一部分，下文的'论语弟子问'也是古文《论语》中的一部分。"由于今存《论语》，编录的是孔门师生语录，并无多少姓名履历的资料，因此以书名的释义为长。

⑤出孔氏古文近是

《新注》曰："孔氏古文是指先秦文字。秦统一文字后，隶书盛行，汉代称今文。用先秦文字所写的书籍也通称古文。《艺文志》云：'《论语》古文二十一篇。'本注：'出孔子壁中，两《子张》。'司马迁认为孔壁古文《论语》最真实。"

⑥余以弟子名姓文字悉取《论语弟子问》

【研讨】
悉取《论语弟子问》

史公此言交待《仲尼弟子列传》是依据古文本《论语》即《论语弟子问》撰写的，真实可靠。王骏图曰："史公此篇慎之至也，观其自赞所言，凡不见于《论语》者概不敢录，其四十二人又自为一段，以为疑以传疑之例。不然诸子事实，旁征博引，累牍不休，成何体裁耶？"（《史记旧注平议》）王若虚曰："迁所引杂说鄙事，有不足信者矣，又岂皆《论语》所载也？"（《史记辨惑》）李笠曰："'弟子问'或亦书名，犹管子书《弟子职》之比，今佚去耳。且《孔子家语》亦可称《论语》，或迁时真本《家语》尚存，与《论语》参互依据，岂粘儒所得窥见哉？而王氏以为'鄙事，非《论语》所载'，何其陋乎？"（《史记订补》）

⑦并次为篇

《笺证》曰："次编排。"

⑧疑者阙焉

《笺证》曰："凡有弄不清的问题就让它空着。"

【索隐述赞】教兴阙里，道在郰乡。异能就列，秀士升堂。依仁游艺，合志同方。将师宫尹，俎豆琳琅。惜哉不霸，空臣素王！

语 译

孔子说："我的学生受完学业而精通六艺的有七十七人。"他们都是具有奇异才能的人。德行突出的有颜渊、闵子骞、冉伯牛、仲弓。擅长政事的有冉有、季路。言语出众的有宰我、子贡。精通文献的有子游、子夏。颛孙师偏激，曾参迟钝，高柴憨厚，仲由鲁莽，颜回长久贫困。子贡不安分天命而去经商，猜测行情，却总是猜中。

孔子所推重的人：在周朝的是老子，在卫国的是蘧伯玉，在齐国的是晏平仲，在楚国的是老莱子，在郑国的是子产，在鲁国的是孟公绰。多次称赞臧文仲、柳下惠、铜鞮伯华、介山子然。孔子比他们生得晚，不是同时代的人。

颜回是鲁国人，字子渊，比孔子小三十岁。

颜渊问什么是仁，孔子说："约束自己，使你的一切言行符合于礼，那么天下的人都归服仁德了。"

孔子称赞颜渊说："好个颜回，多么有贤德！一竹筐饭，一瓜瓢水，住在简陋的巷子里，一般人都经受不了这困苦忧愁，颜回却不改变自己的快乐。"又说："听课时，颜回像个愚笨的人，课后观察他私下的言行举止，却能充分发挥所学的知识，颜回并不愚笨。"孔子还对颜渊说："能用于世就推行我们的主张，不被任用就深藏在身，只有我和你才能这样吧！"

颜回二十九岁，头发全白了，过早地死去。孔子声泪俱下哭得很伤心，说："自从我有了颜回，学生们更加亲近我。"鲁哀公曾问孔子："你的学生哪一个最好学？"孔子回答说："有一个叫颜回的人最好学，不把怒气发泄给别人,也不重犯错误,可是不幸短命死了,现在还没有这样的人。"

闵损,字子骞,比孔子小十五岁。

孔子说:"真是一个孝子啊,闵子骞!人们在他的父母兄弟面前,从没有过非议。"他不做大夫的家臣,不吃昏君的俸禄。闵子骞曾经说:"再有人来召我做官,我一定逃出国界到汶水以北去。"

冉耕,字伯牛。孔子认为他很有德行。

冉伯牛得了不治之症,孔子去问候他,从窗户伸手握住冉伯牛说:"这叫命运?这样的人竟有这样的病,这叫命运?"

冉雍,字仲弓。

仲弓问怎样从政。孔子说:"出门在外谦和有礼,好像去接待贵宾;使用百姓虔诚谨慎,如同承办隆重的祭典。这样,在朝堂上办事无人怨恨,在卿大夫家办事无人怨恨。"

孔子认为仲弓有德行,说:"仲弓这人可以独当一面。"

仲弓的父亲,是一个地位卑微的人。孔子感叹地说:"杂色牛生出了纯红色的小牛,两角端正,即使不想用它来做祭品,山川之神怕是不会答应的吧?"

冉求,字子有。比孔子小二十九岁,做过季氏的家臣。

季康子问孔子说:"冉求有仁德吗?"孔子说:"有千户人家的城邑,有百辆兵车的采邑,冉求可以管理好那里的军政,仁德我就不知道了。"又问:"子路有仁德吗?"孔子回答说:"和冉求一样。"

冉求问孔子:"知道了一件该办的事,是否就要立即行动?"孔子说:"应该立即行动。"子路问:"知道了一件该办的事,是否就要立即行动?"孔子说:"有父兄在上,怎么能一听到就行动呢!"子华感到奇怪,就问孔子说:"我大胆地问问,问同样的问题,为什么回答不一样?"孔子说:"冉求遇事顾虑多,所以鼓励他往前进。仲由有过人的胆量,所以要节制他。"

仲由,字子路,是卞邑人。比孔子小九岁。

子路个性粗鲁,喜欢逞勇斗力,志气刚猛爽直,头戴雄鸡冠式的帽子,身上佩带公猪皮鞘的宝剑,曾对孔子很不礼貌。孔子陈设礼乐来循循诱导子路,后来,子路穿起了儒生服装,带上礼品,通过孔子的学生引荐,请求做孔子的学生。

子路问怎样从政,孔子说:"先要给百姓带头,然后要求他们勤劳地工作。"子路请求再多讲一点,孔子说:"不要松懈。"

子路问:"君子崇尚勇敢吗?"孔子说:"道义是最崇高的。君子崇尚勇敢而没有道义,就要犯上作乱;小人崇尚勇敢而没有道义,就要变成强盗。"

子路听到该做的事立即就办,这时,唯恐又听到新的该办的事。

孔子说:"只听一方的话就能正确判断案情,大概只有仲由能行。"又说:"仲由好勇的精神超过了我认定的标准,这才能就不可用了。""仲由生性这样,怕是死得很悲惨。""穿着破麻絮袍与穿皮大衣的人站在一起而不觉寒酸的人,只有仲由才能做到。""仲由的学问已经升堂了,只是还没有进入内室。"

季康子问:"仲由有仁德吗?"孔子说:"有一千辆兵车的国家,可以交给仲由去管理军政,仁德我就不知道了。"

子路喜欢随从孔子出游,曾经遇上隐逸高士长沮、桀溺以及一个不肯道名的扛着农具的老头。

子路为季孙氏的家臣。季孙问孔子:"子路可以说是大臣吗?"孔子说:"只能算是一个在位的备员之臣。"

子路为蒲邑大夫,向孔子辞行。孔子说:"蒲邑武勇之士很多,一向难治。我可以告诉你:只要谦虚严肃,就可以驾驭那些勇武的人;只要宽和公正,就可以得人拥护;做到恭谨、宽正与稳重,就不会辜负君上的付托。"

当初,卫灵公有宠姬名叫南子。卫灵公太子蒉聩得罪了南子,害怕被杀逃出国外。等到卫灵公死后,夫人南子想立公子郢继位,公子郢不肯从命,说:"逃亡太子蒉聩的儿子姬辄还在国内。"于是卫国立姬辄做了国君,这就是卫出公。卫出公继位十二年,他的父亲蒉聩在国外,不能够回来。子路担任卫国大夫孔悝采邑的长官。蒉聩联络孔悝作乱,先密谋进入孔悝家中,然后利用孔悝的党徒袭击卫出公。卫出公逃奔鲁国,蒉聩入朝为国君,这就是卫庄公。当孔悝作乱时,子路在城外,听到消息急忙赶回来。在卫国城门,子路碰上子羔出城,子羔对子路说:"卫出公出逃了,城门已经关闭,你可以回去了,不要白白地去遭那个祸害。"子路说："吃了人家的饭，就不能回避人家的灾难。"子羔终于离开了。正好有一个使者进城，城门打开了，子路尾随进了城。径直走到蒉聩处，蒉聩和孔悝都在台上。子路说："君王怎么能用孔悝，请让我杀死他。"蒉聩不听。于是子路想放火烧台，蒉聩害怕，就让石乞和壶黡下来攻击子路，砍断了子路的帽带。子路说："君子死时，帽子不能掉下来。"说完系好帽带就死了。

孔子得知卫国有乱的消息，说："哎呀，仲由死了！"不久，果然传来仲由已死。孔子说："自从我有了仲由，恶言恶语的话传不到我耳朵里。"这时子贡为鲁国出使到齐国。

宰予，字子我，口齿伶俐，擅长辩论。他受完学业后，问："三年的丧礼不是太久了吗？君子三年不学习礼仪，礼仪一定败坏；三年不演奏音乐，音乐一定荒废。旧谷已经吃完，新谷已经登场，取火用的木头已经改换，服丧一年也就够了。"孔子说："对你来说心安吗？"宰予说："心安。"孔子说："你既然心安，那就这样做。君子服丧三年，吃了美味也不觉甘甜，听了音乐也不感快乐，因此不这样做。"宰我离开后，孔子说："宰我不是一个有仁德的人！儿女生下来，三年以后才能脱离父母的怀抱。因此，为父母守丧三年，是天经地义的。"

宰我白天睡懒觉。孔子说："朽木是不可以雕绘的，粪土一样的墙壁是不能粉刷的。"

宰我问五帝的德行，孔子说："你宰我不是问这样问题的人。"

宰我做了齐国的临菑大夫，与田常争权作乱，遭到灭族，孔子深以为耻。

端木赐，卫国人，字子贡。小孔子三十一岁。

子贡能言善辩，孔子经常驳斥他的说辞。孔子问："你与颜回比较，哪一个更好？"子贡回答说："我哪能敢和颜回相比！颜回懂了一个道理可能推知十个，我懂了一个道理只能推知两个。"

子贡受完学业后，问："我是什么样的人？"孔子说："你好比是一个器皿。"又问："什么样的器皿？"孔子说："是尊贵的祭器瑚琏。"

陈子禽问子贡说："仲尼的学问从哪里学来的？"子贡说："周文王、周武王的治国之道并没有完全失落，还在人间流传。贤能的人认识它的主干，不贤的人只知它的末节，无处不有文王、武王之道。夫子在哪里不能学习，又何必要有固定的老师！"陈子禽又问："孔子到了一个国家，一定知道这个国家的政事，是自己向人求教得到的，还是别人主动告诉的？"子贡说："夫子凭着他的温和、善良、恭谨、俭朴、谦让的态度得来的。夫子的这种求知方法，可以说是有别于人的。"

子贡问："富有而不骄傲，贫困而不谄媚，这种人怎么样？"孔子说："可以了，但是还赶不上贫困而乐于坚持道义，富有而喜欢礼仪的人。"

田常图谋在齐国作乱，但害怕高氏、国氏、鲍氏和晏氏的势力，因此想调动齐国的军队攻打鲁国。孔子得知消息，对学生们说："鲁国是我们祖宗坟墓所在之地，是父母之国，国家已到了危险时刻，各位弟子为什么还没有人敢挺身而出？"子路请求出去活动，孔子制止了他。子张和子石请求出行，孔子没有答应。子贡请求出行，孔子答应了他。

子贡整装上路，首先到了齐国，游说田常："您要攻打鲁国大错特错。鲁国是最难攻打的国家，它的城墙又薄又低，护城河又窄又浅，它的国君愚昧不仁，大臣虚伪无能，它的士兵和百姓十分厌恶战争，这样的国家不能跟它作战。您不如去攻打吴国。吴国的城墙又高又厚，护城河既宽又深，甲胄坚固而崭新，战士精强而供给充足，宝物和精兵都在里面，又派贤明的大夫镇守，这样的国家才容易攻打。"田常愤怒起来，变了脸色说："您认为困难的，恰是人们认为容易的；您认为容易的，恰是人们认为困难的。您却颠三倒四来指教我，这是什么道理？"子贡说："我听说，忧患在国内就攻打强国，忧患在国外就攻打弱国。如今您的忧患来自国内，何以为证？我听说您三次被封赏爵位，但一次也没有封成，这就是大臣不听命的缘故。现在您要攻打鲁国来扩大齐国的领土，岂不是战胜鲁国来增加齐国君主骄傲的资本，打破鲁国来提高大臣的威望，而您的功劳却不沾边，那么与国君的关系会一天天更加疏远，这就是您上使国君骄傲，下使群臣放纵，而想办成大事，难啊。国君骄傲会无所顾忌，臣下骄傲就争权夺利，您夹在中间，上与国君有嫌隙，下与大臣相争夺。这样，那您立足在齐国就危险了。所以说不如攻打吴国。攻打吴国不胜，人民战死在国外，大臣领兵在外而朝内空虚，这样您上无强臣对抗，下无人民怪罪，孤立国君而控制齐国的人一定是您了。"田常说："说得好。虽然这样，但我国军队已经向着鲁国开赴了，如果撤离鲁国而进攻吴国，大臣怀疑我怎么办？"子贡说："您先按兵不动，不去攻打鲁国，请允许我到吴国去，劝说吴王救鲁而攻打齐国，您趁势指挥齐国军队迎上去。"田常认可了子贡的策略，派子贡南下拜见吴王。

子贡游说吴王说："我听说，称王的人不允许它的属国被人灭绝，称霸的人不容忍有另外的强国，在千钧重物上加上微小的重量就要打破平衡而移动。现在有万乘兵车的齐国私下要吞并有千乘兵车的鲁国，然后与吴争强，我真替吴国的危险处境而担心。况且救援鲁国，可以显扬名声；讨伐齐国，可以获得大利。还可用这来安抚泗水以北的诸侯，而且诛讨了强暴的齐国，还可镇服强大的晋国，好处没有比这更大的了。名义上是挽救了快要灭亡的鲁国，实际上困窘了强大的齐国，聪明的人是不会犹豫不决的。"吴王说："好。虽然这样，但我曾经与越国作战，把越王围困在会稽山上，越王吃苦耐劳，厚养战士，有报复我的野心。您等着，让我攻打了越国再听您的计划。"子贡说："越国的实力比不上鲁国，吴国的强大超不过齐国，大王放下齐国而去攻打越国，那么齐国就平定了鲁国了。况且大王正以保存即将灭亡的国家，使断绝之嗣得以继续获得名誉，实际行动却是攻打弱小的越国而畏惧强大的齐国，不算是勇敢。勇敢的人是不避艰难的，仁爱的人不让别人陷入困境，聪明的人不失掉时机，称王的人不允许它的属国被人灭绝，凭借这些来树立他的道义。现在保存越国向诸侯显示仁德，救援鲁国，攻打齐国，给晋国施加压力，诸侯一定相继来朝见吴国，称霸的功业就实现了。大王果真畏恶越国，我请求去见越王，让他出兵跟随大王，这实际上是使越国空虚，名义上是追随诸侯讨伐齐国。"吴王非常高兴，就派子贡出使越国。

越王清扫道路，在城外郊迎子贡，又亲自驾车导送到馆舍，询问说："这里是蛮夷小国，大夫怎么郑重其事屈尊到这里？"子贡说："现在我已劝说吴王援救鲁国攻打齐国，他心里想这样做，可害怕越国，说：'等我打下越国之后才行。'如果这样，攻破越国是肯定的。况且没有报复人的意图却使人怀疑他，是笨拙的；有报复人的意图却让人知道了，是不安全的；事情还没有做却让人听到了，是很危险的。这三种情况是办事的大忌。"句践叩头拜了两拜，说："我曾经自不量力与吴国交战，在会稽受围困，恨入骨髓，日夜唇焦舌干，只想跟吴王同归于尽，这是我的最大愿望。"于是虚心向子贡请教。子贡说："吴王为人凶猛残暴，臣下都忍受不了；国家因连续战争而疲敝，士兵已不能忍耐；百姓怨恨君王，大臣发生内讧；伍子胥由于直谏而死，太宰嚭执政，阿顺吴王的过错，只图保全自己的私利；这些都是毁坏国家的政治。现在大王若能派兵协助吴王攻齐，就能煽动他的狂妄志向，送上贵重的珍宝使他心里欢悦，说些谦卑奉承的话语表示对他的礼敬，让他一定去攻打齐国。吴王打了败仗，那就是大王的福气了。吴王打了胜仗，一定领兵逼迫晋国，请允许我北上朝见晋君，使他共同攻打吴军，一定能削弱吴国。吴国的精兵损失在齐国，重兵受困于晋国，大王趁吴国疲敝时去攻击它，这一定能灭亡吴国。"越王非常高兴，答应了子贡的计划。送给了子贡黄金百镒，宝剑一把，良矛二支。子贡没有接受，告辞走了。

　　子贡回报吴王说："我郑重地把大王的话告知越王，越王非常恐惧说：'我不幸，小时候就失去了父亲，又自不量力，得罪了吴国，军队被打败，自身受耻辱，栖居在会稽山上，国家成了废墟荒野，仰赖大王的恩赐，使我得以捧着祭品而祭祀祖宗，这恩德至死不忘，还敢图谋什么！'"五天后，越王派遣大夫文种对吴王叩头说："东海奴仆句践使者臣文种，冒昧地来修好大王属下，托他们转达我的问候。我听说大王将要发动正义之师，诛伐强国，救援弱国，围困强暴的齐国而安定周王室，请允许我把越国境内三千士兵全部出动，我请求亲自披坚甲、执锐器，打先锋。托越国下臣文种奉献祖先珍藏的宝器，二十领铠甲，斧钺、屈卢矛、步光剑，用来庆贺贵军官兵。"吴王非常高兴，就这事与子贡商议说："越王想亲自跟从我征伐齐国，可以吧？"子贡说："不可以。使人家国内空虚，调动人家的士兵，又要人家的国君跟从你，这是不道德的。大王可以接受它的礼物，允许它派出军队，而要谢绝它的国君。"吴王应允了，就辞谢了越王。于是吴王就出动了九个郡的兵力攻打齐国。

　　子贡便离开吴国到了晋国，对晋国国君说："我听说，事先若没有应急计划，是不能对付突发事变的。军队不事先训练，就不可以战胜敌人。现在齐国将要与吴国作战，吴国打了败仗，越国必然乱它的后方；吴国战胜了齐国，一定会进兵晋国。"晋君大为恐慌，说："这该怎么办？"子贡说："准备好武器，休养士兵，作好战备等待吴军。"晋君答应了。

　　子贡离开晋国回到鲁国。吴王果然在艾陵与齐国交战，大败齐国军队,俘获了七个将军的兵马却不回国休顿,果然进兵晋国,在黄池与晋军相遇。吴国与晋国争胜,晋军攻击,大败吴军。越王听到消息,渡过钱塘江偷袭吴国,离开吴国都城七里驻扎下来。吴王得到消息,离开晋国,回师与越军在太湖展开激战。三战皆败,城门被打开,越军包围了王宫,杀了吴王夫差,诛了吴相伯嚭。灭吴三年后,越王称霸东方。

所以,子贡一次出行,保全了鲁国,乱了齐国,灭了吴国,增强了晋国,使越国称霸。子贡一次出使,造成各国形势互相破坏,十年之中,齐、鲁、吴、晋、越五国发生了翻天覆地的变化。

子贡喜欢经商,买贱卖贵,随着市场季节的供需情况,转贩货物谋取利润。喜欢称扬人的美德,也不隐瞒别人的过失。他曾一度在鲁国、卫国做相国,家产积累了千金,最后死在齐国。

言偃,吴国人,字子游。小孔子四十五岁。

子游受完学业后,做了武城的长官。孔子路过武城,听到弹琴唱歌的声音。孔子微微地笑了,说:"杀鸡哪用得着牛刀?"子游说:"先前我听老师说过,君子学了礼乐,就会涵养仁心,爱护人民;小人学了礼乐,就会谨守法规,容易听调遣。"孔子说:"各位学生,言偃的话是对的,我刚才的话不过是开开玩笑。"孔子认为子游熟悉古代文献。

卜商,字子夏,比孔子小四十四岁。

子夏问:"姣美的笑容真妩媚啊,流转眼珠真明亮啊,好像洁白的生绢染上了绚烂的文采。这三句诗是什么意思?"孔子说:"先有洁白的底子,然后才能画画。"子夏说:"那么礼乐的产生是在仁义之后了。"孔子说:"卜商啊,现在可以和你讨论《诗经》了。"

子贡问:"颛孙师跟卜商,谁贤明?"孔子说:"颛孙师有些过分,卜商有些不足。"子贡说:"这么说,那颛孙师就更好一些了?"孔子说:"过分与不足其效果是一样的。"

孔子对子夏说:"你要做一个君子儒生,不要做小人儒生。"

孔子死后,子夏居住在西河教授学生,是魏文侯的老师。他的儿子死了,为此哭得双目失明。

颛孙师是陈国人,字子张。比孔子小四十八岁。

子张问怎么取得俸禄。孔子说:"多听人家说,不懂的存疑,清楚的也要少说,这样就少犯错误;多看人家行事,不会的事不做,避免危险,会做的事也要小心谨慎,这样就很少有后悔的事了。说话少犯错误,做事没有后悔,俸禄就在这中间。"

子张跟随孔子在陈蔡受困的日子,问怎样做事才能事事圆通。孔子说:"说话忠诚老实,行为忠厚恭敬,即使在南蛮北狄地区也行得通;说话不忠诚老实,行为不忠厚恭敬,即使在本乡本土,能够行得通吗?站着时,忠信就浮现在眼前;坐车时,忠信就在车前横木上,时时刻刻想到忠信,这样做就事事圆通。"子张立即把这些话写在衣带上。

子张问:"读书人到什么境界就算通达?"孔子说:"你问的通达是什么意思呢?"子张说:"在诸侯邦国做事有名望,在卿大夫家中做事也有名望。"孔子说:"这仅仅是声誉,不是通达。真正的通达,是品德朴实、正直而爱好礼义,善于体察别人心意会察言观色,总是对人谦让有礼,这样的人无论在诸侯国,还是在卿大夫之家,都是通达的。只看重声誉的人,表面讲仁德而行动却违背它,处之却心安理得,这种人在国在家也一定能取得虚名。"

曾参,是南武城人,字子舆。比孔子小四十六岁。

孔子认为曾参懂孝道,所以传他学业。曾参写了一部《孝经》,死在鲁国。

澹台灭明是武城人,字子羽。比孔子小三十九岁。

他的相貌很丑陋,要侍奉孔子,孔子认为他资质低下。受业完后,他回去修养德行,从不走歪门邪道,除了公事,绝不去晋见官员。他南下游历到长江,跟从他学习的弟子有三百人。他订立了一个取舍与出仕的准则,名声传遍诸侯。孔子听到后说:"我凭言辞论人,错评了宰予,我看相貌论人,错评了子羽。"

宓不齐,字子贱。小孔子三十岁。

孔子说:"子贱真是君子啊!鲁国若无君子,子贱从哪里学得这么多好品德呢?"

子贱做了单父邑的长官,返回向孔子报告说:"这个地方有五个比我贤能的人,他们教给我治理的方法。"孔子说:"可惜啊,你治理的地方太小了,如果治理的地方大一些,那就差不多了。"

原宪,字子思。

子思问什么是耻辱，孔子说："国家政治清明，可以做官食禄。国家政治黑暗，仍然做官食禄，这就是耻辱。"

子思说："逞强、夸饰、怨恨、贪欲，四种恶行都不做，可以说有仁德吗？"孔子说："可以说是难能可贵，能不能算仁德我就不知道了。"

孔子死后，原宪隐居到荒野草泽中。子贡做了卫国的相国，出门时车马排成队列。他曾经推开柴门，来到陋室，探望原宪。原宪穿戴破旧的衣帽会见子贡。子贡感到羞耻说："你难道有病了吗？"原宪说："我听说，没有资财的叫作贫，学了道理而不能实行的才叫病。像我原宪是贫，不是病。"子贡感到惭愧，不高兴地走了，一生都为自己说错了话而感到羞耻。

公冶长，齐国人，字子长。

孔子说："公冶长可以配做我的女婿，他虽然蹲过监狱，但并不是他的罪过。"孔子就把自己的女儿嫁给了他。

南宫括，字子容。

南宫括问孔子说："羿擅长射箭，奡很会行船，他们都没得到好死，可是禹和稷都是庄稼汉为何却得了天下？"孔子不回答他，子容出去以后，孔子说："这人是个君子，这人有高尚的道德。"孔子又说："国家政治清明，他不会被废弃；国家政治黑暗，他不会受刑戮。"子容反复诵读"白圭之玷"的诗句，孔子把他哥哥的女儿嫁给了他。

公晳哀，字季次。

孔子说："天下动乱无道，读书人差不多成了大夫的家臣，在都城里做官；只有季次不在无道的社会中做官。"

曾蒧，字晳。

曾蒧侍奉孔子，孔子说："谈谈你的志向。"曾蒧说："到了穿春装的时候，我和五六个青年人，六七个少年儿童，一起在沂水里洗澡，在舞雩台上吹风，然后哼着山歌回家。"孔子长叹一声说："我赞成曾蒧的志向啊！"

颜无繇，字路。颜路是颜回的父亲，父子两人在不同的时间做了孔子的学生。

颜回死后，颜路家贫，请求孔子卖掉车子来安葬颜回。孔子说："不管有才还是无才，人们总是疼爱自己的儿子。孔鲤死了，只有内棺而没有外椁，我不能徒步行走卖了车子来买椁，因为我曾经做过大夫，不可以徒步行走。"

商瞿，鲁国人，字子木。小孔子二十九岁。

孔子把《易》学传授给商瞿。商瞿传授给楚人馯臂子弘。馯臂，字子弘，他传授给江东人矫子庸疵。矫疵，字子庸，他传授给燕人周子家竖。周竖，字子家，他传授给淳于人光子乘羽。光羽，字子乘，他传给齐国人田子庄何。田何，字子庄，他传给东武人王子中同。王同，字子中，他传授给菑川人杨何。杨何因研究《易》学，在元朔（公元前128—公元前123）年间做了汉朝的中大夫。

高柴，字子羔。小孔子三十岁。

子羔身高不满五尺，受业于孔子门下，孔子认为他愚钝。

子路要子羔去做费邑的长官，孔子说："这是残害人家的子弟啊！"子路说："那里有老百姓，有供人祭祀的土神和谷神，为什么一定要读书才叫有学问呢？"孔子说："因此我讨厌那些花言巧语的人。"

漆雕开，字子开。

孔子让子开去做官，漆雕开回答说："我对这样的事还不能胜任。"孔子听了非常高兴。

公伯缭，字子周。

子周在季孙氏面前说子路的坏话，子服景伯把这件事转告给了孔子，说："季孙已对子路有了疑心，但对付公伯缭，我的力量还能使他陈尸街头示众。"孔子说："正道能够实行，那是命运；正道如被废弃，那也是命运。公伯缭对命运能有什么作为！"

司马耕，字子牛。

子牛爱说话又急躁。他向孔子问什么是仁德，孔子说："有仁德的人说话谨慎而慢条斯理。"子牛说："那么说话谨慎而慢条斯理，就是仁德了？"孔子说："做起来很难，说话时能不谨慎而慢条斯理吗？"

子牛又问君子是什么样的人。孔子说："君子不忧愁，不畏惧。"子牛说："那么不忧愁、不畏惧的人，就可以称君子吗？"孔子说："自我反省问心无愧，有什么忧愁，有什么畏惧！"

樊须，字子迟。比孔子小三十六岁。

樊迟请求学种庄稼，孔子说："我不如常年种田的人。"又请求学种菜,孔子说:"我不如常年种菜的人。"樊迟走出以后,孔子说:"樊须真是一个没出息的小人!在上位的人爱好礼仪,那么老百姓没有谁敢不尊敬;在上位的人爱好道义,那么老百姓没有谁敢不真诚。照这样做,那么四方的老百姓就会用襁褓背着他们的孩子来归附了,哪里用得着自己去种庄稼!"

樊须问什么是仁德,孔子说:"爱护别人。"又问什么是智慧,孔子说:"了解别人。"

有若比孔子小四十三岁。有若说:"礼的应用,以和谐为最可贵。从前圣明的君王治理国家,这是最高妙的一条原则。无论大事小事都和谐地去做,有时也行不通;为了和谐而和谐,不用礼去节制它,也是行不通的。"他又说:"诚信而符合礼义,这样说出的话才能经得起检验;恭敬而符合礼义,这样才能避免耻辱;亲近值得亲近的人,这才可以为人效法。"

孔子死后,学生们思念仰慕不已。有若的相貌像孔子,学生们一致公认他做老师,就像对待孔子一样尊他为师。有一天,学生上前提出疑问:"从前孔夫子出行,叫学生们带上雨具,不一会儿果然下起了雨。学生们问道:'先生凭什么知道会下雨?'先生说:'《诗经》上不是有"月亮靠近毕宿,跟着就会下大雨"的句子吗?昨晚月亮不是停留在毕宿区吗?'另一天,月亮也停留在毕宿区,终于没有下雨。还有一件,商瞿年纪大了没有儿子,他的母亲要替他另娶妻室。孔子派商瞿到齐国去,商瞿的母亲来向孔子讲情,说了年长无子的情况。孔子说:'不用发愁,商瞿四十岁后会有五个男孩。'后来果真应验了。请问,孔夫子事先是怎么知道的呢?"有若沉默了半天,回答不出来。学生们起立说:"有子让开吧,这不是你的座位。"

公西赤,字子华。比孔子小四十二岁。

子华出使齐国,冉有替子华母亲申请口粮。孔子说:"给他一釜(六斗四升)。"冉有请求增加一点,孔子说:"给他一庾(十六斗)。"冉有却给了子华母亲五秉(八十斛)稻谷。孔子说:"公西赤到齐国去的时候,乘坐肥马,穿着轻暖的皮衣。我听说,君子救济有急难的人,而不是增加人家的财富。"

巫马施，字子旗。比孔子小三十岁。

陈司败向孔子询问说："鲁昭公懂礼吗？"孔子说："懂礼。"孔子出去以后，陈司败对巫马施作揖说："我听说君子不偏袒任何人，难道君子也偏袒吗？鲁昭公娶了同姓的吴国女子做夫人，把她称作孟子。用'孟子'来代替'姬'的姓，避讳同姓相称，因此叫她作'孟子'。鲁昭公如果懂礼，谁不懂礼！"巫马施把这话转告给孔子，孔子说："我孔丘呀很幸运，如果有了过错，别人一定能知道给指出来。臣下不能说君上和父亲的过错，替他们隐讳，是礼的需要。"

梁鳣，字叔鱼。比孔子小二十九岁。

颜幸，字子柳。比孔子小四十六岁。

冉孺，字子鲁。比孔子小五十岁。

曹卹，字子循。比孔子小五十岁。

伯虔，字子析。比孔子小五十岁。

公孙龙，字子石。比孔子小五十三岁。

从子石以上三十五人，他们的年龄，姓名，以及受业情况，有明确的记载，并流传在文献上。还有四十二人，没有年龄等的记载，也不见于文献的，只列名记载如下：

冉季，字子产。公祖句兹，字子之。秦祖，字子南。漆雕哆，字子敛。颜高，字子骄。漆雕徒父。壤驷赤，字子徒。商泽。石作蜀，字子明。任不齐，字选。公良孺，字子正。后处，字子里。秦冉，字开。公夏首，字乘。奚容箴，字子晳。公肩定，字子中。颜祖，字襄。鄡单，字子家。句井疆。罕父黑，字子索。秦商，字子丕。申党，字周。颜之仆，字叔。荣旂，字子祺。县成，字子祺。左人郢，字行。燕伋，字思。郑国，字子徒。秦非，字子之。施之常，字子恒。颜哙，字子声。步叔乘，字子车。原亢籍。乐欬，字子声。廉絜，字庸。叔仲会，字子期。颜何，字冉。狄黑，字晳。邦巽，字子敛。孔忠。公西舆如，字子上。公西葴，字子上。

（以上传文载孔子弟子七十七人，重点记述颜回、子路、宰我、子贡四人的德行。）

太史公说：学者们多爱评论七十子这些人，颂扬的人有言过其实的地方，贬低的人有不合实际的地方，同样都没有看到真实的形象。说到《论语》这部书，是孔门弟子辑录的，从孔氏壁中发现的古文本最接近真实。我把七十子的姓名记载与《论语弟子问》一一编列起来，写成了这篇列传，疑惑的地方只好存疑了。

（以上为作者论赞，说明记载仲尼弟子言行的态度，以及对《论语》一书的重视。）

集　评

【论宗旨】

太史公曰："孔氏述文，弟子兴业，咸为师傅，崇仁厉义。作《仲尼弟子列传》第七。"（《太史公自序》）

陈仁锡曰："既作《孔子世家》，又作《弟子列传》，可谓尊圣道矣。"（《陈评史记》）

范仲淹曰："孔子门人七十子之徒，天下皆知其贤焉，或为邑宰，或不愿仕，盖显于诸侯者寡矣，然则七十子之徒与孔子语而未尝怨何哉？君子之道克乎己，加乎人，穷与达一也。彼战国豪士不由孔子之门者，则有脱贫贱，逐高贵，弗夺弗厌，灭身覆宗而不悔，何哉？"（《史记评林》引）

李景星曰："《仲尼弟子列传》不尽有事可书，则根据弟子籍，杂引《论语》各书以足成之。其三十五人之有事迹者则以事迹叙，其四十二人之无事迹者是以姓氏名字叙；而又前列老子等十人以引其端，中附駢臂子弘等七人以究其绪。为幅不过十余，罗列几至百人，洋洋乎列传之巨观也。"（《史记评议》）

凌稚隆曰："《论衡》云：世称子路无恒之庸人，未入圣门时，戴鸡佩豚，勇猛无礼，闻诵读之声，摇鸡奋豚扬唇吻之音，聒圣贤之耳，恶至甚矣。孔子引而教之，渐渍磨砺，辟导牖进，猛气消损，骄节屈折，卒能政事，列在四科，斯盖变性，使恶为善之明效也。"（《史记评林》）

何孟春曰："勇者不难死，而勇于义者能处死。子路罹卫难，结缨而死。夫子尝言，'由不得其死'。然而子路之节如是慷慨赴死，从容就

义，由是两得之。噫！由之勇，天资也。其勇于义，学力之所至也。而议者犹贬其死于过勇，何哉。"（《史记评林》引）

【论孔子弟子三千及其贤者】

戴表元曰："太史公之为书，务在推尊孔子而欲广其道，则录其所尝从游之士而为《弟子传》。而发篇之言曰'受业身通者七十有七人，皆异能之士'，以此为夫子所自道。呜乎，是何尊夫子之至，而浅之为知夫子也。大抵战国以来异书杂说载夫子事多失实，其尤甚者，汉儒则谓夫子以布衣养三千士。盖其舛妄至于智者而止。"（《剡源集》）

崔述曰："《仲尼弟子列传》凡七十有七人，据司马氏谓《弟子籍》出于孔氏古文，其有事迹及年岁者三十有五人，见于《论语》者二十有七人。然确有明征决知非误者，颜渊、闵子骞、冉伯牛、仲弓、子路、曾晳、子贡、原思、有子、曾子、宰我、冉有、公西华、子游、子夏、子张、樊迟、子羔、漆雕开、司马牛，仅二十人而已。其七人者，颜路以请车一见，公冶长以孔子妻之一见，子贱、澹台灭明以孔子与子游称之而各一见，巫马期则以陈司败之故而附见，皆无他事，亦无问答之语；惟南容凡三见，然仅羿、奡一问，而亦非以问难质疑之比。考之他传记，惟子贱多言为孔子弟子者，其余皆无由而决知其为弟子与否。其无事迹年岁者四十有二人，皆不见于《论语》，而有见于《左传》者二人。然确有明征者，秦丕兹一人而已。颜高虽见于《左传》，然观其事殊不类孔子之弟子也。其余共四十有八人，皆不见于经传。然商瞿、季次其事迹犹粗具于本传，其名字复间见他篇，或当不误；而自梁鳣以下六人，自冉季以下（秦商、颜高以外）四十人，并无事迹可考，则固无从而知其诚然与否也。"

又曰："《春秋传》多载子路、冉有、子贡之事，而子贡尤多，曾子、游、夏皆无闻焉。《戴记》则多记孔子殁后曾子、游、张之言，而冉有、子贡罕所论著。盖圣门中子路最长，闵子、仲弓、冉有、子贡则其年若相班者。孔子在时既为日月之明所掩，孔子殁后为时亦未必甚久。而子贡当孔子世已显名于诸侯，仕宦之日既多，讲学之日必少，是以不为后学所宗耳。若游、夏、子张、曾子，则视诸子为后起，事孔子之日短，教学者之日长，是以孔子在时无所表见，而名言绪论多见于孔殁后也。由是言之，羽翼圣道于当时者，颜、闵、子贡、由、求之力，而子贡为尤著，流传圣道于后世者，游、夏、曾子、子张之功，而曾子

尤纯，时势不同，功业亦异，未可谓子贡子之如曾子也。"（《洙泗考信录》）

钱穆曰："《世家》云'弟子盖三千焉，身通六艺者七十有二人'。孔子门人固仅有七十之数，乌得三千哉？《淮南·泰族训》云'孔子弟子七十，养徒三千人'。'养徒'与'弟子'有辨，《史记》遂谓孔子弟子三千人矣。然孔子亦岂得有三千'养徒'者？此《淮南》据晚世四公子养客为例，深不足信。'七十'言其成数，'七十二'、'七十九'则自可无辩。""《世家》又云：'孔子不仕，退而修《诗》、《书》、《礼》、《乐》，弟子弥众，至自远方，莫不受业。'今按崔述云：'孔子弟子鲁人为多，其次则卫、齐、宋，皆邻国也。'则'至自远方'之说亦不如后人所想象。"

又曰："孔门弟子盖有前后辈之别，前辈者问学于孔子去鲁之先，后辈者则从游于孔子返鲁之后。如子路、冉有、宰我、子贡、颜渊、闵子骞、冉伯牛、仲弓、原宪、子羔、公西华，则孔门之前辈也；游、夏、子张、曾子、有若、樊迟、漆雕开、澹台灭明，则孔门之后辈也。虽同列孔子之门，而前后风尚已有不同。由、求、赐志在从政，游、夏、有、曾乃攻文学；前辈则致力于事功，后辈则研精于《礼》、《乐》，此其不同一也。（刘逢禄《论语述何》云：'子路诸人志在拨乱世，子游诸人志在致太平。'）顾先进弟子亦未必皆汲汲仕进，如颜子陋巷，孔子最所称许；季氏使闵子为费宰，则曰'善为我辞'。后进则风气又异，漆雕开立议不辱，澹台子羽设取予去就，子张堂堂故为难能，樊迟小人乃问稼圃。大抵先进浑厚，后进则有棱角；先进朴实，后进则务声华；先进极之为具体而微，后进则另立宗派；先进之淡于仕进者蕴而为德行，后进之不博文学者矫而为玮奇。此又孔门弟子前后辈之不同，而可以观世风之转变、学术之迁移者也。"

又曰："孔子弟子多起微贱，颜子居陋巷，死有棺无椁；曾子耘瓜，其母亲织；闵子着芦衣，为父推车；仲弓父贱人；子贡货殖；子路食藜藿，负米，冠雄鸡，佩豭豚；有子为卒；原思居穷阎，敝衣冠；樊迟请学稼；公冶长在缧绁；子张鲁之鄙家；虽不尽信，要之可见。其以贵族来学者，鲁唯南宫敬叔，宋唯司马牛，他无闻焉。孔子亦曰'吾少也贱'，其后亲为鲁司寇；弟子多为家臣、邑大夫；晚世如曾子、子夏为诸侯师，声名显天下。故平民以学术进身而预贵族之位，自儒而始盛

也。"(《先秦诸子系年考辨》)

郭嵩焘曰:"自唐以后从祀孔子庙堂诸贤并取证《史记》,蘧瑗之从祀则文翁《礼殿图》列其名,不足为典要也。明嘉靖时釐正祀典又以《家语》为断,《家语》传之王肃,故不如《史记》之征实也。至国朝增祀郑侨,则益无所取征矣。"(《史记札记》)

【论子贡救鲁】

王安石曰:"《史记》曰:齐伐鲁,孔子问之曰:'鲁,坟墓之国,国危如此,二三子何为莫出?'子贡因行,说齐伐鲁,说吴以救鲁,复说越,复说晋,五国由是交兵,或强或破,或乱或霸,卒以存鲁。观其言,迹其事,及与夫仪、秦、轸、代无以异也。嗟乎,孔子曰:'己所不悦,勿施于人。'己以坟墓之国,而欲全之,则齐吴之人岂无是心哉?奈何使之乱欤?吾所以知传者之妄,一也。于史考之,当是时,孔子、子贡穷为匹夫,非有卿相之位、万钟之禄也,何以忧患为哉?然则异于颜回之道矣,吾所以知其传者之妄,二也。坟墓之国,虽君子之所重,然岂有忧患为谋之义哉?借使有忧患为谋之义,即可以变诈之说亡人之国而求自存哉?吾所以知其传者之妄,三也。子贡之行,虽不能尽当于义,然孔子之贤弟子也,孔子之贤弟子之所为,固不宜至于此,矧曰孔子使之也?太史公曰'学者多称七十子之徒,誉者或过其实,毁者或损其真',子贡虽好辩,讵至于此邪?亦所谓毁损其真哉!"(《王文公文集》卷二六《子贡》)

刘恕曰:"司马迁曰:'子贡一出,存鲁,乱齐,破吴,强晋而霸越。''十年之中,五国各有变。'战国之时,齐、鲁交兵者数矣,一不被伐,安能存哉?田氏弱齐,一当吴兵,安能乱哉?吴不备越而亡,胜齐安能破哉?四卿擅权,修兵休卒,安能强哉?越从吴伐齐,灭吴乃强,此安能霸哉?十年之中,鲁齐晋未尝有变,吴、越不为是而存亡。迁之言,华而少实哉?"(《通鉴外纪》卷九)

茅坤曰:"子贡救鲁一事,必当时倾谋之臣为之。非其故也,而本未多奇计,可观览焉。"又曰:"予览太史公次子贡说吴、伐齐、救鲁、止越之言,滚滚如万丈洪涛,不啻傀儡之在掌中矣。"(《史记评林》引)

杨慎曰:"太史公信战国游士之说,载子贡一出存鲁、乱齐、破吴、强晋而霸越,其文震耀,其词便利,人皆信之,虽朱文公亦惑之。独苏子由作《古史考》而其事始曰若如太史公言,则子贡一苏秦耳。"(《史

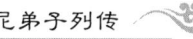

记评林》引）

黄震曰："谓赐而为之何足为赐，谓非赐所为其辩说之辞，虽仪、秦不之及。何物史臣伪为此书，是当阙疑。"（《史记评林》引）

曾国藩曰："太史公好奇，凡战国策士诡谋雄辩多著之篇，此载子贡之事特详，亦近战国策士之风。"（《求阙斋读书录》卷三）

梁玉绳曰："案，子贡说齐、晋、吴、越一节，《家语·屈节》、《越绝·陈恒传》，《吴越春秋·夫差内传》并载之，昔贤历辨其谬。……或曰《弟子传》皆短简不繁，独《子贡传》榛芜不休，疑是后人阑入，非《史》本文也。"（《史记志疑》）

韩兆琦曰："此文应与《孔子世家》合观，由这两篇可以充分体现司马迁对孔子、对先秦儒家学派的尊崇与景仰。这两篇的资料来源也大体相同，主要都是依据《论语》，此外也参考了一些其他文献。这两篇传记是我国学术史上有关孔子与其门派的最早而又影响巨大的研究成果，对后代儒家学说的传播有重要意义，这是其他任何学术派别所无法与之比拟的。传记的有些地方表现了司马迁'信则传信，疑则传疑'的精神，但也有些地方使人无法相信，例如有关子贡的大篇幅描述，两千年来对之相信的几乎没有。因为它既不符合历史事实，也不合乎当时的时代风气。应该引起我们注意的，我以为倒是司马迁对这七十多个弟子所持的态度。孔子本人最钟爱的学生无疑是颜回，但颜回在本传中也就是点到而已，并无太多的发挥。孔子对子贡颇有微词，但司马迁对子贡却情有独钟。本文所叙述的有关子贡的事实尽管不可信，但司马迁对其才干却是极度欣赏的。有人认为这段文字是'后人阑入'，而不是司马迁的原文，这种说法恐难成立，因为《史记》的其他篇里说到一些事情可与本篇互见。除此而外，《孔子世家》还特别盛道了子贡为孔子守墓六年的师生情谊；在《货殖列传》里不仅又说到了'子贡结驷连骑，束帛之币以聘享诸侯，所至国君无不分庭与之抗礼'；而且还说'使孔子名布扬于天下者，子贡先后之也'。司马迁在这里抒发了极其深沉的人生感慨。"（《史记笺证》）

至圣先师孔子

补 白

览古 （唐）吴筠

鲁侯祈政术，尼父从弃捐。
汉主思英才，贾生被排迁。
始皇重韩子，及睹乃不全。
武帝爱相如，既征复忘贤。
贵远世咸尔，贱今理共然。
方知古来主，难以效当年。

和刘道原《咏史》 （宋）苏轼

仲尼忧世接舆狂，臧谷虽殊竟两亡。
吴客漫陈《豪士赋》，桓侯初笑越人方。
名高不朽终安用？日饮无何计亦良。
独掩陈编吊兴废，窗前山雨夜浪浪。

《孔子世家》讲析

《孔子世家》是司马迁精心创作的一篇人物大传，也是一篇出现最早而又比较完整的孔子传记，是研究孔子生平事迹及思想的重要历史文献。本文讲析着重阐释司马迁为何要为布衣孔子立世家，又是如何塑造孔子人物形象，揭示其人格魅力和记载孔子的功业。

一、孔子的人格魅力

《孔子世家》是一篇特别的人物传记，司马迁大量录入孔子言论，一部《论语》的精华囊括其中，所以《孔子世家》既是孔子的传记，同时又是儒家学术思想汇编，思想内涵极其丰富。本文讲析着重谈司马迁塑造孔子形象所揭示的人格魅力，以及对孔子最主要业绩——创私学，述《六经》——的评价两个方面。

孔子（公元前551—前479年）名丘，字仲尼，春秋时鲁国人，在今山东曲阜。孔子是先秦儒家学派创始人，中国古代史上一位伟大的思想家、教育家、史学家。司马迁北涉汶泗，访问孔子故居；讲业齐鲁之都，细审学术源流；探寻孔子所走过的足迹，访查孔子的生平事迹，研究孔子的学说言论，为孔子作传，命名为"孔子世家"。诸侯立"世家"，表示"开国承家，世代相续"（《史通》卷二《世家》）。孔子为布衣，其学为世人所宗，代代相传，故称其传记为"世家"，以示推崇。《太史公自序》说："周室既衰，诸侯恣行。仲尼悼礼废乐崩，追修经术，以达王道，匡乱世反之于正，见其文辞，为天下制仪法，垂六艺之统纪于后。作《孔子世家》第十七。"孔子的思想学说能够拨乱反正，为后世立法，这就是司马迁作世家的原因。

司马迁笔下的孔子，具有远大的政治思想和执着追求的精神。孔子的政治思想是以"礼"为治，达到"仁"的境界。"仁者，爱人"（《孟子》卷八《离娄下》）。仁的目标就是一个充满了普遍人性爱的社会，上下有序，一片和融。实现仁的手段是"礼"。所以《孔子世家》以"礼"为线索叙述孔子一生行迹。孔子幼年时"为儿嬉戏，常陈俎豆，设礼容"。"年少好礼"，"懿子与鲁人南宫敬叔往学礼焉"。他还曾和南宫敬叔"适周问礼"。齐景公问政，他答以"君君，臣臣，父父，子子"，也讲的是礼。夹谷之会，他辅助鲁定公挫败齐景公，也是以"会遇之礼"。他劝定公堕三都，根据的是"臣无藏甲，大夫毋百雉之城"的礼。他由曹去宋，"于弟子习礼大树下"。卫灵公问兵阵，他说："俎豆之事则尝闻之，军旅之事未之学也。"他"追迹三代之礼"，熟知其沿革损益而盛赞周礼。他删诗，"取可施于礼仪"者。他教弟子，"以诗书礼乐"。孔子言礼，以身作则，一丝不苟。"君命召，不俟驾行矣"，"鱼馁，肉败，割不正，不食"，"席不正，不坐"，"见齐衰，瞽者，虽童子，必变"。子贡说，孔子一生恪守的格言是："礼失则昏，名失则愆。"他死后，"鲁世世相传，以岁时奉祠孔子冢"。这是鲁国人民受孔子精神感召，世世相承，按时行礼来表示对他的悼念。可见孔子一生把"礼"作为安身立命的根本，其目的是用"礼"来区别亲亲，尊尊，长长，男女有别等社会伦理以及等级贵贱，为当时的统治者提供治理动乱社会的药方。

孔子以"礼"为核心的治世药方，不合时宜，以致他周游列国，到处碰壁。孔子从政，一生中最得意的时间不过是五十六岁那年为鲁司寇，"与闻国政"三个月。这三个月与孔子七十三岁的一生相较，是多么短暂。最后，他想得到一块祭肉，也成了泡影，只好离开鲁国。他周游列国十四年，吃尽了苦头，却一无所获，落魄得"累累若丧家之狗"。最艰难的一段是被困于陈、蔡。孔子一行被隔离在旷野，粮也断了，跟随的人也病了，孔子仍然"讲诵弦歌不衰"。子路发起了脾气，子贡变了脸色。孔子坚信自若，引用《诗经》"匪兕匪虎，率彼旷野"来开导他要弟子们追步伯夷、叔齐和王子比干。子路、子贡说:"先生的道至高至大,但天下不能容,是否能稍稍降低一点标准呢?"① 颜渊做了坚定的回答。他说:"夫子之道至大,故天下莫能容。虽然,夫子推而行之,不容何病?不容然后见君子!"孔子欣然而笑,十分称赞颜渊,说:"有是哉,颜氏之子,使尔多财,吾为尔宰。"

这个故事生动地表现了孔子至大至刚的个性和人格,也是孔子坚守理想信念的反映。《论语》载,"孔子罕言利"(《论语》第九《子罕》),表现一种反功利精神。但在《孔子世家》里,司马迁塑造的孔子形象,"知其不可而为之",并不是反功利的精神,而是一种执着追求的精神,不达目的,绝不休止。用今天的话说,就是彻底的,忘我的,无私的奉献。这种奉献表现为"只问耕耘,不问收获",但它只是反对急功近利,而并不是不要收获。《孔子世家》写孔子在政治上的潦倒落魄,"知其不可而为之",恰恰是以孔子在政治上的悲剧,来为尔后从事整理六经工作做铺垫。也就是说,司马迁笔下孔子的奉献精神,恰恰是为了社会经世的某种目的而献身的功利精神。正是这种精神,才使得孔子在政治理想破灭以后,仍不甘心于沉寂无闻,而发愤致力于教育文化事业。这种"知其不可而为之"的真精神,可以说是司马迁与孔子在人格和个性上的契合点。所以司马迁激昂地写道:孔子"不仕,退而修《诗》、《书》、《礼》、《乐》,弟子弥众"。用孔子的话说,就是"君子病没世而名不称焉。吾道不行矣,吾何以自见于后世哉!"孔子的奋起和努力成功了,他成为人伦的万世师表,成为司马迁学习追步的榜样。他景仰,他崇拜,简直到了忘情的地步,司马迁用夸张孔子及其弟子的贤能来表达他无限敬仰的感情。司马迁说,孔子"与闻国政三月",使鲁国大治,移风易俗,道不拾遗,甚至使邻近的大国齐国恐惧,要主动送大片土地与鲁国修好。司马迁借楚国令尹子西的口说,楚国的贤人没有一个赶得上孔子的高足弟子,以此衬托孔子的超凡入圣。最后,司马迁禁不住要直接说话了。司马迁说:

  太史公曰:《诗》有之:"高山仰止,景行行止。"虽不能至,然心向往之。余读孔氏书,想见其为人。适鲁,观仲尼庙堂、车

---

① 为行文流畅做了语译。《孔子世家》原文作:"夫子之道,至大也,故天下莫能容夫子。夫子盍少贬焉?"

服、礼器，诸生以时习礼其家，余祗回留之，不能去云。

孔子的道德学问，像高山一样使人瞻仰，像大路一样导人遵行。这就是孔子的人格魅力。

二、孔子创私学，述《六经》的功绩

孔子是我国历史上私人办学第一人。他首倡"有教无类"，冲破教育的等级界限，凡自愿赠他一束干肉作为赘礼，孔子就可收他为学生。在他住处设讲学的"堂"，还设有安排弟子住宿的"内"，形成颇具规模的私人学堂。"受业者甚众"，正式成为孔氏门徒的总数达三千余人，其中高才异能的弟子据《仲尼弟子列传》记载有七十七人，史称七十弟子。学生来自鲁、卫、吴、陈、齐、宋、楚、晋、秦等许多国家。按地区范围说，他的学说几乎很快就传播到当时中国的全部地区。按学生年龄说，学生中年长的和年幼的相差达四十余岁，长幼兼备。按学习后的成就说，有的长于文学，有的长于辞令，有的以德行著称，有的从政取得尊显的位置，有的在学术上自创流派。孔子教育的目标是培养"士"和"君子"。他确实把不少出身于下层平民的人培养成了"士"和"君子"。例如"子路，卞之野人；子贡，卫之贾人；颜涿聚，盗也；颛孙师，驵也；孔子教之，皆为显士"（《群书治要》卷三十六）。"子张鲁之鄙家"；"仲弓父，贱人"；"子贡、季路，故鄙人也，被文学，服礼义，为天下列士"①。季康子问仲由，子贡、冉求可以"从政"吗？孔子回答都可以从政。这说明他既主张"有教无类"，同时又主张"学而优则仕"。这在一定程度上打破世官世禄的身份限制，在当时有一定的进步性。孔子的教育，很讲究教与学的方法。弟子们发问，孔子按各人的特点给予解答。孔子主张"毋意、毋必、毋固、毋我"，就是不任私意、不武断、不固执、不自以为是。孔子注重诱导式的启发教育，教导学生力求触类旁通，"闻一知二"、"闻一知十"。主张"不愤不启、不悱不发；举一隅不以三隅反，则弗复也"。这说明他反对死读书，要学生学得活，善于独立思索。实行启发诱导，需要循序渐进，所以颜渊称颂孔

---

① 见《吕览》、《荀子·大略》、《史记·仲尼弟子列传》。

子的教导说:"夫子循循然善诱人,博我以文,约我以礼,欲罢不能。既竭我才,如有所立、卓尔。虽欲从之,蔑由也已。"这种使学生竭力钻研、"欲罢不能"的情状,正是对循循善诱、启发教育的绝好写照。这种"循循善诱"、启发教育的方法,在教育史上是伟大的贡献。孔子在长期的教育实践中确实总结出不少可贵的教育经验。特别是他"学而不厌",持之以恒,"诲人不倦",毫不保留,循循然善诱直到"不知老之将至",这种毕生致力于教育事业的献身精神,尤对后世留下深刻的影响。他所开创的私人讲学体制和因材施教的办法,千百年来为无数教育家所承袭。

孔子编纂六经,《孔子世家》做了生动的记载。一是教学需要,给学生提供学习教材;二是因"道不行"而"发愤",收集文献,承传古代优秀文化。孔子整理出《礼》、《书》、《诗》、《乐》、《易》、《春秋》六部典籍,后世称为六经。《乐经》亡佚,传世的只有五经。孔子整理六经有三条原则:一是"述而不作",尽量保持原来的文辞;二是"不语怪、力、乱、神"。删去芜杂妄诞的篇幅;三是"攻乎异端,斯害也已",排斥一切违反中庸之道的议论。所以孔子整理六经,从形式上说是叙述旧文,从整理的原则和经意阐明可以说是创造了新意。

六经施教对象有一定差别。所谓"孔子以诗、书、礼、乐教,弟子盖三千焉",指《诗》、《书》、《礼》、《乐》是孔子教一般学生的教材。这里并未讲到《易》和《春秋》。孔子晚年才研究《易》,所以说"孔子晚而喜《易》"。《春秋》也是孔子晚年作的。孔子认为《易》、《春秋》是比较精深的学科,因而不用来作普通教材,只有少数高材生才能学习《易》和《春秋》,因而"身通六艺者"只有七十子。

孔子注重《诗》教,他说:"不学《诗》,无以言。"又说:"诵诗三百,授之以政。"可见《诗》确是孔子教学的主要课程之一。关于孔子删诗,司马迁说:"古者《诗》三千余篇,及至孔子,去其重,取可施于礼义……三百五篇,孔子皆弦歌之,以求合《韶》、《武》、《雅》、《颂》之音。礼乐自此可得而述。"可见孔子收集所得的三千多篇中,有相当多的一部分是重复的。所以说"去其重";但除开去其重复的以外,还做了筛选的工作,即"取可施于礼义",把不合于礼义的删除,这也该占有一部分的数量。另外,孔子还配以"弦歌",使合音律。这说明孔子对《诗》做了大量的搜集、整理、删订、校勘和校正乐律的工作。

关于《尚书》的整理，据传孔子搜访到三千余篇。《孔子世家》载："序《书传》，上纪唐虞之际，下至秦缪，编次其事。"《汉书·艺文志》也记载："《书》之所起远矣，至孔子纂焉。上断于尧，下讫于秦，凡百篇，而为之序，言其作意。"司马迁言"编次"，班固说是"编纂"，都说孔子对《尚书》做过编辑整理工作，把大量神话荒诞和重复的内容做了删削修订，才使三千简策缩成百篇。

《礼》是孔子教学的重要内容，他对礼的研究下过很深的功夫。《礼记·杂记下》记载："恤由之丧，哀公使孺悲之孔子学士丧礼，士丧礼于是乎书。"足以证明至少有部分礼是经由孔子整理才著录的。所以司马迁说："故书传、礼记自孔氏。"

孔子注意音乐教育。他自言："吾自卫反鲁，然后乐正，雅颂各得其所。"说明他在审定乐律方面做出过贡献。

孔子研究过《易经》，并曾以此教授过一部分高材生。司马迁说："孔子晚而喜《易》，序《彖》、《系》、《象》、《说卦》、《文言》，读《易》韦编三绝。曰：假我数年，若是，我于《易》则彬彬矣。"孔子读《易经》，把竹简上的皮条磨断了多次，说明翻阅至勤。但有"假我数年"的话，反映他的研究工作并未完成。他的门人后来发展了他的研究成果，《系辞》里有好些"子曰"，就是证明。

《春秋》算是孔子整理的最后一部著作。《孟子》记载："孔子作《春秋》。"司马迁加以补充说："因史记作《春秋》。"因为《春秋》本是鲁国的一部编年史，孔子只是对《鲁春秋》做了加工。现在还可以从某些点滴的史料中看到孔子纂修《春秋》的一点痕迹。如旧史原文"雨星不及地尺而复"，孔子修订为"星殒如雨"（《春秋》庄公七年）。《春秋》虽行文甚简，而孔子修《春秋》这件事，开私人修史的先例，这在中国历史上具有创造性的功绩。正如章太炎所称颂的："令仲尼不次《春秋》，虽欲观定、哀之世，五伯之迹，尚荒忽如草昧。夫发金匮之藏，被之萌庶，令人不忘前王，自仲尼、左丘明始。"（《检论·订孔上》）

孔子收辑整理古代文献，保存了我国春秋以前的重要文化遗产，实是不朽的功业。特别是由于秦始皇焚书、项羽又焚秦皇宫殿以后，古代史籍遭受浩劫，大部亡佚。唯《诗》、《书》、《礼》、《易》、《春秋》等典籍，由于儒家徒众遍布全国，赖以保存，就更显得孔子伟绩永垂不朽。这千秋功过，后世终究会给予客观评说："追惟仲尼闻道之隆，则在六

籍。""今人人知前世废兴,中夏所以创业垂统者,孔氏也。""微孔子,则学皆在官,民不知古。"(章太炎《检论·订孔上》)

《孔子世家》用相当多的篇幅记述了孔子的生平事迹,称颂他博学强识、多才多艺、学而不厌,以坚持仁行的品德。但孔子一生最大的业绩是创私学,述《六经》,所以司马迁写《孔子世家》,正是抓住这一要点给予崇高的评价,申说写《孔子世家》的理由。司马迁说:"天下君王至于贤人众矣,当时则荣,没则已焉。孔子布衣,传十余世,学者宗之。自天子王侯,中国言'六艺'者折中于夫子,可谓至圣矣!"(《孔子世家赞》)

司马迁断言:"自天子王侯,中国言'六艺'者,折中于夫子。"在司马迁以前,此言未免夸大。但自董仲舒推尊于前,司马迁力行于后,尤其是汉武帝"罢黜百家,独尊儒术"的政治推动,孔子在西汉日益显赫起业,成为独尊的儒术教主,在尔后两千年的封建社会中,成为自天子王侯至庶民百姓的万世师表。司马迁发扬孔子学说及其精神的功绩是不容埋没的。

(本文作者张大可,原载《张大可文集》"史记文献研究及选讲",商务印书馆2013年版)

孔子神韵的独特演绎

——《史记·孔子世家》探微

对于中国历史上第一篇孔子传记——《史记·孔子世家》，人们历来是褒贬不一，赞之者说："太史公作《孔子世家》，其眼光之高，胆力之大，推崇之至，迥非汉唐以来诸儒所能窥测……"① 贬之者则斥道："史迁诬圣，罪在难宽。"（《史记志疑》卷二十五引劭泰衢）褒赞之辞似较易理解，因为司马迁确实对孔子深怀敬意，特地将其破格列入《史记》"世家"体，称其为"至圣"，并说："《诗》有之：'高山仰止，景行行止。'虽不能至，然心向往之。"既然如此，说他"诬圣"，缘由何在呢？应该说，主要有两点：一是《孔子世家》确有不少明显不合史实的错误，所谓"迁载孔子言行，不得其真者尤多"（《困学纪闻》卷十一引《皇天大纪》）是也；二是在思想观念上，古代一些学者过于拘泥儒家教条，对司马迁记述孔子的一些笔墨看不顺眼。因此，我们在引用《孔子世家》以说明孔子的生平、思想时，固然必须小心考辨，谨慎行事；但另一方面，若依法国年鉴学派的代表勒高夫所云，"实证史学曾力图分辨真的还是假的材料，其实即使是假的，错的材料也还是真的，因为它向我们揭示了形成这类材料的内在动机和条件"②，那么，我们不妨主要从《孔子

---

① 李景星：《四史评议》卷二，岳麓书社1986年版，第48页。
② 赵建群：《论"问题史学"》，《史学理论研究》1995年第1期。

世家》中那些有争议的材料入手，考察一下司马迁对孔子的认识。

一

司马迁在《孔子世家》中有意夸大孔子的政治才干和在政坛的影响力，以此来深刻反衬孔子的悲剧命运。他多次借各国大臣之口，间接称赞孔子具有左右时事的能力。例如：

1. 鲁国的当权者季桓子病将死，"辇而见鲁城"，幡然悔悟道："昔此国几兴矣，以吾获罪于孔子，故不兴也。"接着，又对其嗣子季康子说："我即死，若必相鲁；相鲁，必召仲尼。"

2. 楚国派人聘问孔子，"孔子将往拜礼"。陈、蔡两国的大夫闻听此事，十分恐慌，聚在一起谋划道："孔子贤者，所刺讥皆中诸侯之疾。今者久留陈、蔡之间，诸大夫所设行皆非仲尼之意。今楚，大国也，来聘孔子。孔子用于楚，则陈、蔡大夫用事危矣。"于是，他们使徒役将孔子围困于荒野，使其"不得行"。

3. 楚昭王"兴师迎孔子"，并打算以书社地七百里封给孔子，遭到令尹子西的反对。他认为孔子"述三王之法，明周昭之业"，反对楚国北上开疆拓土，吞并中原诸侯小国，"王若用之，则楚安得世世堂堂方数千里乎？"另外，更重要的是，子西认为孔子的弟子诸如子贡、颜回、子路，分别是当世第一流的外交家、辅相及将帅，想往昔，文王、武王身为"百立之君"而"卒王天下"，"今孔子得据土壤，贤弟子为佐，非楚之福也"。一席话说动了昭王，打消了他赠地给孔子的念头。

实际上，上述三则材料的可信性是值得怀疑的。先看第一条：《左传》（哀公三年）也记有季桓子的一段遗言。他对其宠臣正常说："南孺子之子，男也，则以告而立之；女也，则肥也可。"南孺子为季桓子之妻，肥乃季康子之名。可知季桓子临死前打算立南孺子之子而不是季康子，他不可能"逆知南氏生男必不得立"（梁玉绳《史记志疑》卷二十五），因而也就不可能对季康子说出"我若死，若必相鲁"的话，"相鲁之言非其实也"（同上）。这么一来，所谓季桓子没能任用孔子而深感愧疚，并命季康子"必召孔子"云云，显然同样令人难以置信。再看第二条：全祖望批驳道："当时楚与陈睦，而蔡全属吴，迁于州来，于陈远矣。且陈事楚，蔡事吴，则仇国矣，安得二国之大夫合谋乎？且哀公六年，吴志在灭陈，楚昭至誓死以救之，陈之仗楚何如，感楚何如，而敢围其所用之人乎？乃知陈、蔡兵围之说，盖《史记》之妄，楚昭之聘，乃为虚语。"（《史记会注考证》卷四十七引）针对第三条，崔述纠谬道："陈蔡之时，子贡尚未出使于诸侯，颜渊宰予，皆无所表见，子路亦未尝为将帅，彼子西者，乌足以知之？是时昭王方在城父，以拒吴师，竟卒于军，亦非议封孔子也。"（《洙泗考信录》卷三）

既然以上三则史料存有明显谬误，司马迁为什么会加以撷拾？若仅从他对孟子学说"迂阔而不达于事情"的评价来看，恐怕他自己也不相信春秋、战国时期各国的当政者真会把孔子本人及其学说视为复兴国家的灵丹妙药，更不相信给孔子一块地盘，他与他的弟子们真的就能使那个国家迅速崛起而与楚、秦等强国相抗衡。因而，司马迁拔高孔子的政治才能除了出于对孔子的格外崇敬外，还当另含一番苦心，即为了有力加深孔子政治命运中所蕴含的悲剧意味。

依照常情，孔子既然拥有如此超群的政治才干，并在诸侯国享有如此崇高的政治威望，他是不应该一再遭受挫折，周游列国而始终无所用于世的。那么，到底谁是陷孔子于悲剧情境的罪魁祸首呢？司马迁认为是"天命"使然。下面一段话，揭示了他的这种认识：

> 孔子既不得用于卫，将西见赵简子。至于河而闻窦鸣犊、舜华之死也，临河而叹曰："美哉水，洋洋乎！丘之不济此，命也夫！"

有了司马迁对孔子才干的刻意描述，人们才会被孔子的叹语所深深打动。耐人寻味的是，上面所引不见于《论语》及《左传》，不知太史公从何处采来。我们不妨品味一下司马迁这里拈出"命"一词的用意。显然，司马迁对天命是有所置疑的，当项羽在垓下之战用"此天之亡我，非战之罪也"（《项羽本纪》）来解释自己的失败时，他不以为然地批评项羽"岂不谬哉"。但这并不意味着司马迁否定冥冥之中主宰人类命运的天命的存在，"在显示命运的难以测度性以及要解决命运的不合理的前提下"①，他屡屡让《史记》中的人物对人力所难以控制的天命发出绝望的呼叫，如公子将闾兄弟三人在被秦二世赐死之前，"乃仰天大哭天

---

① 参见〔日〕今鹰真：《〈史记〉中所表现的司马迁的因果报应思想和命运观》，载《司马迁与史记论集》，陕西人民出版社1995年版，第277—278页。

者三，曰：'天乎！吾无罪！'"（《秦始皇本纪》）令人凄恻感怀。同样，对于孔子"丘之不济此，命也夫"的哀叹，人们也难免会对其处处碰壁的悲剧政治命运一洒同情之泪的。但与其他各篇称引天命的情况不同，《孔子世家》并不满足于让读者感叹一番便了事，而是使人们能因之而深入领悟孔子"知其不可而为之"的奋斗精神。孔子清楚自己永无实现理想的可能，但仍然无怨无悔地奔波于列国之间，顽强寻找着实践其理论蓝图的种种可能。英国哲学家布拉德雷认为："把人表现为纯然是机缘或者纯然是对人无所谓或与人为敌的命运手中的玩物，这种悲剧绝不是真正深刻的悲剧。"① 在这个意义上说，《孔子世家》堪称一出表现古代先哲不停地向命运发起冲击与挑战的真正深刻的悲剧。

值得补充的是，司马迁有意拔高先贤的做法，并非独见于《孔子世家》。以《屈原贾生列传》为例，太史公说屈原"入则与王图议国事，以出号令；出则接遇宾客，应对诸侯，王甚任之"，显然夸大了屈原在楚国政坛的作用。否则，怎会无一部先秦典籍言及其人其事？同拔高孔子的用意类似，司马迁也是想以此来反衬屈原的悲剧命运；只是两篇的情感基调有异，《孔子世家》更多的是昂扬进取，《屈原传》更多的则是哀怨沉痛，自伤身世，即借屈原的"获罪遭放"，自沉汨罗，以抒发太史公自己无辜"获罪被刑"的"一肚皮愤懑牢骚之气"（李晚芳《读史管见》卷二）。

二

司马迁将孔子视为具有灵活处世能力的而不是生硬呆板的人，用大量逸事揭示了他不废原则、勇于权变的思想特征以及忍辱忘忧、奋发有为的人生态度。

孔子面对鲁国礼崩乐坏的时局，无奈地感慨道："禄之去公室五世矣，政逮于大夫四世矣，故夫三桓之子孙微矣。"（《论语·季氏》）在他看来，"礼乐征伐自大夫出"，已经是"无道"了，而今鲁国的政权又下落到家臣的手中，"无道"的程度就更加深了。"执国命"的家臣阳货

---

① 程孟辉：《西方悲剧学说史》，中国人民大学出版社1994年版，第101页。

"欲见孔子,孔子不见"(《论语·阳货》),拒绝了阳货的拉拢,可见他对"陪臣执国命"现象的深恶痛绝。既然如此,有人对司马迁的如下记述便感到不可理解:

> 孔子适齐,为高昭子家臣,欲与通乎景公。

景吏部曰:"欲通景公,不耻家臣,孔子而如是乎?"(《史记志疑》卷二十五引)景氏认为做家臣是一种耻辱,孔子肯定不会有此"自辱"之举。实际上,孔子本人早年就曾任季氏的"委吏"、"乘田",他的不少弟子也都当过家臣,而他从未加以禁止。他憎恶的只是那些凌越国君、大夫之上发号施令的家臣。有时,孔子甚至还幻想借助家臣的力量来复兴已经衰落的"周道":

> 公山不狃以费畔季氏,使人召孔子,孔子循道弥久,温温无所试,未能已用,曰:"盖周文、武起丰镐而王,今费虽小,傥庶几乎!"欲往。子路不说,止孔子。孔子曰:"夫召我者岂徒哉?如用我,其为东周乎!"然亦卒不行。(《孔子世家》)

司马迁此处所述采自《论语·阳货》。孔子欲往费邑,绝非是对公山不狃叛乱之举的响应。钱穆说:"夫《论语》谓以鲁畔召者,此著其实耳。在当时不狃之召孔子,决不以叛乱为辞也。特以孔子有名德,为世所重,欲借以收人心。阳货亦曾欲见孔子而劝之仕矣。是时不狃虽有不臣之实,而未著变叛之形,故孔子欲往而复止。盖虽季氏未及讨,而固不得谓《论语》于此不应下一叛字。"① 考辨得十分有理。孔子打算前往费邑,是希冀以此为基地,恢复文、武之道,这在孔子"如用我,其为东周乎"的话语中得到了明确的表露。为达到这一目的,哪怕所依靠的对象是一位已有"不臣之实"的家臣,孔子也毫不在乎,由此可见孔子政治策略的灵活性。太史公还记有孔子如下一事:

> 佛肸为中牟宰。赵简子攻范、中行,伐中牟。佛肸畔,使人召孔子。孔子欲往。子路曰:"由闻诸夫子,'其身亲为不善者,君子不入也'。今佛肸亲以中牟畔,子欲往,如之何?孔子曰:'有是言也。不曰坚乎?磨而不磷;不曰白乎?涅而不淄。我岂匏瓜也哉,焉能系而不食?'"

---

① 钱穆:《先秦诸子系年》上册,中华书局1985年版,第17页。

此与前面一事性质相似。一些学者认为这两件事均是对圣贤的诬蔑，如蒋伯潜说："此次抗日战争期中，无耻之徒，甘为虎伥者，往往借口维持生活，不得已而降敌。孔子答子路曰：'我岂匏瓜也哉，焉能系而不食？'其口吻何相类似耶？孔子答曰：'志士仁人，无求生以害仁，有杀身以成仁。'（见《论语·卫灵公篇》）岂其出此？是类记载，不但厚诬孔子，亦且大坏人心。不知《论语》何以记之，《史记》何以又采录之也！"① 他对汉奸的痛斥，透示出令人感佩的民族气节，但他指责《论语》、《史记》，则表明他对上述两事的理解有误。孔子不愿如匏瓜空悬，他渴望出仕，但这并不意味着他会以出卖原则为代价。相反，出仕永远只是他实现理想的途径而不是目的。同欲往费邑一样，孔子试图投奔佛肸，也是为了能够最终大行其道。正如金履祥所云："公山不狃畔季氏，佛肸畔赵氏，皆家臣畔大夫也。而召孔子，孔子欲往者，陪臣欲张公室，亦名义也。故欲往以明其可也。"（刘宝楠《论语正义》引）所谓"张公室"，意思是使权力回归国君，重振王室威风，并从而实现"君君、臣臣、父父、子子"的理想社会秩序。孔子心地如日月般昭明，"克己复礼"的愿望如磐石般坚定，他自信地对子路说："不曰坚乎？磨而不磷；不曰白乎？涅而不淄。"意即："至坚者磨之而不薄，至白者染之于涅中而不黑，君子虽在浊中，不能污也。"（《史记集解》引孔安国）正因为孔子有如此自信，所以他才会有改造"叛臣"的想法而置时人非议于脑后。

孔子是否做过高昭子家臣以及是否打算投奔公山不狃、佛肸，如果说这些堪称聚讼纷纭的公案的话，那么一直被学者们争来论去的孔子见卫灵公夫人南子一事，也不得不提。该事最早见于《论语·雍也篇》：

> 子见南子，子路不悦，夫子矢之曰："予所否者，天厌之！天厌之！"

司马迁在此篇的基础上将孔子与南子见面的情形做了生动的敷演：

> 灵公夫人有南子者，使人谓孔子曰："四方之君子不辱欲与寡君为兄弟者，必见寡小君。寡小君愿见。"孔子辞谢，不得已而见之。夫人在絺帷中。孔子入门，北面稽首。夫人自帷中再拜，环佩玉声璆然。孔子曰："吾乡为弗见，见之礼答焉。"子路不说。孔子矢

---

① 蒋伯潜：《诸子通考》，浙江古籍出版社1985年版，第75页。

之曰："予所不者，天厌之！天厌之！"居卫月余，灵公与夫人同车，宦者雍渠骖乘，出，使孔子为次乘，招摇市过之。

据《左传》定公十四年记载，南子倚仗卫灵公的宠幸，与情人宋朝"会于洮"，丑闻传遍朝野，以致有民歌讥骂道："既定尔娄猪，盍归吾艾豭？"因此，汉晋以来有不少学者不相信孔子会与南子这样的淫乱者交往，对《论语》"子见南子"章产生了怀疑，如孔安国云："盖男女之别，本不应见。加以淫乱，益非所宜。而指天为誓，亦与《论语》所记平日之言不伦。"《孔子世家》详细铺陈该事，并增加了孔子"为次乘"的情节，就更使得一些学者忍无可忍，如劭泰衢便"义愤填膺"地指责司马迁道："欲通齐景，不耻家臣。欲媚夫人，帏中交拜，且使为次乘，俨同宦寺之流，过市招摇，不顾辱身之丑，小人所不为也，而谓孔子为之乎？马迁诬圣，罪在难宽。"（《史记志疑》卷二十五引）他们的驳难看似有理，实则把孔子神圣化、简单化了，而并不了解孔子及其所处的卫国的政治形势。倒是朱熹的见识较为通达，他说："盖古者仕于其国，有见其小君之礼，而子路以夫人见此淫乱之人为辱，故不悦。……圣人道大德全，无可不可，其见恶人，固谓在我有可见之礼，则彼之不善，我何与焉？然岂子路所能测哉？故重言以誓之，欲其姑信此而深思以得之。"（《论语集注》卷三）不过，朱熹只是论证了孔子见南子的行为是合乎礼法的，而并未揭示出孔子此举的目的所在。

须知，南子绝非等闲之辈。她深受卫灵公宠幸，与其颇有政治头脑不无关系。① 依《左传》所记，她在卫国政坛已罗织了一股不小的势力，并成功地化解了两次矛头直接对向她的政治危机，一次来自卫国权臣公叔戍（见《左传》定公十三年），另一次来自其子卫太子蒯聩（见《左传》定公十四年）。卫灵公死后，新君卫出公便是由她扶持上台的。显然是出于巩固其权势与地位的考虑，她想到了孔子，打算利用孔子的贤名以收揽民心。而孔子与投奔公山不狃等的目的一样，担心匏瓜之徒悬，遂决定抛弃个人名声或许受损的顾虑，接受名誉不佳但却颇有政治

---

① 《列女传》载："卫灵公与夫人夜坐，闻车声辚辚，至阙而止。过阙，复有声。公问夫人曰：'知此为谁？'夫人曰：'此蘧伯玉也。'公曰：'何以知之？'夫人曰：'妾闻礼下公门，式公马，所以广敬也。夫忠臣与孝子，不为昭昭变节，不为冥冥惰行。蘧伯玉，卫之贤大夫也，仁而有智，敬以事上。此其人必不以暗昧废礼，是以知之。'公使视之，果伯玉也。"据此，可知南子能识贤愚，非一味贪图逸乐者可比。

谋略的南子的邀请，向她陈述政见，哪怕是一线希望也要抓住，以求政治理想的实现。

当然，无论是"做家臣"、"投叛臣"，还是"见南子"、"为次乘"，孔子都是不得已而为之。性格粗爽的子路直言老师大可不必那么屈尊辱己地去拜见南子，孔子为此而一反温和雍容之常态，激动地喊道："予所否者，天厌之！天厌之！"他既要忍住内心的厌恶，与高昭子、南子之流周旋，希望借助这些人的力量实现理想，又要向误解自己的同道者辩明、解释。孔子活得多累呀！可他不但没有颓废绝望，反而是"乐以忘忧，不知老以将至"。还鼓励弟子说："君子固穷。"对于孔子这种不废原则、勇于权变的思想风貌以及忍辱忘忧，奋发有为的人生态度，司马迁是"心向往之"的，故而花费大量笔墨加以渲染。明乎此，我们也才会更好了解他何以会欣赏韩信的甘忍"胯下之辱"，何以会超越"宫刑"带给自己的奇耻大辱，何以会说出"《诗》三百篇，大抵圣贤发愤之所为作也"这样沉甸甸的话来。

有人说：一千个读者心目中有一千个哈姆雷特。套用这句话，也可以说：一千个孔子阐释者心目中有一千个孔子。中国源远流长的经学研究史已充分证明此言不虚。德国哲学家恩斯特·卡西尔曾大力揄扬历史学家的个性，他认为："毫无疑问，伟大历史学家的与众不同之处正是在于他的个人经验的丰富性和多样性，深刻性和强烈性，否则他的著作就一定是死气沉沉平庸无力的。……如果历史学家成功地忘却了他的个人生活，那他就会因此而达不到更高的客观性。相反他就会使自己无权作为一切历史思想的工具。"[①] 司马迁是可以毫无愧色地进入伟大历史学家的行列的。他在勾勒历史人物的精神面貌时，总是力图让读者听到他的一家之言。《孔子世家》中的孔子便打上了司马迁的思想烙印，闪耀着司马迁的精神风采。研究司马迁独特视角中的孔子，对于了解中国历史上这两位文化巨人，必定有所裨益。

（本文作者陈曦，原载《郑州大学学报》[哲学社会科学版] 2000年第3期）

[①] 〔德〕恩斯特·卡西尔，甘阳译：《人论》，上海译文出版社1985年版，第237页。

《史记·孔子世家》再探微

十多年前我在北京师范大学韩兆琦先生门下攻读博士学位时,曾写过一篇研读《史记·孔子世家》的论文。① 近年来,虽因教学需要不断搜检《论语》,但《孔子世家》却长时间未再触摸。最近有幸参与张大可先生主持的《史记疏证》工程,促使我再次捧读,更深地感受到了司马迁对孔子"高山仰止,景行行止"的崇敬之情。作为孔子第一篇传记的《孔子世家》,堪称司马迁与孔子两位文化巨人的心灵碰撞,反映了"史学之父"司马迁对孔子形象的独特解读。而这,在此篇传记一些颇有争议的笔墨中,表现得尤为明晰。

一

若举出《孔子世家》最重要的史料来源,毫无疑问当首推《论语》。韩兆琦先生通过比对《孔子世家》与《仲尼弟子列传》的素材来源,认为"《论语》是被《史记》按原文取用最多的先秦著作,它总共一万来字,差不多都被司马迁引用尽了"②。《论语·述而》有言:

---

① 参阅陈曦:《孔子神韵的独特演绎——〈史记·孔子世家〉探微》,《郑州大学学报》(哲学社会科学版)2000年第3期。
② 韩兆琦:《史记通论》,广西师范大学出版社1996年版,第250页。

> 子不语怪、力、乱、神。

《孔子世家》一字不差地引用了这段话，表明司马迁是认可这种记述的。除了《论语》，太史公还采录了先秦汉代的诸多典籍，如《左传》、《公羊传》、《穀梁传》、《国语》、《韩诗外传》等。笔者注意到不少学术名家针对《孔子世家》采录《国语》的如下两则材料，指责太史公既已承认"子不语怪、力、乱、神"，又记述其大谈"怪"、"神"：

> 定公五年，夏，季平子卒，桓子嗣立。季桓子穿井得土缶，中若羊，问仲尼云"得狗"。仲尼曰："以丘所闻，羊也。丘闻之，木石之怪夔、罔阆，水之怪龙、罔象，土之怪坟羊。"

> 吴伐越，堕会稽，得骨节专车。吴使使问仲尼："骨何者最大？"仲尼曰："禹致群神于会稽，防风氏后至，禹杀而戮之，其节专车，此为大矣。"吴客曰："谁为神？"仲尼曰："山川之神足以纲纪天下，其守为神，社稷为公侯，皆属于王者。"客曰："防风何守？"仲尼曰："汪罔氏之君守封、禹之山，为釐姓。在虞、夏、商为汪罔，于周为长翟，今谓之大人。"客曰："人长几何？"仲尼曰："僬侥氏三尺，短之至也。长者不过十之，数之极也。"于是吴客曰："善哉，圣人！"

在他们看来，上引文字实属"以子之矛，攻子之盾"，岂不是对"子不语怪、力、乱、神"的否定？如崔述曰："《论语》曰：'子不语怪、力、乱、神。'果有此事，答以'不知'可也。乃获一'土怪'，而并木石、水之怪而详告之，是孔子好语怪也，不与《论语》之言相刺谬乎？桓子鲁之上卿，获羊而诡言狗以试圣人，何异小儿之戏，此亦非桓子之所宜为也。且土果有羊怪，则当不止一见，如水之有龙然。苟以前未有此事，则古人何由识之；既数有之，又何以此后二千余年更不复有穿井而得羊者？岂怪至春秋时而遂绝乎？是可笑也！"①再如顾颉刚的指责："……《孔子世家》中，既从《论语》，说孔子'不语怪、力、乱、神'，而又集录《国语》中的许多关于孔子的神怪之谈，好像他真有二重人格似的。这都是他碰到了冲突抵牾的材料时，不懂得另择而只懂得

---

① 崔述：《崔东壁遗书》，上海古籍出版社1983年版，第277页。

整齐的成绩。这样去做,旧问题还没有解决,新问题又出来了。"① 又如李长之的议论,口气虽不甚严厉,但也认为司马迁的记述有问题:"在《论语》中,孔子是不语怪力乱神的,可是在《史记》的《孔子世家》中,孔子却就懂得木石之怪,山川之神,以及三尺的短人,三丈的长人了。这说明着什么呢?这是说明司马迁已经把孔子浪漫化了,或者说,他所采取的孔子,已不是纯粹的古典方面了。"② 无论以上三位学术名家的批评态度或激烈,或含蓄,但均认为司马迁的记述前后抵触,自我矛盾。这俨然已成定论。但事实果真如此吗?包括《孔子世家》在内的整部《史记》,的确存有不少史实错误,但像这种在一篇文章中前后论断不一的却很少见。司马迁是否犯下如此"低级"失误?笔者认为非也,理由有三:

其一,上引《孔子世家》的两段文字不能证明孔子对弟子"语"了"怪"论了"神"。

所谓"子不语怪、力、乱、神",是孔子的某位弟子对其平时讲授内容的概括。"不语",正如钱穆先生的解释,是"先生平常不讲"③ 的意思。从上引两段文字的语境来看,均非孔子向弟子传道授业的场景。上引第一段文字是季桓子有意测试孔子的学问,原本"(缶)中若羊",却对孔子说"得狗",以此观察孔子的反应,看孔子是否博学多识。上引第二段文字则是吴国使者因"得骨节专车"而请教孔子"骨何者最大",这说明孔子在当时诸侯国间已有巨大声望。孔子向弟子讲学时"不语怪、力、乱、神",但遇到社会上有人向他咨询此类问题时,他会调动其丰厚的学养储备而给予解答,更何况季桓子的询问实含有测试孔子学问高低的意图在内,孔子焉能不答?

其二,两段文字只能说明孔子曾"语"了"怪",但并未论了"神"。

何谓"怪"?何谓"神"?在古代文献中,这两者的界限往往是模糊不清的,如《礼记·祭法》曰:"山林川谷丘陵,能出云为风雨,见怪物,皆曰神。"而孔子显然是将"神"与"怪"看成两个不同的概念,

---

① 顾颉刚:《汉代学术史略》,东方出版社1996年版,第195页。
② 李长之:《司马迁之人格与风格》,生活·读书·新知三联书店1984年版,第68页。
③ 钱穆:《论语新解》,生活·读书·新知三联书店2002年版,第183页。

其内涵正如钱穆先生的如下解释：

> （怪力乱神）此四者人所爱言。孔子语常不语怪，如木石之怪水怪山精之类。语德不语力，如荡舟扛鼎之类。语治不语乱，如易内蒸母之类。语人不语神，如神降于莘，神欲玉牟朱缨之类。力与乱，有其实，怪与神，生于惑。①

可知"怪"即自然界的"怪异"物象，而"神"则指宗教学或神话学意义上的具有人格化特征的神灵，正如《左传·庄公三十二年》所记"降于莘"的"神"，"聪明正直而一者也，依人而行"，便具有洞察世事、识别善恶的能力。依此定义阅读上引《孔子世家》的两段文字，可知第一段的确出现了"怪"的内容，所谓"木石之怪夔、罔阆，水之怪龙、罔象，土之怪坟羊"云云，但第二段则既未见"怪"的踪迹也未见"神"的影子。

读者可能会质疑：此段不是明明多次出现"神"的字眼，所谓"禹致群神于会稽"、"山川之神足以纲纪天下，其守为神"吗？怎能说未见"神"的踪影呢？答案是此"神"非彼"神"。《孔子世家》此处的"神"，指的是各地的诸侯。《史记集解》引韦昭曰："群神，谓主山川之君。为群神之主（祀者），故谓之'神'也。"吴国使者不明白为何将各地的诸侯称为神，"山川之神足以纲纪天下，其守为神"两句便是孔子的解释，意谓古人认为山川的神灵可以主宰天下，因而把那些主管祭祀山川的诸侯也叫作"神"。② 这种称谓，并不是孔子的发明，而是在孔子之前便已形成。因年代久远，这一说法已被时人遗忘，但"好古，敏以求之者"（《论语·述而》）的孔子却了如指掌，每遇他人咨询，便能对答如流。

至于说这段文字中的"得骨节专车"，是说吴人伐越时，在会稽挖出了一具人体骨骸。吴人觉得这具骨骸与当地人不同，尺寸很大，其中一节相对完整的骨架（如从头骨以下到尾骨）便装了一辆车。河南陕县上村岭出土有春秋时期的车子，颇能说明当时车子的结构形制，其1051号车马坑1号车，箱（舆）广100厘米，进深100厘米。③ 吴国使者所

---

① 钱穆：《论语新解》，生活·读书·新知三联书店2002年版，第183页。
② 参阅韩兆琦：《史记笺证》，江西人民出版社2004年版，第3207页。
③ 参阅杨泓：《中国古兵器论丛》，中国社会科学出版社2007年版，第116—117页。

说的这具人体骨骼，如若运载时使人体骨架保持完整，大概当需两辆车子，由此可以推断此人身高应在 2 米以上。这么高的个子固然属于少见，但却不属"怪异"范畴；孔子推测这具骨骼是防风氏，也是依据他的古史知识做出的判断。这段文字涉及的只有三尺的最矮者"僬侥氏"，其身高大约相当于现在的 0.7 米；如何认识"长者不过十之"的长翟人最高者？"十之"，不应理解成"十倍于"三尺高的僬侥氏最矮者，而应是"十尺"的意思。古代的"十尺"约等于现在的 2.3 米。由此印证那具骨骼应属防风氏，孔子的推测并非凌虚蹈空。吴客曰："善哉，圣人！"当是对孔子学识的由衷钦佩与高度赞赏。

其三，两段文字不能说明孔子迷信怪、神。

为他人在涉及"怪"、"神"的问题上答疑解惑，就能说明他迷信鬼神、宣扬超自然信仰吗？如果认可这种逻辑，就可论定大学课堂上讲授宗教学的教师，均为信奉宗教者。事实自然并非如此。当然，有较真者，会说这些教师亦或不乏崇奉某家宗教者，故而还是有必要解读上引《孔子世家》的文字，考察其中所折射出的孔子对"怪"、"神"的态度。鉴于第二段文字既无"怪"也无"神"，故而特别需要考察的，只是第一段文字而已。

这段文字描述季桓子在其父死后，继其父任，担任鲁国的上卿。他家凿井时挖到一个"缶"，外表画有类似羊的图案，告诉孔子时，却说的是"狗"。孔子答道："据我所知，应是羊的图案。我听说，古人祭祀木石之怪，画的是'夔'、'罔阆'的图案；祭祀水之怪，画的是'龙'、'罔象'；祭祀土之怪，画的是'坟羊'（注：坟羊即大羊）。"《周礼·考工记》有"山以章，水以龙"的说法，用龙的形象来象征水怪。故而古人用"羊"、"夔"、"罔阆"等来象征土怪、木石之怪，亦当可以理解。

一般注家在解释这段话的"中若羊"三字时，往往理解成"缶"里装有一只羊。然而"缶"不同于"缸"，它的形状口小腹大，是盛酒浆、水的器皿，怎能盛一只羊或狗呢？孔子依据其古代文化领域的广博知识，推测出从地下挖出的"缶"，当为古人祭祀土怪的祭品，故而断定上面画的应是羊。季平子为考验孔子的学识，故意说成是狗。孔子未被迷惑，不但认定是羊，还依据自己对古人风俗、信仰的深入了解，对何以是羊，做出了清晰透彻的解释。这段话只能说明孔子学识渊博，对关于土怪、水怪之类的古人信仰有着精深的研究，但却不能因此而说明他本人迷信怪异。至于对"鬼神"的态度,尽管《孔子世家》这两段文字未出现"鬼神",但从孔子"祭神如神在"(《论语·八佾》)的话语,可知其尽管并非完全否定"鬼神"的存在,但在日常生活中,他除了对弟子"不语"之外,还采取了一种敬而远之的态度,明确声称"务民之义,敬鬼神而远之,可谓知矣"(《论语·雍也》),这说明孔子并不是一个迷信鬼神者。

司马迁在《孔子世家》把源自《国语》的两段文字,放在"孔子年四十二,鲁昭公卒于干侯,定公立"之后,非但未与"子不语怪、力、乱、神"构成矛盾,反而表明已届"不惑"之年的孔子,学识渊博,见解卓越,能不被怪象邪说所迷惑,不厌其详地为人解疑释惑,已被视为"圣人",在诸侯国间享有良好声誉。

二

司马迁客观、大胆地描述了孔子的出身情况,从中可透视其不为贤者讳的"实录"意识,以及勇于挣脱儒家教条的可贵精神。

《孔子世家》云:"(叔梁)纥与颜氏女野合而生孔子。"清人梁玉绳对此记载颇不满意,批评道:

> 古代婚礼颇重,一礼未备,即谓之奔,谓之野合,故自行媒、纳采、纳征、问征、问名、卜吉、请期而后告庙,颜氏从父命为婚,岂有六礼不备者?……野合二字,殊不雅驯。(《史记志疑》卷二十五)

其实,梁玉绳所谓"颜氏从父命为婚"之语,本于甚不可靠的《孔子家语》[①],岂能作为立论的根据?看来,确实如人所言,"孔子的出生是一个谜"[②]。而解开谜底的关键,就在于如何正确理解看似"颇不雅驯"的"野合"一词。唐人司马贞的解释很有影响,他说:

> 今此云"野合"者,盖谓梁纥老而徵年少,非当壮室初笄之礼,

---

① 《孔子家语》云:"梁纥娶鲁之施氏,生九女。其妾生孟皮,孟皮病足,乃求婚于颜氏徵在,从父命为婚。"

② 李衡眉:《孔子的出生与婚俗》,《孔子研究》1988 年第 4 期。

故云野合，谓不合礼仪。(《史记索隐》)

司马贞认为孔子父母之结合"不合礼仪"，原因是夫老妻少，年龄悬殊过大，而这种看法是不能成立的。因为从他声称颜氏"从父命为婚"的记载"其文甚明"(《史记索隐》)的话语中，便可知晓其立论的根据仍是《孔子家语》。再者，"先秦文献中关于老年男子纳少女为妻妾的例子并不鲜见，且均不以为不合礼仪，也未见称其为野合者"①。看来，孔子父母当初有不合礼仪的行为是不假的，古代学者一般也都意识到了，但由于有为贤者讳的思想在作怪，故都没有揭示出事情的真相。当代学者李衡眉依据人类学的观点，认为"野合就是一种较为自由的婚姻缔结形式，至今在一些民族中还以不同形式的风俗存在着"。他又考察婚姻发展史，认为"野合不过是杂乱婚制在习俗中的残存，这可以从古代民族中有'节日杂交'的习惯为例证"。因之，他推断道："叔梁纥与颜徵在的'野合'不会像上述各民族那样浪漫，他们的所谓'野合'，很可能是指的没有经过'父母之命，媒妁之言'的婚姻，即非明媒正娶，而是自由结合的。"② 结论坚实，颇为可取。

明晓"野合"的含义之后，回过头来，我们不禁要问：司马迁选用"野合"一词，是否是对孔圣人的不尊重？答案是否定的。他并不以男女自由结合为大逆不道，在《司马相如列传》中以欣赏的笔调描绘了卓文君与司马相如的私奔，该篇也因而被视为"我国后代浩如烟海的才子佳人小说的滥觞"③。当然，类似的故事早就频频见于先秦典籍，但故事的主人公一般都遭到了批评与诅咒。如《国语·周语上》记密康公跟从周恭王游于泾上，"有三女奔之"，密康公之母劝诫并警告道："必致之于王。……小丑备物，终必亡。"密康公不从，"一年，王灭密"，果如其母所言。以记载纵横家言行为主的《战国策》倒是有不少与儒家思想相忤逆的故事，如作者以肯定的态度描述了齐太史敫女怜慕其家仆而私自以身相许，而此家仆竟是避难于民间的齐湣王之子法章，也即后来的齐襄王。太史敫之女慧眼识珠，得以成为齐国王后。《史记·田敬仲完世家》以同样的态度转载了这个故事，表明太史公在恋爱婚姻观方面勇

---

① 李衡眉：《孔子的出生与婚俗》，《孔子研究》1988 年第 4 期。
② 同上。
③ 韩兆琦：《史记通论》，广西师范大学出版社 1996 年版，第 522 页。

于挣脱礼教束缚的可贵精神。是故,他不会认为孔子父母的"野合"是淫贱可耻的,更不会认为此事会有损于孔子人格及思想的伟大。

退一步讲,即使司马迁鄙弃孔子父母的"野合"之举,以他作史之严谨,也是不会不录的。纵观《史记》全书,太史公对自己喜爱的人物从不偏袒,总是写出他们的瑕中之疵,如《项羽本纪》既刻划了项羽的气吞山河,又交待了他的鼠目寸光及暴戾凶残,此点已为人们所熟知。甚至对世人所顶礼膜拜的"圣人"周文王,司马迁也敢于揭示其绝不崇高的行为。在《孟子》等儒家经典中,文王为王道乐土的开辟者,"以德行仁",行事光明磊落,坦坦荡荡,但司马迁却多次言及周文王及其股肱大臣吕尚对殷纣王施展阴谋手段,如:"西伯归,乃阴修德行善。"(《殷本纪》)"周西伯昌之脱羑里归,与吕尚阴谋修德以倾商政。"(《齐世家》)有学者责难道:"德非倾人之事,岂阴谋所能为,信如此,则古之为德,乃后之所以为暴也。迁并言之,未可与论知德矣。"(叶适《习学纪言序目》卷九)"此特战国辩诈之谋,后世苟简之说,殆非文王之事……迁不能辩其是非,又从而笔之于书,使后人怀欲得之心,务速成之功者,借以此为口实,其害岂小哉!"(《困学纪闻》卷十一)而实际上,军事集团之间在你死我活的斗争过程中,施以诡计蒙骗对方,剿杀异己势力,是再常见不过的事,自古以来莫不如此。况且,"商周非君臣名分,实质方国军事联盟之关系"①,文王不可能、也没必要遵从后来儒家所设计的为臣之道去效忠殷纣。应该说,太史公对周文王也是满心景仰的,但绝不隐讳其难以登大雅之堂的行为。从他对周文王的写作态度中,可推知他即便不齿于孔子父母的"野合",也必定不会为贤者讳的。西汉大学者刘向、扬雄均钦佩《史记》的实录精神,"皆称迁有良史之材"(《汉书·司马迁传》),当为千古定评!

(本文作者陈曦,原载《史记论丛》第9集,中国文史出版社2012年版)

---

① 参阅王慎行:《文王非纣臣考辩》,《历史研究》1994年第5期。